比较视域下政府近代转型研究

——以清末新政和明治维新为中心的考察

石 晶 著

南京出版传媒集团
南京出版社

图书在版编目（CIP）数据

比较视域下政府近代转型研究：以清末新政和明治维新为中心的考察 / 石晶著. -- 南京 ：南京出版社，2024.3

ISBN 978-7-5533-4473-7

Ⅰ.①比… Ⅱ.①石… Ⅲ.①政治制度史－研究－中国－清后期 ②政治制度史－研究－日本－近代 Ⅳ.①D691.2 ②D731.39

中国国家版本馆 CIP 数据核字（2024）第 003386 号

书　　名 比较视域下政府近代转型研究——以清末新政和明治维新为中心的考察
作　　者 石　晶
出版发行 南京出版传媒集团
南　京　出　版　社

社址：南京市太平门街 53 号　　邮编：210016
网址：http://www.njcbs.cn　　电子信箱：njcbs1988@163.com
联系电话：025-83283893、83283864（营销）　025-83112257（编务）

出 版 人 项晓宁
出 品 人 卢海鸣
责任编辑 王绪绪
装帧设计 张　淼
责任印制 杨福彬

排　　版 南京月叶图文制作有限公司
印　　刷 南京斯马特数码印务有限公司
开　　本 787 毫米×1092 毫米　1/16
印　　张 17
字　　数 225 千字
版　　次 2024 年 3 月第 1 版
印　　次 2024 年 3 月第 1 次印刷
书　　号 ISBN 978-7-5533-4473-7
定　　价 68.00 元

用微信或京东APP扫码购书

用淘宝APP扫码购书

目录

导论

马克斯·韦伯曾经笼统地罗列出西方国家现代化的4个渐进层次，即科学—技术现代化、经济现代化、政治现代化以及社会文化现代化。这四者不仅递进，而且相互关联。从日本明治维新之后的社会发展来看，韦伯曾多次强调的“只存在于西方”的这些现象，如今已有很多不仅仅存在于西方，而且也为非西方国家如日本所共有。如果把这4个层次看成是一国现代化条件的话，那么现代化已不仅仅局限于西方，非西方国家已然担负起发展这些条件的职责。但与此同时，只要韦伯所列举的这些条件还未被多数发展中国家的国民所共享，我们就可以说韦伯的“只存在于西方”之命题还有现实意义，因为中国就属此列。① 清代的近代变革开始于1840年鸦片战争，结束于20世纪初的辛亥革命。中国的近代化，亦称中国早期的现代化或现代化，是指中国社会资本主义化的历史进程。中国近代历史的开端以第一次鸦片战争为标志，但这个开端是个有着20年历史的过程，直到第二次鸦片战争结束才完全揭开。② 日本的近代化源于1853年佩理的“黑船来航”及其以后的明治维新。所谓日本的近代化，是指采用资产阶级生产方式在本国推行文明制度的过程。这个过程是从1868年以后明治维新开始的，到1945年第二次世界大战结束。由于本书重点考察近代政府制度的建立过程，而政府制度建立的标志是明治宪法的颁行及明治宪法体制

① ［日］富永健一：《马克斯·韦伯论中国和日本的现代化》，《社会学研究》，1988年第2期，第50页。

② 徐泰来：《中国近代史记》，长沙：湖南人民出版社，1989年版，第39页。

的确立，所以本研究关注的日本近代历史范围截止到1898年明治宪法的颁布。从20世纪60年代开始，国内外研究中国和日本近现代化理论的学者非常多，著述、文献更是数不胜数。因为从历史上看，中国和日本的近代化都同样出乎人们的预料。按照中国前近代社会发展的任何一项标准来衡量，中国至少在此前2 000年内即便不是唯一领先的文明社会，也是领先的文明社会之一。但是中国不但未能跨入先行者的行列，而且也未能成为成功的后来者。而日本在明治维新之后，经过20多年的努力，迅速实现近代化，成为独立工业化强国。一时间，日本成为研究东方国家快速实现现代化的典型。根据现代化的定义，它是指工业革命以来，由于现代生产力的大力发展，导致社会生产方式的巨大变革，从而引起整个世界经济的加速发展以及社会适应性改变的整体趋势。具体而言，现代化进程是指以现代工业、科技发展为推动力，使工业主义渗透到经济、政治、思想、文化各个领域并引起社会组织与社会行为深刻变革的过程。① 因此可以说，现代化包括物质与经济的现代化，制度与政治的现代化，精神与文化的现代化以及社会及其结构的现代化。在论述中国近代化变革的过程中，梁启超先生曾言中国近代化经历了三个阶段，第一个阶段是“痛感器物之不足”，因此有了自强运动的发起；第二个阶段是“痛感制度之不足”，因此有了维新运动；第三个阶段则是“痛感文化之不足”，因此有了启蒙运动。② 本文所研究的历史时期是梁任公所言的第二个阶段，其始于维新运动，止于孙中山领导的辛亥革命。在中日两国被迫走上近代化之路时，虽然都是从器物文明追求开始的，但是明治维新的改革者们很快认识到西方国家先进的政府制度是其繁荣兴盛的关键，便诉诸制度变革走上近代化崛起之路。而中国亦因为传统政府体制无法推进整个社会的近代化。诚然，日本的近

① 罗荣渠：《现代化新论》，北京：北京大学出版社，1993年版，第17页。

② 梁启超：《五十年中国进化概论》，收入《国性与民德：梁启超文选》，上海：远东出版社，1995年版，第249-251页。

代化相较于其他发达国家存在严重的缺陷，表现为浓重的封建主义残余和政治现代化的严重滞后与不足，此两点最终导致近代日本走上军国主义和法西斯主义的发展之路，给世界人民和其自身带来了恶果。日本现代化的较彻底完成（社会转型完成），源于美国主导的战后改革，虽然日本学术界、政界乃至民间都羞于承认这一点，但日本近代化的最大成功之处，乃宪政政体的确立——虽然是君主立宪的，天皇有至高无上的权威，但天皇并无至高无上的权力，因其权力受到了宪政的约束。此点，使之与东方社会传统的一统天下的专制王权呈现出不同，这一不同，为日本近代化在诸多方面的推进创造了条件、提供了机会。中日两国近代化均发端于器物层面，这一层面的推进必从多维度诉求行政体制变革，诉求高效率之政府亦即责任内阁（责任政府）的建立。责任政府的建立分散了专制王权，行政权落实于政府，而专制之权集立法权、行政权乃至司法权于一体。得到了立法保障的责任内阁直接分散了专制王权，并构建了王权与责任内阁的相互制衡与良性互动。日本近代化的多方面成功均可归于此点。① 因此，本书试图从中日近代化过程中政府制度的演变，在农业社会向工业社会变迁的大背景中，探寻日本何以建立近代政府制度，实现近代变革，而中国却数度受阻的原因及结果。

本书研究的政府制度中的政府是政治学意义上的广义政府涵义，因此本书的政府是指包括立法、行政、司法在内的正式权力机构。自英国资产阶级革命建立现代政府以后，现代政府制度基本成形，主要包括立法机关、行政机关和司法机关。立法机关是行使国家立法权力的机关，其主要职能包括制定、修改宪法和法律；审议和批准政府提出的财政法案；选举、决定和罢免国家、行政机构的重要职位人选；决定战争与和平问题；

① 庞绍堂，石晶：《中国近代变革失败原因探析——从中日近代化制度变革成本比较谈起》，《江苏社会科学》，2014 年第 6 期。

批准国际条约；监督政府的政策、活动以及政府成员的行为等。行政机关是行使国家权力的机关，其主要职能有：执行国家法律，参与国家立法活动；决定并实施国家内政外交政策，任免政府主要官员；组织和管理国家公共事务；掌握国家军队、警察、监狱等暴力机构；编制政府年度预算，调节和干预社会经济发展等。司法机关是行使国家司法权力的机关，奉行司法独立的原则，主要职责包括解释宪法或法律，受理诉讼案件，进行司法审判。有些国家还专门设立检察机关行使专门的法律监督权力。①

从政府发展历史来看，作为社会的管理控制体系，它必须随着社会的不断发展而合理性增长，以满足服务社会的需要。所以，政府经历了组织结构上由小到大、由简单到复杂，管理职能上由少到多，管理工具上由落后到先进的发展过程。② 根据西方经典政府起源理论，在政府发展幼年时代，政府是孱弱的。当时的政府一方面没有不断扩展的特权来压制人们，另一方面也没有任何争执以削减或限制官长的权力。可是到了后世，统治者在野心和奢侈的怂恿下，想要保持和扩大权力，不去做人民当初授权给他时要他办的事。“他们原来把这权力交托给另一个人，目的是为他们自己谋福利，而现在却发觉被用来损害他们了。”③ 于是人民觉得有必要对政府的起源和权力进行更加审慎的考察和界定，来限制专横、防止权力的滥用。因此建立权力分立的体系与合乎规范的运行机制，即近代政府制度成为规范政府发展的必经之路。与政府的概念具有广义和狭义的区分一样，政府制度的概念也有广义和狭义之分。狭义的政府制度与狭义的政府概念相对应，所以亦称行政体制。它是指“行政系统的权力划分、组织结构、职能配置、运行机制等关系模式”。④ 而广义的政府制度，是指政府体系

① 陈尧：《当代中国政府制度》，上海：上海交通大学出版社，2005 年版，第 6-7 页。
② 顾平安：《政府发展论》，北京：中国社会科学出版社，2005 年版，第 12 页。
③ 洛克：《政府论》下篇，叶启芳、瞿菊农译，北京：商务印书馆，1964 年版，第 70 页。
④ 谢庆奎，燕继荣，赵成根：《中国政府制度分析》，北京：中国广播电视出版社，1995 年版，序言第 4 页。

中，政府的组织体系及其功能的制度化形式。国家政权行使国家权力需要一定的组织形式，需要在政治活动中进行制度化设计与安排，使整个国家机构得以稳定、有序地运作，才能真正、有效地体现国家意志。[①] 正如广义的政府包含狭义的政府一样，狭义的政府制度即行政体制也是广义政府制度的一部分，它与立法体制、司法体制一起构成广义上的政府制度。由于本文所采取的政府概念乃政治学意义上的大政府概念，所以本文所研究的政府制度是指广义上的政府制度。因为政府制度在制度变迁中的作用主要是通过其载体——政府来实现，所以在政府制度中，政府权力的运行机制具有决定性意义。

① 陈尧：《当代中国政府制度》，上海：上海交通大学出版社，2005年版，第7页。

第一章　政府近代转型背景分析

第一节　转型的横向场域：从物质基础到上层建筑

一、经济视角：资本主义经济发展

根据马克思基于生产力对人类社会的划分，迄今为止，人类社会经历了前农业文明、农业文明和工业文明。在前农业文明社会，人类主要以采集、游牧为生。进入农业文明社会之后，虽然人们不像前农业文明社会那样依靠自然界进行生存，能够进行生产，但生产主要依靠人力。直到工业革命发生，人力劳动让位于机器操作，机器动力史无前例地代替了以人力、畜力为主的原始劳动力，使生产力获得了前所未有的提高，实现了人对自然前所未有的解放。在从传统封建经济向近代资本主义经济转变的过程中，当农业生产力发展到一定水平时，就会促成剩余价值的生产以及资本的发展。因为一切剩余价值的生产以及一切资本的发展，从其自然基础来说，"实际上都是建立在农业劳动生产率的基础上的"。① 当自然经济发展为商品经济，个体小生产发展为社会化大生产，城乡分离带来城市化的同时，亦带来了资本主义生产方式的逐渐确立，称为资本主义的萌芽。资本主义萌芽是指一种封建社会晚期的生产关系，在农业生产发展到一定条件时才得以产生。在此之前，虽然它也像社会史中的一切事物一样会有一

① ［德］马克思：《资本论》第3卷，北京：人民出版社，1971年版，第885页。

些偶发的现象，但不能因此认为资本主义萌芽已经出现。由于经济对政治、文化以及社会的基础作用和决定作用，以及市场经济对近代社会发展所起到的至关重要的作用，考察在传统农业社会转向近代工业社会的过程中市场经济对于克服传统束缚所发挥的作用更具有本质意义。在这一传统向近代转移的过程中，市场经济要克服来自传统农业社会的伦理约束。譬如在中国传统社会里，“士农工商”的等级划分之所以将商人划分在社会下层，就是因为当时的社会习俗不能接受商人按照市场供求关系的变化来制定价格并伺机寻找更好的获利机会，当时的人们认为这些都是“不义之财”。而明末清初资本主义萌芽的出现以及资本主义经济在较发达地区的发展使传统伦理对商业及商人的束缚有所松动，甚至在江南等地一度出现过自由经济的繁荣景象。此外，市场运行“要不断克服来自政府权力制造的各样等级障碍、权力支配下的经济活动及政府权力划定的排除市场竞争的垄断”。① 因为等级制从根本上排斥市场机制，所以在从农业文明迈向近代工业文明的过程中，权力的等级障碍与经济的自由市场始终进行着博弈。如若想要实现自由市场经济，就意味着必须重塑政府，使政府的权力范围得到限制和约束。

一般认为，中国的资本主义萌芽出现在明清时期，是在封建社会晚期一定社会经济条件下产生的。它由商人经营，使用雇佣劳动，从事以商品交换为目的的价值生产以牟取剩余价值的新生产方式。相较于传统的经济生产关系，它是一种进步的生产关系。需要说明的一点是，这里所说的资本主义萌芽，并不预示着它必然会过渡到资本主义社会，而是指“中国本土所萌生的后来发展为资本主义经济的那部分经济因素”。② 明清时期，在

① 李宏图：《从农业文明到工业文明——西方近代社会转型的历史经验及启示》，《探索与争鸣》，2000 年第 1 期，第 44 页。

② 方行：《不要否定中国资本主义萌芽》，《中国经济史研究》，2008 年第 4 期，第 157 页。

商品经济发展的推动下，传统农业生产方式发生变化，出现个体小生产向社会化大生产发展的趋势。到18世纪，出现拥有少则数十名，多则数百名雇工的手工作坊，这一具有多发性经济因素的生产性组织是中国资本主义萌芽的重要特征。在19世纪出现的采煤、铁器、榨油、制茶等行业，与后来兴起的丝织、制糖、碾米、制盐、冶金等行业中，甚至通过利用蒸汽动力和机器设备进行生产，开始向机器化的生产方式迈进。

与其他国家一样，日本封建社会母体孕育出资本主义经济萌芽。18世纪前半叶，日本封建经济中出现资本主义因素，有着一定资本积累的豪农豪商阶层，通过雇佣劳动进行资本原始积累。他们为了扩大生产，一是雇用年工、季工以从事农业生产，或者直接出租土地以收取地租；二是雇用日工、短工以组织棉织、丝织、酿酒、榨油等农副产品加工的工场手工业；三是对小生产者、小商人放高利贷，并包买小手工业者的商品等。① 这种生产方式和小规模金融活动破坏了农民对领主的人身依附关系，促进了劳动力自由流动，成为农村经济中资本主义因素的标志。再看当时城市的发展，城市商业资本日趋繁荣，尤其是江户、大阪、京都3个城市的大商人，他们积累了相当多的财富，甚至连当地的大名都要仰其鼻息。为满足发展生产的需要，他们建立起规模巨大的商业组织网络，越来越多的商品批发行、送货行、加工和制造中心成为吸收大量农村剩余劳动力的中心。在这个过程中，商业资产者与封建统治阶级的矛盾虽然还不是十分尖锐，但是这种经济上的质变迟早会推动政治上的变革。1853年的“黑船事件”便是迫使政治变革的外在因素。美国海军将领佩里奉命率领舰队逼迫日本开港，无奈之下，日本迫于武力威胁与美国签订了《日美亲善条约》，打开了封闭已久的国门。明治维新前，日本长期处于闭关锁国的状态，德川幕府明确下令禁止日本人出国，禁止在国外的日本人回国，并规定对外贸

---

① 李秀石：《略论日本资本主义思想萌芽》，《历史教学》，1986年第3期，第22页。

易仅可在长崎进行，而且贸易对象仅限于中国与荷兰。对于日本来说，由于中国的前车之鉴，开港不仅是重大的政治事件，而且也是重大的经济事件。开港之后，德川幕府小心翼翼维护的封建自然经济瞬间崩溃，西方殖民势力的入侵和海外商品的大量涌入，在打击日本工场手工业的同时，瓦解了封建经济，并最终把日本经济强制纳入世界资本主义体系。

二、政治层面：西方立宪体制的引入

很多学者认为，造成中日两国近代变革同道异途的原因之中，近代之前两国政府制度的不同起到了相当大的作用。自秦朝至清代，中国的政治制度都是以君主论为核心的政论制度。“君主论的基本思路是君为政本”。① 在以追求“政治神秘性”为特征的传统东方社会，君主的面目自然成了最需要了解的对象。② 1644年清军入关是清代正式建立清帝国实施统治的开始。从那个时候起，统治者时刻担心自己的皇权不稳，于是在沿袭明制集权专制的基础上，为整个部族的利益而实施专制。在中央，清代皇帝下发的上谕不经六部，六部也无权径直下命令到全国，尚书、侍郎都可单独向皇帝讲话。尚书、侍郎之间本该是领导与辅佐的关系，却变成了皇帝安排在一个部内的两种相互牵绊和制衡的力量；给事中没有了封驳权，失其本职；当朝大官，由皇帝特简，绕开了吏部，更不用廷推；吏部铨叙的小官，也须皇帝亲自引见。③ 地方上，行政机构设置粗简，权力有名无实。清代督抚虽然已经成为地方行政官员，但作为一省或数省的最高长官，并没有专职属员管理政务，且任期很短，调动频繁。其余像三司、

① 刘泽华、张分田：《政治学说简明读本》，天津：南开大学出版社，2001年版，第409页。

② 朱俊瑞、牟言波、丁贤勇：《中国近现代政治思想史》，杭州：浙江人民出版社，2008年版，第1页。

③ 石晶：《近代中国政治结构脆弱性分析》，《福建行政学院学报》，2012年第5期，第61页。

道、府、县各级地方官员，所配置的僚佐属员很有限，不得不依靠非正式行政系统体系。财政、军政、民政、刑政上的大事，统统要由中央来裁决。不准“专折言事”，道及以下的地方官，都不能和中央政府讲话，不许民间有公开的发言权。① 出于对汉族控制的需要，清政府实行了民族歧视政策，规定满人权力大于汉人，并享有很多特权。譬如同一职位的官员，满族官员权力大于汉族官员；满汉不得通婚；八旗子弟作为职业军人，不从事生产，完全依赖政府财政过活；对满汉施以不同的法律，如果是满汉纠纷，满人所受到的处罚总要轻些。② 清代的这些规定，造就了藏匿一己私心的秘密政治。

到了近代，中国自鸦片战争到民国初年经历了梁启超先生所言的三个阶段。第一个阶段是痛感器物之不足，于是发生了轰轰烈烈的洋务运动，然以失败告终，究其原因在于“中体”。第二个阶段是痛感制度之不足，因此有了维新运动、立宪运动与辛亥革命。第三个阶段则是痛感文化之不足，以至新文化运动愈演愈烈，开启了新民主主义的历史篇章。晚清的仿行立宪改革，正是梁任公所言第二阶段。“在寄希望于中央政府变法失败后，地方立宪运动日渐兴起。地方民营企业发展带来的物质积累以及慈禧去世带来的中央权力的真空，使地方立宪派势力迅速扩张。此时清廷出于‘皇权永固’的考虑，亦打算实行立宪以摆脱内忧外患的困境。但其实质是以‘立宪’的名义集兵权，敛财赋，行专制之伎俩。忍无可忍的地方立宪派，深感和平立宪已不可能，遂倒向孙中山领导的革命派，辛亥革命遽然而发”。③

---

① 石晶：《近代中国政治结构脆弱性分析》，《福建行政学院学报》，2012 年第 5 期，第 61 页。

② 张继格、刘大武：《试析清末化除满汉畛域原因》，《江苏科技大学学报》，2007 年第 2 期，第 62 页。

③ 石晶：《近代中国政治结构脆弱性分析》，《福建行政学院学报》，2012 年第 5 期，第 62 页。

前近代时期日本实行的是幕藩体制，即将军集权统治下的大名分封制。它作为日本近代化对象的江户时代的政府制度，是由幕府与藩组成的幕藩体制，依照中央集权下的封建割据与世袭身份制的原则进行统治。① 全国的政治权力集中在以幕府将军为首的武士领主手中。将军依靠武力统治全国，掌握政治、军事及外交大权。将军以下称为“大名”，大名各自割据一方，称为“藩”。1603 年德川家康建立新的幕府，以大名领国制为基础，由最大的大名德川氏为中央政权，统领其他大名。按照各藩大名与将军关系的亲疏远近，大名又被分为亲藩、谱代和外样大名。② 控制大名的主要手段是轮换参觐以及临时向大名课收土木工程与仪式典礼的分担费用。但是，这些大名在自己的领地上享有独立的财政，拥有自己的武装。所以说这一政权最大的特征就是大名未被褫夺其领地内的政治权力，各藩有自己独立的军事力量和受自己支配的领地收入。这些权力在德川中央集权化统治下予以承认和保障。③ 正是这种地方割据的政治结构，使各藩大名在德川末年，更加专注于藩内的经济发展、文化教育和军事力量建设。在武士道“忠”的号召下，出现了一批有着一定政治权力、经济实力和军事势力的强藩，在促进资本主义发展的过程中表现出了前所未有的活力。在江户时代后期，一些藩甚至抢在幕府之前开发新产业和奖励西学，客观上促进了近代化意识的传播。④ 而这种分封制的政府制度在近代转型过程中所发挥的作用就像封建制在西欧社会中所发挥的作用那样，能够对君主权力进行限制。美国学者贝拉就认为德川家族的权力受到两个方

① 石晶：《近代中国政治结构脆弱性分析》，《福建行政学院学报》，2012 年第 5 期，第 62 页。

② 北京大学日本研究中心编：《日本学》第 6 辑，北京：北京大学出版社，1996 年 3 月，第 8-10 页。

③ ［以］S·N·艾森斯塔特：《日本文明——一个比较的视角》，王晓山，戴茸译，北京：商务印书馆，2008 年版，第 226 页。

④ 石晶：《近代中国政治结构脆弱性分析》，《福建行政学院学报》，2012 年第 5 期，第 62 页。

面的限制。其一是封建诸侯，尤其是外样大名，他们有着一定的自治权力和自由活动范围。由于多种原因，藩或封建领地成为比国家更为重要的政治单位。其二是天皇对幕府权力合法性的制约。因为从理论上来说，天皇掌握着最高的权力，将军仅是一个官吏。实际上，德川将军正是被围绕着天皇的所有对立因素推翻的。① 同为美国学者的华尔对日本封建幕藩体制同样持分权观念。他认为从德川时代这个历史过程来看，有力且自治的大名在政治、军事、经济等方面拥有相对的独立性，能够与中央集权统治形成一定的抗衡。这样看来，幕藩体制就不再是完全的中央集权国家。他更加强调幕府与大名之间权力的平衡。虽然日本封建制度与西欧封建制度有相似之处，但是经过细致考察就会发现，明治维新时期政治与社会生活方面的许多重要变革，并非都是照搬西方模式，而是产生于一个自然的历史进化过程。这一过程类似于西方在相似环境下发生的过程。例如德川时代的大名制度，就为当时数量不多的学者提供了较多的工作机会，在各藩“庇护”下也使有着不同见解的“异端”有产生和存在的可能。因此可以说，德川时代的日本是分权化的封建制帝国，是由二百多个独立自治的藩国构成。在“黑船事件”打开日本国门之后，这二百多个藩国在地方自主地面对着环境压力，不断进行微观调试，充分地调动地方和民间个人的活力，形成新的社会伦理，孕育着意识形态的创新力和民族凝聚力，既培养了多元的民间社会组织，又通过强调神道来整合这些组织。这些文化、思想、法制、教育和社会领域的多元因素，均在无形之中有助于实现社会的整合。即日本的近代化胜在有一种“多元的整合机制”，② 这为现代化开始之后，参政扩大化的推进奠定了基础。因为权力分散的传统政体经过权威

① ［美］罗伯特·贝拉：《德川宗教：现代日本的文化渊源》，王晓山，戴茸译，北京：生活·读书·新知三联书店，1998 年版，第 28 页。

② 萧功秦：《专制帝国的改革为何难以成功》，《炎黄春秋》，2010 年第 11 期，第 41 页。

合理化与结构区分化（集权）之后，制度化水平就会提高到一定程度，它就有能力吸收继而高涨的参政水平，从而达到较高水平的政治稳定，使现代化的进程比较顺利。①

从日本近代化的过程来看，促使其进行宪政改革的原因有两个，从外部来看，“黑船事件”所展示的近代工业化所具有的强大威慑效应就像催化剂一样，使日本维持两百年的幕藩专制体制瞬间瓦解，一种基于国际上的需要（修改条约的外交目的）而下决心克服所有困难成为维新之后一切事情的原动力。从内部来看，幕末政府制度已经面临深刻的政治危机，从1837年大盐平八郎之乱开始，动乱成为内部矛盾的发泄方式。农民暴动频发和武备松弛使幕府统治陷入危机，该危机成为日本发生根本性变革的内在压力。同时，中国抵御外敌的失败使受中国深刻影响的日本传统政治文化发生裂变，传统价值观念开始受到质疑和挑战。无论是统治阶级抑或是在野志士都放弃以中国传统思维模式为榜样，转而开始模仿西方政治制度。在以天皇为最高权威的号召下，日本最终走上明治维新之路，并最终得以确立近代立宪政府制度。

对处于近代化初期面临转型的国家来说，“宪政以稳定的政府为依托”，② 拥有一个集权而稳定的政府是建立现代政治体制的关键所在。日本在经历明治维新变革之后，由下级武士高举天皇绝对权威建立起明治新政权，为立宪提供稳固的政权依托。在新政权成立之初，明治政府开展了一系列以国民平等为目标的社会革新，奉还版籍以加强中央集权，废除等级身份，禁止买卖人身自由，并发布征兵令，彻底废除武士阶级的特权。这些具体的改革措施的实施打破了日本的封建传统秩序和身份等级制，使日

① 石晶：《近代中国政治结构脆弱性分析》，《福建行政学院学报》，2012年第5期，第62页。

② 张千帆：《宪法性导论——原理与应用》，北京：法律出版社，2004年版，第100页。

本政府制度这方“土壤”朝着有利于宪政制度生长的方向转化。正是在这样的沃土之上，在立宪观念、西方宪政文化以及议会思想的影响之下，日本建立起以帝国议会、责任内阁以及大审院分掌立法权、行政权和司法权的近代政府制度，该制度最终被写入明治宪法，以最高法律的形式予以保护，该制度在限制权力的同时，规定了臣民的基本权利，这无疑意味着对传统一元政府制度模式的巨大突破。

三、文化面向：立宪文化的涤荡

与制度相同的是，文化也是一种规则，它明确或隐含表达了所预期的社会行为方式。从长远发展来看，由于文化中的许多因素必将在制度中得以体现，所以两者是相辅相成、相伴而生的共生体（symbiotic）。[①] 例如“三权分立”政府制度体现的是西方自由主义尤其是政治自由主义文化，而东方专制主义文化必然带来君主集权的专制制度。两者的关系是相辅相成的，制度要靠文化的渗透功能加以巩固，文化要靠国家制度的强制能力来维持。因此，一个社会的协调发展要靠制度和文化一起前进。两者的不同之处体现在制度是一种外在约束，强调对人们外在行为的影响，而文化是通过对思想上和心理上的内在制约发挥作用。和制度所具有的建构特征相比，文化是长期形成的无意识的社会产物，而非刻意追求的结果。政治文化作为文化的一部分，是“政治制度在人的认识、感觉和评价的内化”。宪政文化是立宪政体所要求的以分权、制衡、法治、自由等基本价值为核心的政治文化。政府制度从专制转向立宪不仅是国家政治制度的转变，同时也是政治文化的深刻变化。因为没有文化支持，制度就失去了存在的基础，也只有具备适当的政治文化，制度才能切实对行为发挥作用。

---

① 魏晓阳：《宪政文化与制度建构刍议》，《华东政法大学学报》，2008 年第 5 期，第 17 页。

与日本成功实现立宪政治的过程相比，中国晚清的立宪过程可谓是历经坎坷，异常艰辛。立宪派代表张謇曾经说过，立宪首先要政府有觉悟，主持引导，然后发动人民一起努力。① 从清末宪政建设来看，清政府尽管已有觉悟，已然充分认识到不改革就面临亡国之险，建立君主立宪制对维护皇权统治有利，清政府也确确实实在中央和地方开展官制改革，建立仿行立宪机构，并制定《钦定宪法大纲》《宪法重大信条十九条》等宪法性文件，但依旧没能实现立宪政治。究其原因，就是缺少社会大众参与的政治文化的支持。清末的立宪，从其立宪动机到立宪措施再到立宪思想，贯穿始终的仍然是专制权力的一元化控制，从皇权永固的动机出发，本该成为近代议会先驱的资政院、谘议局成为清政府统治下的议政机构，象征皇族治权与行政权分离的责任内阁制成了皇族组阁，昭示公平和正义的司法独立却在清廷及法部对大理院的控制下无法切实维护司法公正。清政府将新政府制度看作是扩大专制政权控制的对象及捍卫专制政权的手段。清末以来直至整个民国时期，制度的表面形式虽然有了新的变化，但其内容的陈旧及分权、法治等宪政文化的缺失，是立宪政体无法建立的根本原因。中国传统专制文化所赖以存在的皇权天命观、等级制、宗法制没有消除，专制文化便不可能消失，并必然反映在政治制度即专制制度上。当专制制度受到外来或内在的冲击和挑战时，一些有识之士会首先意识到需要进行制度变革，并试图通过影响当局或者切实掌握权力来进行改革，至于改革能否成功，还要看当时社会对新制度所体现的政治文化能否普遍认同。换言之，要想实现宪法制度，则必须要有宪法文化的支持。所以，辛亥革命之后，中国进入了梁任公所言的第三阶段——从文化根源上感觉中国之不足。

反观日本，明治宪法的制定亦是经历了近二十年的曲折历程，封建保

① 荆知仁：《中国立宪史》，台北：台湾联经出版社，1984 年版，第 90 页。

守势力的抵抗异常顽固，但是由外部压力所引发的国家和民族危机感，最终将西方宪政文化精髓在日本列岛付诸实践。与中国相似的是，在面临西方强势入侵之初，日本人对于西方先进科技及强大军事实力的敌视与恐惧。但与中国不同的是，这种敌视与恐惧并没有转化为“夜郎自大”般对“蛮夷”的藐视，而是转变为一种羡慕和崇拜。[①] 这种羡慕和崇拜使日本在接受西方先进科技、制度以及宪政文化的过程中更加具有灵活性，尤其是在吸收西方宪政文化时，将日本传统文化思维与之相融合，使传统文化更加符合近代社会发展的需要。日本的立宪思想是在和西方文化的交流过程中逐步形成的，在幕府被推翻之后，日本社会围绕着如何建立近代国家和建立怎样的近代国家迸发出各种政治思想。明治维新在初期所建立的类似于三权分立的制度实践，为下层民众提供了议政参政的可能途径，并促进了民间宪政意识的萌发，使广大民众因而成为宪政制度的支持者。1867年，以天赋人权思想为中心的自由主义观念和立宪主义思想在日本得以传播，同时议会思想也被有识之士引进日本，为明治宪法的出炉奠定了文化基础。立宪观念和议会思想的广泛传播带来了民众参政意识的觉醒，人们希望借助议会制度来打破封建传统等级制的桎梏。轰轰烈烈的自由民权运动在这种背景下拉开序幕，迫使统治层加快推进立宪事宜。正是自由、平等、分权、法治等宪政文化在统治者与民众心目中逐渐深入，明治宪法才最终得以颁布。

四、社会方面：个人权利的凸显

国家的近代化主要是人的近代化，一个国家的国民如果不具备人的近代品格，不能在思想和行为方式上实现由传统向现代的转变，这个国家就

---

① 魏晓阳：《制度突破与文化变迁——透视日本宪政的百年历程》，北京：北京大学出版社，2006年版，第25页。

无法实现近代化。离开了人，国家的近代化就无从谈起。除了人与自然、经济与人文的关系，人在社会上是否受到尊重，是否能够行使个人的权利与义务，是否获得最好的发展空间，是否拥有完善的制度保障，也是近代化发展程度的重要指标。①

基于生产方式的转变以及政府制度的变革，近代以来的社会也必然发生变化。而由于人具有社会属性，即人总是生活在一定的社会关系之中，人的一切行为不可避免地要与周围的人发生各种各样的关系，所以整个社会的变化首先是从人的变化开始的。因此，在探讨中日两国近代社会变革的过程中，从推动变革的人以及由人所组成的阶级开始成为应有之义。在西方资本主义强势入侵、国内暴乱不断的情形下，最早提出进行器物变革的洋务派与推进制度变革的维新派虽然立主改革，但始终未摆脱传统儒学经邦济世的理想。饱受儒学思想熏陶的洋务派封建官僚集团，尽管标榜学习西方的“器物”文明以“自强求富”，但始终是在“中体西用”的框架之下，终究未能走出布新而不除旧的樊篱。甲午战争的失败不仅使洋务运动的努力归于失败，而且使国人深刻地认识到，西方乃至日本的胜利，源自于先进制度的实施。以康梁为首的维新派举起制度变革的大旗，以日本明治维新为榜样开展了轰轰烈烈的维新变法运动。虽然这一变革思想已经涉及中国近代社会变革的实质要求，但是，由于维新派依靠君权变法的被动性以及力量的微弱，变法未能成功。再到后来的立宪运动，立宪派仍然是想借君主的力量推进政府制度的改革，他们所不知的是，当时的中国，所需要的是一场涤荡传统势力的变革。

到了清末，清政府不得已走上立宪的道路，也在形式上制定了宪法文本，并规定公民的权利和义务。但实质上，由于君权并未受到实质限制，所以人民也不可能取得实质的权利。《钦定宪法大纲》规定的臣民的权利

① 李卓：《日本近现代社会史》，北京：世界知识出版社，2010年版，前言第8页。

和义务，与较为保守的日本明治宪法相比，也差了很多。前者并未规定臣民有迁徙自由、书信秘密受保护、信教自由及请愿的权利，反倒规定了更多义务，即纳税以及遵守国家法律的义务。由于社会近代化的过程是一个个体意识萌醒、个体权利彰显、个体价值实现、个体尊严树立的“民进”的过程，这就必然要求与之相伴的“国退”。可是中国的改革过程却没有这样的变化，个人依然被束缚在强大的皇权之下。在近代中国社会，皇权之所以依然强大，民众之所以仍会依靠君主来实现变革，都是因为受到中国传统教育模式——科举制的影响。科举盛行之下，中国的教育只能是选拔型和“地位志向型”的。教育内容是对经史子集的诵读和理解，教育的导向是以注重谋求政府高官和社会显要之职等社会公共性地位为目标。① 这是一种高度排他性和书斋式的文学教育。这种灌输传统思想的传统教育不能为近代社会的转型提供理论基础和规则设计。

反观日本社会，具有新思想、新视野的资产阶级成为推进近代日本社会变革的中坚力量。在民族危难之际，出身于下级武士、地主与富农家庭的新式知识分子是推进日本社会发展的新生力量。他们联合少数公卿，在大阪和京都巨商富贾的财力支援下推翻了德川幕府统治。明治维新之后，对西方的认识逐步加深，日本社会中涌现出一批立志向西方学习，为实现“脱亚入欧”而付诸实践的政治家，他们学习欧美的政治、经济、军事、教育制度，积极参与、推进社会改革。而从幕府时期开始就利用西学促进藩内改革的下级武士，通过明治维新的机会纷纷进入明治政府，逐渐占据领导高层，成为推动日本近代政体改革的主体力量。在个人权利的保护上，由于《大日本帝国宪法》的颁布以及较为完善的法律体系建立，臣民的个体权利受到法律的保护。在臣民的各项权利中，最为重要的是言论自

① ［美］赖肖尔：《近代日本新观》，卞崇道译，北京：生活·读书·新知三联书店，1992年版，第38页。

由权。虽然直到1898年，“日本臣民在法律范围内享有言论、著作印刷、集会及结社自由的权利”才被写入宪法，但在此之前，日本社会、经济与文化发展状况仍然使新闻自由开始发展。人们享有言论自由既是一种直接有效的参政、议政渠道，同时也可以发挥用舆论监督政府，敦促政府进行改革的巨大作用。如果将明治维新以来所取得的这一系列成果看作社会近代化的结果，那么明治时期所进行的教育改革则是这一成果的原因。明治维新之前，由于学习兰学的历史以及德川幕府提倡学问、奖励办学的初衷，幕府教育机构在客观上成了传播新思想新文化的基地。明治维新以来，在“文明开化”政策的引导下，新政府整顿旧学校、设立大学，鼓励各地创设小学，派遣大批留学生到欧美学习，聘请大量外国专家到国内任教，并制定新的教育政策，确立近代学制。事实证明，正是日本发达的教育事业以及卓有成效的智力开发，保证了它对西方先进科技的引进、消化和吸收。①

第二节　转型的纵向场域：从农业社会到工业社会

人的社会生活是人们之间各种各样社会关系的发散和溢射，正是这种人与人之间的关系以及承载这些关系的人类互动构成了人们社会生活的内容。人与人之间关系的复杂性决定了人们社会生活的丰富性和多样性。人类社会的发展也是人们之间社会关系复杂化的过程，社会每向前发展一步，社会关系的复杂程度就会增强一点，其中或是一些新型社会关系的介入，或是原有社会关系格局发生了变化。换句话说，人类社会中一切新型制度体系的产生都意味着人类社会关系复杂性程度的增加，当社会关系的

① 吴廷璆主编：《日本近代化研究》，北京：商务印书馆，1997年版，第422页。

复杂性发生了质的变化时，社会也就必然会出现相应的结构性调整。[①] 在人类社会从农业社会向工业社会转变的过程中也是如此，相对于传统农业社会中人际关系的等级化和地域化，工业社会人际关系更加复杂化，等级化所具有的人身依附关系被打破，原子化的个体获得解放和权利，个人的解放带来贸易的展开和扩散，促进经济的市场化，经济的市场化反过来又助推个人的解放以及人际关系的进一步复杂化，使原来静态、封闭的共同体转变为动态开放的共同体。同时，原来君主、官僚与臣民之间那种人身依附关系也被制度对人的管理方式所取代，进而使农业社会的权力制度转变为工业社会的法律制度。近代中日两国在打开国门之后，同样受到世界范围内日渐高涨的工业化浪潮洗礼，或被迫或主动开始向工业化社会迈进，在这一过程中，由于工业化带来经济的市场化以及个人权利意识的觉醒，必然会孕育出与之相适应的近代政府制度。

一、社会特征：从等级化、地域化到工业化、市场化

（一）传统农业社会的等级化、地域化特征

在传统农业社会中，由于君主权力的绝对性以及实施统治的需要，臣民被划分为不同的等级，形成了传统等级制度，与此同时，由于农民对土地的半人身依附关系、不发达的工场手工业和工商业以及落后的交通、通讯工具限制，人们的活动范围非常有限，经济活动具有地域化的特征。当时人们往往以血缘为基础组成家庭、村落，并在长期交往中形成共同的地域文化和非正式制度。就像费孝通笔下对于中国传统村落的描写一样，由于村落之间鲜有往来，聚村而居会产生两个直接后果：一是长期生活于一个地方的村民相互熟识，形成了一个“熟人社会”，人们的行为受到当地长期形成的习俗和惯例法的支配。二是人们之间互相熟识，并基于安全、

① 张康之：《论伦理精神》，南京：江苏人民出版社，2010 年版，第 22 页。

生产与情感等方面的需要而相互依赖，这形成对村庄的归属感和依赖感。[①] 正是这种“礼治秩序”和“乡土意识”对传统秩序的维护，使得农业社会中那种权制模式能够实现。等级是指根据社会政治地位的高低来划分社会集团，在任何民族的古代都曾出现过。在人类历史的各个时代，几乎都能看到社会被划分为不同的等级。同属儒家文化圈的中日两国在儒学思想的影响下将人民划分成不同的等级，而且几乎每一个等级内部又有各种独特的等第。这种人们身份的纵向等级制是基于血缘的人身依附关系在政治生活中的具体化。

（二）现代工业社会的工业化、市场化特征

人类社会从“传统”到“现代”的转变，是一个“从身份转到契约，从神圣转到世俗，从农业转到工业，从特殊主义转到普遍主义，从功能普化转到功能专化”的过程。[②] 不管是内生型的自身演化过程，还是外生型的被动推动，资本主义经济萌芽以及迅速崛起，原来农业社会自给自足的小农经济被社会化工业生产所代替，同时带来生产结构的深刻变动。所谓工业化，主要是指工业在一国经济中的比重不断提高，以至取代农业成为经济主体的过程。它是一个从传统农业向现代工业社会转变的过程，其特征主要是农业劳动力大量向工业转移，农村人口大量向城镇转移，城镇人口逐渐超过农村人口。工业化最初只是一种自发的社会现象，始于18世纪60年代的英国。这种以大规模机器生产为特征的工业生产活动向原有落后的生产方式和狭小的地方市场发起了挑战，陈旧的生产方式已无法满足日益扩大的市场需求，并要求改变传统农业社会中的专制统治模式。与此同时，资本的积累以及科学技术的发展又为工业化的产生和发展提供了资金

① 饶旭鹏：《中国农村社会结构演变的历程——从“乡土社会”到“新乡土社会”》，《开发研究》，2012年第5期，第134页。

② 金耀基：《从传统到现代》，北京：中国人民大学出版社，1999年版，第71页。

和技术支持。工业化的产生造就了全新的人际关系。正如从农业社会向工业社会转型时出现的行会，一方面，它从住户中产生，将以婚姻为基本内容的家庭与社会联系起来，另一方面，它在促进现代生产和推进市场化的同时，将私人生活融入现代公共生活。① 它将社会构成由原来纵向的"等级化"变为横向的"群体化"，体现出社会分工所带来的社会分群趋势。而且，社会分工带来的专业化不仅没有促使人们进一步分立，反而要求人们联系更加紧密，高度的专业化使人们只有在对他人的依赖中才能生存下去。随着工业化的发展，由社会分工导致的社会分群化，使个人从属于不同的社会（职业）群体，并且共有着同属于某个群体的社会属性。这种脱离了等级制束缚的个人必然要求实现财富的社会化和财产的个人所有，并反对通过特权和行政手段来获取财富，于是市场开始成为社会组织财富生产的主导，从而掀起了国民的经济热情。经济市场化的发展使凡是有财产的人都可以从事经济贸易，而且会受到法律和国家强制权力的保障，这无疑会大大促进近代经济的发展。

二、治理模式：从统治型治理到管理型治理

（一）统治行政体系下的统治型治理模式

在农业社会中，君主及其行政都属于统治型社会治理模式的范畴，其行政管理体系可以看成是统治行政体系。这种社会治理活动主要是建立在权力关系的基础上，以暴力和在此基础上的强制力为治理工具。虽然传统的伦理道德规范也是君主及其官僚进行治理的手段，但是出于维护权力关系的需要，道德规范充其量只是一种补充手段。在统治型社会治理模式中，中央王朝及其派出机构和人员是治理的主体，是为了实现统治者的利

① 张康之，张乾友：《公共生活的发生》，北京：高等教育出版社，2010 年版，第 216 页。

益。就统治者作为一个阶级而言，他们因为有着共同的身份而有着共同的利益，并需要通过统治去实现这种共同利益。也就是说，统治型的治理模式通过身份标识把整个社会组织起来，并以身份为载体在不同身份群体之间划定了鸿沟，通过社会治理过程对统治者的利益加以维护，对被统治者的利益加以排除，因而导致王朝的不稳定性。而且，农业社会的治理体系一般都是以某个家庭（族）为中心建立起来的，一个王朝无非是一个家庭或家族的王朝，其治理的最终目的就是为了实现其家庭（族）的利益。实质上，统治者正是通过使用权力剥夺被统治者的权利来实现其利益的。从根本上说，这种社会治理模式倾向于强化人的侵犯性品质，并利用这种侵犯性品质，将其培养出统治和压迫的能力。正如中国传统的专制主义和皇权面对已然分化的社会，为了稳固社会秩序，加强统治的需要，仍然设法将被统治者束缚在对其的依附中，使不同阶层之间，尤其是统治者与被统治者阶层之间的关系固化。这种基于权力的统治模式到了近代早期，是通过战争等方式打碎旧统治结构并建立起新统治结构实现的。当然，在近代早期，由于传统统治观念的影响，思想家和政治家所设计的政治制度并未完全摆脱统治型治理的影响，还只限于在寻找一种新的政治模式来治理国家，而并不是顺应市场经济的要求而作出的管理型治理设计。只是在随后的几百年时间里，由于市场经济发展的客观驱动而逐渐建立起了管理型政府。①

（二）发展市场经济要求建立管理型政府

近代经济的市场化使个人的利益意识觉醒，使人的行为理性化，使人与人之间的关系在交换的基础上展开。这一基于交换的人际关系需要以人的平等和自由为前提，这样一来，农业社会的统治结构便失去了存在的基础。因为统治型治理模式要求整个社会按照等级进行划分，排斥人与人之

① 张康之：《论伦理精神》，南京：江苏人民出版社，2010 年版，第 126 页。

间的平等，视平等为社会秩序的危害。而且按照等级进行控制，依照控制结构的层级自下而上地赋予治理者更大范围的自由，越是处于较低等级的人越是缺乏自由。然而，直接从事生产劳动的正是处于等级控制体系底层的人们，他们要从事支持整个社会的经济劳动，但毫无权利和自由。而近代市场经济的出现需要以人的平等和自由为前提，可是市场本身并不能提供这种平等和自由，只能依靠国家及其政府来提供。所以说，市场经济要求政府的管理职能，而排斥统治职能。“市场经济在对国家和政府的统治职能以及因应这种职能需要而建立起来的组织结构、运行机制和秩序体制的排斥中是渴望着国家和政府提供公平、公正、高效的管理的。”① 对于政府来说，就是要自觉通过一系列政策和制度来促进政府统治职能和管理职能的分离，并尽可能将管理职能实现的一切积极措施制度化。与统治型社会治理模式不同，管理型治理模式的特征是依据财产和生产资料的占有方式来对治理对象进行区隔的。人们从“等级化”到“群体化”的聚集使社会呈现出阶级、阶层和利益集团的区别，而不是地域、家族和种族的区别。它用一种国家主义来掩盖民族主义的历史遗迹，用法治而非人治来进行治理，通过运用法律制度将整个社会以利益要求和专业技能上的差异隔离成不同的阶级、阶层和利益团体。

三、治理手段：从权治挣扎到法治诉求

（一）统治型治理模式下的权治治理方式

从农业社会到工业社会的转变中，人类社会的治理模式从统治型社会治理模式转变为管理型社会治理模式，与之相伴的社会治理方式也从权治转变为法治。在传统型社会治理模式中，以权治为主，德治和法治只起辅助作用。在管理型社会治理模式中，以法治为主，但也有着权治的内容，德治则完全被排斥在外。在中国古代，董仲舒适应汉武帝加强中央集权的

① 张康之：《论伦理精神》，南京：江苏人民出版社，2010 年版，第 128-129 页。

需要，提出“春秋大一统”和“罢黜百家、独尊儒术”的主张，奠定了儒家学说的统治地位。后来儒家思想之所以能够长期居于独尊地位，也全要归功于权治这种社会治理方式。权治治理方式的主要特征是依靠权力直接进行统治。由于传统中国治理模式中所充斥的德治思想，很多人将中国传统社会的统治型社会治理模式归类为德治方式。可实质上，按照德治理想进行的制度安排并未被贯彻，反而以“三纲五常”为基准的制度及其治理方式成为典型的权治模式。在统治型的治理模式中，统治本身意味着一种人对人的剥削和压迫，因此它在本质上缺少合法性。然而，王朝的统治又必须建立在一定的合法性基础之上，这样一来，德治成了较为实际和有效的可以凭借的手段。但是这时的德治是一种工具意义上的治理方式，而并不是一种根本性的制度。它只是一种良善的统治愿望，而非实施的基础。权治是农业社会治理模式的本质，所谓“人治”只不过是权治的表现形式，所谓德治，充其量是对权治的锦上添花。

（二）法精神的彰显带来法治治理方式

到了近代工业社会，随着社会治理模式转变为管理型社会治理模式，社会治理方式也由权治转变成法治。统治的基础是权力，实行统治的过程就是占有和分配权力的过程，实质是权治；管理的依据是法律，实施管理的过程就是根据法律规定对社会事务进行管理，实质是法治。所以，从统治迈向管理意味着用法律精神代替权力意志来治理社会，即以法治取代权治。① 在管理型的社会治理模式中，权力仍然是社会治理的基础性力量，是一切社会管理活动展开的前提，政府及其行政官僚正是依靠权力来实现对整个社会的管理和制约。但是不受任何约束的权力很有可能为了谋求私利而损害权力的公共性，掌握权力的个人或小团体为了自身的利益而渎职滥权的行为

① 张康之，张乾友：《公共生活的发生》，北京：高等教育出版社，2010 年版，第 147 页。

也会破坏管理的理性原则，使管理效率下降。因此，必须对权力进行限制。而法治正是可以在一定程度上满足限制权力要求的治理方式，它通过法律对权力实行制约，使其在规范原则的范围内行使，保障权力的公共性以及对公民权利的保护。在近代社会中，由于工业发展及其所带来的个人权利意识的萌生，人们才开始意识到权力带来的消极影响，才会寻求通过法制的完善来对权力进行限制。特别是到了近代社会，随着市场经济的确立，交换主体对于平等与自由的追求显然拒绝权力之介入。所以，在管理型社会治理模式中，法律被赋予绝对的和最高的权威。由于权力在管理型治理模式中依然是治理的最重要手段，而且必须被某个人或某个团体所掌握，其不可避免的工具主义与人格化色彩就有可能导致非理性行为倾向，并很可能成为权力掌控者满足私利的工具。为了防止权力的滥用，统治者不得不将权力分散，并用制度对其进行有效防范，所以法制应运而生。由于需要借助法律的理性权威来对权力加以抑制和矫正，那么确立法律的最高权威和终极裁判地位就成为必然。权力的公共性决定了其掌握者必须受到一定的制约，而以权力制约权力永远都只是一种随意性的制约，只有用制度来制约权力，才是相对稳定的制约。所以，法律的出现首先是为了制约权力，然后才是保障权利。只有权力得到了有效的制约，权力在法律规范的框架内运行，公民的权利才能得到切实维护和保障。与权力相比，法律具有确定性和普遍性的特点，它以明确的文本将对权力的约束以及对公民权利的保护制度化，从而形成法制。只有有了法制，法治才有可能成为社会治理的基本方式。

四、共同体类型：从静态封闭共同体到动态开放共同体

（一）共同体的概念

共同体是指社会治理活动赖以发生的群体，在人类不同的历史时期，共同体的概念有着不同内涵：在一般意义上，共同体往往指的是政治共同

体，是用来指代国家以及其他政治实体的学术概念。德国社会学家滕尼斯认为，在人类发展的历史上，尽管共同体的产生要早于社会，但是人们对共同体的认识却明显晚于社会。在其《共同体与社会》一书中，他将共同体描述为由建立在自然情感基础上的，紧密联系而又排他的共同生活方式所产生的关系密切、守望相助、与世隔绝且富有人情味的生活共同体。在滕尼斯看来，共同体主要是以血缘、感情和伦理连结为纽带自然生长起来的，其基本形式有亲属（血缘共同体）、邻里（地缘共同体）和友谊（精神共同体），它们是有机地浑然生长在一起的整体。相比较而言，社会虽然也是一种人的群体，就像人们在共同体里一样，以和平的方式生活和居住在一起，但这种共处不是结合在一起，而基本上是相互分离的。“社会应该被理解为一种机械的聚合和人工制品。”① 在滕尼斯那里，“共同体”与“社会”两个概念还经常被翻译成“礼俗社会”和“法理社会”。这两个概念更能体现出滕尼斯赋予这两个群体的区别，那就是“礼俗社会”更多依赖于人们的血缘、地缘等原生关系，其成员有着共同的传统、价值观和善恶观念，有着共同的朋友和敌人，存在着“我们”或“我们的”意识，而“法理社会”则必须借助人为制定的外在规则来克服人的离异，其特征是理智与工于心计，契约与个人主义至上。② 从上述两者所具有的特征可以看出从“共同体”向“社会”的转变过程其实就是传统农业社会向工业社会转变的过程，是吉登斯所认为的“脱域”的过程。由于近代工业化的发展以及人与人之间交往的频繁，人们突破了家庭的外壳，走出了家庭。这一过程被马克思描述为社会化的过程。从共同体的视角来看，这是原来那种凭借人类原生关系而结合的、以静态封闭为特征的传统型共同体

① ［德］斐迪南·滕尼斯：《共同体与社会》，林荣远译，北京：商务印书馆，1999 年版，第 ⅲ 页。

② ［德］斐迪南·滕尼斯：《共同体与社会》，林荣远译，北京：商务印书馆，1999 年版，第 328 页。

瓦解的过程，同时也是以新的生产关系和人类交往方式结合而成的、以动态开放为特征的现代型共同体生成的过程。

（二）动态开放共同体的形成

传统型共同体在原生形态中是由血缘、地缘这样的亲族关系以及与之相随的交往关系所构成的。比如在前近代王朝统治中，人们通常将君臣关系比作父子关系，亲密的朋友关系比作兄妹关系，这表明这种共同体具有人身依附性。就像费孝通所言，传统中国社会是一个“乡土社会”，人们从出生开始，就在一个固定的地方成长，人与人之间由于相互熟识而产生信任，人们终老已乡、不轻易流动，同时注重血缘和伦理，以血缘结成关系，以伦理维持秩序，① 形成了固定的结构、身份认同以及价值观。这一社会关系赖以存在的基础是传统小农经济的生产方式以及自给自足的消费模式。传统农业生产的小规模确保了人们的“近距离”生活。无论生活在哪里，人们都能从较为简单的农业劳动中获取生活必需品，即使出现自我不能满足的时候，只须通过近距离的和偶尔的交换便能解决这一难题。人们不需要频繁的长距离流动以谋取生计，只须固守一个可以耕种的地方，就可以祖祖辈辈生活下去。因此，静态性和封闭性是这种共同体的特征。到了近代工业社会，由于市场经济的出现将原来基于血缘、地缘关系聚集的共同体打破，整个社会被分化为不同领域，在不同领域中生活的人们结合成新的共同体。当然，即使在同一领域中，由于人们的行动、利益、兴趣、价值观等的不同也会产生不同的集体。在这一现代型共同体中，人们有可能来自四面八方，为了生存而聚集在一起，人们之间不再熟悉，因此出现了基于契约而形成的信任模式。共同体不再受到血缘、地缘等先赋关系的影响，自然就失去了其封闭性，成为一个开放的团体，它接纳来自各

① 贾永梅，胡其柱：《乡土社会：以费孝通先生〈乡土中国〉为参照的解读》，《中国社会科学院研究生院报》，2010 年第 6 期，第 97 页。

地的人们，只为了一个共同的目的——获得经济利益。在这一社会中，人们不再被束缚在土地上，可以自由流动，人与人之间形成了一种相互依存的平面关系。陌生的人们聚集在城市中，阶级对立、民族冲突、利益争夺使人与人之间对立，所以必须依靠组织、制度、法律等因素把人们集结在一起，构成一个实质对立而又表面统一的共同体。

中日近代政府制度就是在中日两国从传统农业社会向工业社会中过渡的过程中建立起来的，其演进动力来自资本主义经济兴起及个人权利意识觉醒，进而要求政府制度即制度上的变革，以适应工业社会中管理型的社会治理模式。

第二章　西学东渐与近代政体转型

第一节　清末立宪改革

一、清末局势危机催生制度变革

（一）内忧外患，意欲变革

清末是中国历史上剧烈变动的时代，这不仅是因为受到了西方列强的冲击，更是当时社会内在矛盾的必然产物。如果说戊戌变法是中国历史上的一次进行制度变革的尝试而赋予它重要意义的话，那么对变法予以承认和推动的清末统治者注定要成为当时中国变革的重要力量。百日维新的急促变革，招致清廷上下的一致反对，西太后虽意欲变法，但她确实不愿意因为变法而失去权力。[①] 1900 年以后的中国，居于上层的政治统治者再也不能对权力的丧失和政治危机不管不顾，处于中层的官僚各阶级和当时社会的有志之士再也不能容忍清廷的失败和无能，作为下层的民众生活困苦，再也无法照旧下去。政府在千百年来儒家思想浸淫之中所具有的政治权威一扫而光，这严重威胁到其统治的合法性。为了修复这种统治合法性，清廷统治者不得不发起一场改革。不论清末的新政改革被冠以何种动机理由，是为了表明对列强“化敌为友”的心迹（“量中华之物力，结与国之欢心”），还是以张之洞为首的地方督抚在庚子事变后自身变法思想

① 张鸣：《再说戊戌变法》，西安：陕西人民出版社，2008 年版，第 213 页。

的形成，对清末新政出台所起的决定作用，① 都使得清统治者深刻认识到，变革势在必行。但从清廷的立场来说，任何改革从来都有一个重要的政策底线，就是以加强和巩固满洲贵族统治为唯一原则。② 这样的原则使得清政府在日俄战争之前倾向于选择俄国的政治模式，因为俄国没有彻底西化，而是在保留了浓厚的历史遗迹和民族根性的前提下同样实现了建设强大国家的目标。但是日俄战争爆发之后，这种认识出现了变化。

（二）师法日本，坚定立宪决心

日俄在中国的土地上开战，目的是争夺在华的战略要地——东三省，难堪的清政府却被要求局外中立，置东三省的臣民与财产家园于不顾。这样的选择从政治上考虑，亦有清政府自己的理由。虽然清政府也想赶走俄国人，收复东三省的失地，巩固统治基础，但是又希望俄国能赢得战争，以事实向国内日益高涨的立宪派证明君主专制优于日本的君主立宪制，为清政府正大光明地加强君主权威、建设专制政府找到更好的理由。③ 可是随着日俄战争的结果逐渐明晰，日本的胜利再次让国内的立宪派看到了说服清廷实现立宪变革的希望，一时间朝野上下要求立宪的呼声响彻中国大地。与立宪运动同时高涨的还有孙中山领导的革命运动，他们高举“驱除鞑虏”的革命口号，要求推翻清政府统治，彻底铲除专制主义发生的土壤。随着俄国在战争中的完败，在美国的调停之下，日俄双方签订条约，将俄国在东三省的权益转交给日本，而非中国。这一结果让人们清楚地意识到，东三省的问题与立宪问题是有密切联系的，没有一个立宪的政体是不能在国际上立足的。至此，封疆大吏和中枢要员无不站到立宪的一边，并全力强调实行立宪无损于皇室，无碍于皇权，且能使皇权永固，万世不替。④ 在这些朝中要员的劝说下，清

---

① 吴宝晓：《张之洞与清末新政的起源》，《历史档案》，2004 年第 2 期，第 100 页。

② 马勇：《1911 年中国大革命》，北京：社会科学文献出版社，2011 年版，第 29 页。

③ 马勇：《1911 年中国大革命》，北京：社会科学文献出版社，2011 年版，第 22 页。

④ 罗华庆：《载泽奏闻清廷立宪“三利”平议》，《近代史研究》，1991 年第 2 期，第 292-293 页。

廷高层终于有所动摇，决定委派载泽、戴鸿慈和端方率领考察团出国考察各国政治，企图择善而从，改革政治。就在全天下立宪党人为之欢欣鼓舞之时，革命党人吴樾的自杀式攻击给清廷敲了一记醒钟，革命派推翻清朝，恢复汉族国家的政治诉求反而坚定了清政府实现立宪的决心。

（三）五大臣出国考察，清末立宪提上日程

清末新政的实施是一个矛盾的整合体。外力的入侵、开明政治精英的力谏、立宪派与革命派的斗争，都对清末皇权起到一定的限制作用，面对混乱的局势和腐败无能的吏治，清统治者既怕亡国又恐权力流失，最终被迫走上改制的道路。亨廷顿有语，处于权威危机中的统治者将会迅速变成真诚的改革者，他对改革的真诚来源于保住权威和权力的真诚。1905 年，清政府派出“部长级”考察团，考求一切政治，以期择善而行之。后来的历史证明，清政府 1905 年派五大臣出洋考察之举所以重要，不仅在于清廷首次派员出洋考查政务本身，更为重要的是考政大臣据考察所得，为清末仿行宪政确定了基调、提呈了方案，促使清廷作出了“预备立宪”的决定。考政大臣根据在立宪国的所见所闻提出的主张和方案，系统反映了封建统治集团上层部分人士对宪政的认识和谋划，① 而且最为重要的是，他们决定性地影响了清廷的最高决策者——慈禧太后。从某种意义上来说，考政大臣对君主立宪制所持的看法就是清廷统治者的看法。五大臣考察归国后，两宫先后七次召见，“皆痛陈吾国不立宪之害”。② 考政大臣戴鸿慈与端方上《请定国是以安大计折》，提出立定国事的六大要务，其后，载泽亦上奏《奏请宣布立宪密折》，恳请及时立宪，考政大臣对立宪制的认识可以分为三个层次，即认识世界，“临渊羡鱼”；确认时代潮流，见贤思

---

① 罗华庆：《论清末五大臣出洋考政的社会影响》，《中国社会科学院研究生院学报》，1992 年第 4 期，第 29 页。

② 伧父：《立宪纪纲》，收入《辛亥革命》（4），上海：上海人民出版社，1957 年版，第 14 页。

齐；体认竞争，“省”前“谋”后。[①] 五大臣根据在日本的所闻所见证明，立宪以后君权不会有丝毫下移，“凡国之内政外交，军备财政，赏罚黜陟，生杀予夺，操纵议会，君主皆有权统治之。”[②] 正是这两道奏折直接促成清廷宣布“仿行立宪”，使清末新政拉开序幕。

二、《钦定宪法大纲》制定与颁布

（一）“立宪”之争

1898 年，康有为、梁启超等人发动的百日维新因以慈禧太后为首的顽固势力的绞杀而以失败告终，但维新思潮却在日益恶劣的国内形势中经过短暂的沉寂而再度复兴，甚至愈演愈烈，一度发展成为推动全国政制改革的思潮。如果说 1900 年是“中国反动的旧势力发泄到最高度的时候”，那么接下来，1901 年“便是新势力复活的时期了”。[③] 西太后在逃亡过程中尝尽辛酸，深感固守祖宗之法已无力挽救大清，于是她开始尝试变革。1901 年 1 月 29 日，尚在西逃途中的慈禧太后以光绪帝的名义发布变法上谕：“世有万古不易之常经，无一不变制治法……懿训以为去外国之长，乃可补中国之短。”指出以前学习西法，仅是语言文字、机器制造等“西艺之皮毛，而非西学之本源”，所以要求各部大臣和各省督抚参照中西政治，针对现有弊端，凡朝章、国故、吏治、民生、军制、财政、学校、科举，“当因当革，当省当并”，[④] 各抒己见，限期两个月内上奏。这份诏书不仅明确提出要学习西法，而且强调学习的重点在于“西学之本源”，这

① 罗华庆：《论清末五大臣出洋考政的社会影响》，《中国社会科学院研究生院学报》，1992 年第 4 期，第 29-30 页。

② 徐爽：《旧王朝与新制度》，北京：法律出版社，2010 年版，第 80 页。

③ 李剑农：《中国近百年政治史（1840—1926）》，上海：复旦大学出版社，2002 年版，第 197 页。

④ 朱寿朋：《光绪朝东华录》（第 5 册），张静庐校点，中华书局，1958 年版，第 4601-4602 页。

成为清末“新政”开始的标志。在此之后清廷的一系列谕旨和措施中，清政府“以一种从未有过的姿态显示了曾经扑杀过变法的人物所表现出来的变法决心”。① 但以洋务派大员和慈禧太后为首的新政派在此时是排斥立宪政治的，他们所推行的新政旨在维护封建制度，巩固晚清的统治。② 同时，以康梁维新思想为基础，受西方近代政治学理论影响的立宪派慢慢成长和发展起来，并作为一股重要力量出现在20世纪的政治舞台上。梁启超1901年发表《立宪法议》，最早主张君主立宪，并给宪法下了完整的定义。“夫万世不易之宪法……无论为君主、为官吏、为人民，皆共守之者也”，万变而不离其宗。在这里，梁启超还论证了立宪政体代替专制政体的必然性，提出“预备立宪”的命题。此后更多人开始主张立宪，到1903年前后，立宪思潮已经在国内和海外留学生及华侨当中初步勃兴，并很快凝成一股强大的政治势力，被称为“立宪派”，③ 他们上书统治阶层，策动当朝权要，推动立宪，并发动请愿运动，团结民间力量。于是，官吏中开明之士纷纷上书陈立宪之请，如驻法使臣孙宝琦改革政体之奏，两湖总督张之洞恳请立宪之议，两广总督岑春煊二度上书立宪之请，直隶总督袁世凯议请简派亲贵赴各国考察政治。及至日俄战争之后，日本君主立宪政体以事实增强了清廷改制的决心，在驻外大使胡惟德、汪大燮、梁诚与各级官员的立宪上奏，报纸杂志纷论立宪之必要的讨论中，预备立宪的趋势大定。④

---

① 陈旭麓：《近代中国社会的新陈代谢》，上海：上海人民出版社，1992年版，第223页。

② 周叶中，江国华：《博弈与妥协——晚清预备立宪评论》，武汉：武汉大学出版社，2010年版，第2页。

③ 周叶中，江国华：《博弈与妥协——晚清预备立宪评论》，武汉：武汉大学出版社，2010年版，第316页。

④ 张朋园：《立宪派与辛亥革命》，长春：吉林出版集团有限责任公司，2007年版，第5页。

（二）如何“立宪”

1905年，清廷派五大臣出访欧美各国和日本“考察一切政治”，至此，新政改革进入第二个阶段——着眼于政治体制的改革。[①] 五大臣归国后，深感立宪是中国唯一的出路，上书清廷力主变革，慈禧亦以为有了宪法，大清的江山可以永保，因有“只要办妥，深宫初无成见”的表示。1906年9月1日，清廷发布《宣示预备立宪先行厘定官制谕》称，时至今日，惟有及时祥晰甄核，仿行立宪，将大权统于朝廷，庶政公诸舆论，以立国家万年之基。[②] 争论数年的君主立宪终于有了一个开始，中国历史开始了一个巨大的转折。立宪派人士欢欣鼓舞，奔走相告，感动万分，庆祝传统中国将向现代中国迈出的重要一步。为了与清廷的立宪相呼应，流亡海外的保皇党人和国内的立宪党人遥相呼应，相继建立许多立宪团体，肩负着以民间力量、社会力量促使清廷从口头宣示走向实际运作，敦促清政府尽快召开国会，建立责任内阁的重任。真正拉进中国与世界先进国家的距离。[③] 根据政治改革一般规律，从行政改革入手是最简便和适当的，所以宣布预备立宪之后，清政府便开始着手官制改革。但当时清末行政制度积弊已深，政府机构叠屋架构之冗无法在短时间内予以变革，加之清政府一连串的推进立宪的预备活动只触及政治变革的皮毛，而无欲深入，所以激起改革人士的不满。革命派要求改朝换代的外在压力和立宪派日益高涨的国会请愿活动，迫使清政府将立宪法与开国会之事提上日程。1908年7月22日，清政府批准颁布宪政编查馆所拟的《各省谘议局章程》和《谘议局议员选举章程》，但这些并没有消除国会请愿运动的高涨和影响，反倒更有利于立宪派借助这些政治参与平台来聚集立宪力量，扩大立宪影响，迫使清廷对预备立

---

① 陈丹：《清末考察政治大臣出洋研究》，北京：社会科学文献出版社，2011年版，第2页。

② 故宫博物院明清档案部编：《宣示预备立宪先行厘定官制谕》，收入《清末筹备立宪档案史料》上，北京：中华书局，1979年版，第43-44页。

③ 马勇：《晚清二十年》，北京：人民文学出版社，2011年版，第233页。

宪做出新的调整，加快预备立宪的步伐。与此同时，清廷派出的第二次出国考察使团分赴德、日考察宪法归来，建议实行日本式以君权为核心的二元君主制。如果说第一次出洋考察政治主要在于解决“立与不立”的问题，那么第二次考察政治主要是为了解决“如何立”的问题。① 在宪政改革的步骤设计上，考察大臣认为可仿行日本的立宪步骤，先宣布宪政，并安排逐年应完成的预备事件，以“备齐之年为开设国会之时”。②

（三）《钦定宪法大纲》颁布

1908年春，国内出现了第一次全国性的国会请愿运动，要求速开国会，或诏示速开国会年限。从4月到8月，短短4个月内，立宪派前往京城请愿上书的次数达12次之多。③ 这次全国请愿运动直接促使清廷加快立宪动作，于1908年8月27日，颁布中国历史上第一部宪法性文件——《钦定宪法大纲》（以下简称《大纲》），并于27日公布预备立宪计划——《九年预备立宪逐年筹备事宜清单》。《大纲》由十四条“君上大权”和九条“附臣民权力义务”组成。君上大权是整个《大纲》的核心，开篇确立了君主的万世一系，不可侵犯的法律地位。在立法权上，君主有批准、颁布法律的权力（第3条），即议院议决的法律，未经君主批准和颁布，不能施行；君主有“召集、开闭、停展即解散议院之权”（第4条）；在议院闭会期间，遇紧急之事，“得发代法律之诏令……筹措必须之财”（第12条）。君主的立法权与议院的立法权有着此消彼长的关系，君主的立法权过大就会侵犯到议院的立法权限。《大纲》规定的君主可以解散议院、以诏令筹措财政费用，这都显示了君权的强大。在行政权上，《大纲》第5—9条以及11—14条规定君主

① 周叶中，江国华：《博弈与妥协——晚清预备立宪评论》，武汉：武汉大学出版社，2010年版，第50页。

② 荆知仁：《中国立宪史》，台北：联经出版事业公司，1984年版，第130页。

③ 韦庆远，高放，刘文源：《清末宪政史》，北京：人民大学出版社，1993年版，第247页。

的用人权、军事权、外交权以及皇室的经费和荣典权力。君主作为国家元首，拥有实权，内阁由君主任命，政府对君主负责，议院的权力也相形见绌，在上述各项问题上均无权置喙，传统的君主专制色彩显见无疑。在司法权上，司法权力名义上由审判机关掌控，而实际上却无法绕开行政权。通过上述对君主权力的分析可以看出传统君主专制的影子，清政府所推行的新政也好，仿行立宪也罢，其最终目的都是为了维护清廷贵族的专制统治，加强中央集权。而立宪的实质是限制君权，实现立法权、行政权和司法权的三权分立。但是从清末仿行立宪之后的官制改革和《大纲》来看，君权并没有受到实质的限制，三权也并未完全分立。清政府始终主导着改革的方向和程度，并以加强中央集权、收回督抚权力为最终目的，因此在改革中缓议对君权有监督和限制大权的议会之建立，取消架空皇权的责任内阁制，而将唯一不会直接威胁到君上大权的司法权让渡。但即便如此，司法权亦未能完全独立，仍受到统治权的干涉。

三、多方博弈之下“仿行”君宪制

鸦片战争打开了中国的大门，自诩泱泱大国的清帝国被迫走上近代化发展的道路。起初，自负的“中央之国”情结与中西巨大差异给西方列强侵入中国带来缓冲，使清朝统治者及深受正统儒学文化影响的官僚阶层对西方文明持拒斥态度。第二次鸦片战争战败，终于让学习西方器物文明的洋务运动在“自强求富”的口号下开展起来。甲午战争中国又一次惨败之后，举国上下为之震动。梁启超如是说：“吾国四千余年大梦之唤醒，实自甲午战败割台湾偿二百兆以后始也。”① 亡国灭种的现实威胁迫在眉睫，国人意识到“中国败弱之由，百弊丛积，皆由体制尊隔之故”。② 在康有为、梁启超等

① 梁启超：《戊戌政变记》，北京：中华书局，1954 年版，第 1 页。

② 康有为：《上清帝第七书》，收入《变法以致升平——康有为文选》，上海：上海远东出版社，1997 年版，第 349 页。

维新志士的推动下，戊戌变法以短暂的光辉照耀了中国变革传统政治体制之路。短短三个月之余，戊戌变法虽最终遭遇失败，但对开启民智以及宣扬近代立宪和分权思想发挥了极其重要的影响。至此，中国走上立宪改革之路。在君主立宪制进程开始之前，君主所具有的权力和地位是进行立宪变革的前提和条件。正如明治维新时期的日本，从形式上树立起天皇的无限权威与一元权力，为近代化发展提供了一个近代意义上的中央集权政府，并为建立现代意义上的政府制度奠定主调和根基。而中国清代统治二百余年来，私家天下的皇权思想并未在民族危亡之际有所改变。无怪乎费正清所言，中国的现代化是“少数高官玩弄的一种游戏，他们认识到现代化的必要性……但是个人的利禄和权力的希望在引导他们前进”。①

宪政，无论人们对其作何种解释，都不能否认这样一个基本要素，即实施宪政必然限制政府的权力。② 正如西方宪法学者所指出的那样，在传统上，西方宪政思想是要设计一种政治制度来限制政治权力的行使，宪政就是对政府权力施加合法的制约，其反面就是专制。③ 自古以来中国的皇权受到三种因素的制约，一是经济因素，二是来自统治阶级内部的矛盾，三是地主和农民之间的阶级矛盾。④ 19 世纪中叶，当西方资本主义列强大规模入侵中国时，激化了上述三种因素与皇权之间的矛盾，延续两百余年的清王朝既要面临王朝末世内部的离心与反叛，又要应付西方资本主义势力的挑战，在这种内外受迫之下，尽管其效法日本建立皇权之下的“三权分立”政体，但是并未取得日本那样的成效，其根本原因是中国皇帝与日

---

① ［美］费正清：《伟大的中国革命》，刘尊棋译，北京：世界知识出版社，1999 年，第 139-140 页。

② 郭宝平，朱国斌：《探寻宪政之路——从现代化的视角检讨中国 20 世纪上半叶的宪政试验》，济南：山东人民出版社，2005 年版，第 30 页。

③ 斯蒂芬・埃尔金，卡罗尔・爱德华・索乌坦编：《新宪政论——为美好的社会设计政治制度》，周叶谦译，北京：生活・读书・新知三联书店，1997 年版，第 27-44 页。

④ 白钢：《中国皇帝》，天津：天津人民出版社，1993 年版，第 211 页。

本天皇在掌握最高权力方面有着本质的不同。中国的皇帝集权力与权威于一身，正是这样一种中央集权的专制制度，成为中国落后的直接责任者。与此同时，政府在责任内阁的人选上授人以柄，信誉危机导致政府公信力的丧失和合法性资源的又一次急剧流失。因此，政治改革一旦启动，限制君主的权力必然成为应有之义。而且，人们对于在君主制框架内实现政治现代化达致求富求强的目的，缺乏足够的信心，同时激进的革命派试图通过体制外变革推翻君主专制政体。这种背景之下作为改革主体的清政府，面临的最大困难是如何突破旧制度的“路径锁定”，一旦突破原来的君主专制制度，就意味着亲手打破自己所享有的利益。权衡利弊之下，清政府最高统治者仍是沿着既定路径，以改革为手段实现巩固皇权和压制革命的目的，因为改变太难，成本太高。① 因此，清末新政的失败是一种历史必然。以专制主义为核心的封建制度架构总是试图维护处于权力中心的统治集团的利益，是不可能接受真正西方意义上的“三权分立”体制的。其专制主义思想与三权分立以限制专制权力的立宪思想在本质上是相悖的，这一专制思想必然要求政府制度为其独掌大权服务，这就必然背离宪政所提出的建立政治参与机制、开放与共享公共权力资源的要求。

第二节　明治时期君主立宪改革

一、近代立宪思想引入及实践

日本的近代化始于1853年的佩里叩关及其之后的明治维新。面对西方列强强势入侵和无可抵御的西方文明渗透，日本在感慨本国封建落后的同

① 史成虎，张晓红：《清末新政失败原因新解——以路径依赖为视角》，《石河子大学学报》（哲学社会科学版），2012年第5期，第122页。

时，决意向西方学习以自强，遂发起日本历史上具有重要意义的明治维新运动。明治维新是日本由封建社会形态向资本主义社会形态转变的过程，日本经历了经济、政治、文化等诸领域的近代化变革，发生了“巨型的社会变迁”①。发生在诸领域的变革虽然相互影响、紧密互动，但同时又各具独特的演进逻辑和历史过程。从明治维新整个过程来看，发生在政治领域的变革，包括幕末被迫开国并缔结不平等条约、倒幕运动、明治新政权的建立及巩固、中央官制改革即内阁制的建立、自由民权运动、颁布《大日本帝国宪法》（明治宪法）、开设议会等众多重大政治事件。它是日本社会形态转变的重要组成部分，也是日本建立近代政府制度，实现制度近代化的关键。马克思在谈到 19 世纪资本主义全球扩张时说：“它迫使一切不想灭亡的民族采用资产阶级的生产方式，迫使它们在自己那里推行所谓文明制度……它按照自己的面貌为自己创造出一个世界。”② 明治时代是日本近代化启程的前期阶段，是一个变革的时代。因此，一个统一的国家政权建设成为重要内容，这是外源后发型国家现代化的重要条件。“集权，特别是权力不多的体系中的集权，是政策革新和改革的实质性必要条件。”③ 从尊王攘夷到王政复古、从奉还版籍到废藩置县，日本终于完成全国政权的统一。废藩置县后，明治政府进行官制改革与建立“内阁”（并非近代意义上的行政权体现者）的政治实践，中央政府实际被操纵在中下级武士出身的倒幕派领袖构成的政治集团手里。④ 近代化推进过程中不断爆发的矛盾以及愈演愈烈的自由民权运动，使明治政府将立宪提上日程。

---

① 罗荣渠：《现代化新论——世界与中国的现代化进程》，北京：商务印书馆，2006 年版，第 124 页。

② 中共中央马克思恩格斯列宁斯大林著作编译局编：《马克思恩格斯选集》（第 1 卷），北京：人民出版社，1972 年版，第 255 页。

③ ［美］塞缪尔·亨廷顿：《变革社会中的政治秩序》，李盛平，杨玉生译，北京：华夏出版社，1988 年版，第 356 页。

④ 殷燕军：《近代日本政治体制》，北京：社会科学文献出版社，2006 年版，第 108-109 页。

（一）立宪思想涤荡

1. 自由民权运动的兴起

明治维新推翻了长期压迫在日本人民身上的封建幕藩领主统治，进行了一系列资产阶级性质的改革，并着力扶持大商业资本家，发展资本主义。而富农、一般商人、部分士族和知识分子阶层在政治上却处于无权地位，以农民群众和中小资产阶级为首的被统治阶级遭受地税、兵役、纸币贬值、生活贫困之苦，毫无政治自由，因此，他们迫切要求政治权利，争取政治自由成为广大民众的基本要求。同时，自明治初期以来，在“领导者决定开放门户汲取西方文明之时，国民对此不仅没有抵抗，反而采取了欣然引进西方文明的态度”。① 当欧美各国的自由主义、国家主义、宪政主义等思想相继传入日本，自由、平等、民权、立宪、社会契约的理念日益深入人心时，便汇成一股反对藩阀政府的势力，这股势力成为日本国内民主主义的推动力量。在西方资产阶级思想的深刻影响之下，19 世纪 70 年代，日本国内掀起了一场以要求开设国会、制定宪法、减轻地租、确立地方自治、修改不平等条约为主要内容的全国性政治运动，史称“自由民权运动”。② 它反映了中小地主和资产阶级要求平等自由地参与国家经济、政治、社会生活的愿望。运动的斗争方式大体上包括陈情请愿、上书建议、宣传演说、成立组织和制定宪法草案等。

2. 维新官僚内部对立宪的分歧

自由民权运动的高涨，使时任太政官右大臣的岩仓具视联想到类似法国大革命前叶的情况。③ 面对呈燎原之势的民权运动，明治政府采取软硬兼施的手段政策。一方面通过《集会条例》镇压集会和结社，另一方面，

---

① ［日］吉田茂：《激荡的百年史》，北京：世界知识出版社，1980 年版，第 12 页。

② 王振锁，徐万胜：《日本近现代政治史》，北京：世界知识出版社，2010 年版，第 51 页。

③ ［日］井上清：《日本历史》（中册），天津：天津人民出版社，1975 年版，第 589 页。

加快建立立宪政体的运作，与民权派争夺广大群众的支持。1879 年 12 月，为对付日益高涨的请开国会的请愿运动，明治政府开始征询各参议对制宪的意见，着手制宪事宜的调查工作并要求各参议起草宪法意见草案。经过一番准备，黑田清隆、山田显义、井上馨、伊藤博文等参议纷纷上奏关于立宪政体的意见书。这些意见书都主张开设国会和制定宪法需要经过充分考察和酝酿才能实施。例如黑田主张“开设国会为时尚早”，在发展教育及其产业之后再开也不迟；山田主张要渐进地制定立宪政体，“首先用四五年时间以元老院和地方官会议”作为预备两院试验之，再依实际情况探究可否，“然后制定宪法，发布特命布告”；井上也主张在开设国会之前，需要做好法律准备，“民法既定则再制定宪法，以此判定王室、政府和人民的权限”，等等。① 而与众人不同的是大隈重信关于立宪制的密奏，他提议大胆采用英国的政党内阁制，太政官三大臣与军人不得干预政治，两年内开设国会。太政官右大臣岩仓具视对意见书的激进内容深感吃惊，遂秘密将大隈意见书拿给井上毅和伊藤博文，两人对大隈的激进态度也颇感意外。随后，太政官大书记官井上毅很快拿出了以普鲁士宪法为蓝本的意见书和对大隈密奏的反驳意见交给岩仓，并起草一份“大纲领”。伊藤对于大隈的激进论颇感愤怒，于 1881 年 7 月写信给岩仓说，他熟览了大隈的意见书，但对其激进论“甚感意外”，“鲁纯的博文之辈亦无力随其骥尾”，且观察现在和未来情势的着眼点也不大相同，从而表明辞意。② 伊藤表现出强硬态度的原因是他和井上毅一样，决心起草一份普鲁士式宪法。在岩仓的调和之下，大隈登门向伊藤道歉。后来两人虽有几次冲突，但还没有到决裂的地步。从这时开始，大隈与伊藤和井上之间开始有了隔阂，维新官僚内部政见分歧日趋复杂化和白热化。

---

① 王振锁，徐万胜：《日本近现代政治史》，北京：世界知识出版社，2010 年版，第 56 页。

② ［日］升味准之辅：《日本政治史》（第一册），北京：商务印书馆，第 201 页。

3. 明治十四年政变

大隈与岩仓、伊藤和井上对立之际，日本发生了北海道拓使低价向民间出售官产的事件。1881 年 7 月，北海道开拓长官黑田清隆徇私舞弊，擅自将经营 10 年的、总资产价值达 1400 万元的北海道国有财产，以 38 万元的低价，并计无利息和分 30 年偿还的优厚条件出售给其同乡五代友厚（萨摩人）经营的关西贸易商会。7 月 21 日，大隈在参议会议上指责黑田弄权，并把内幕透漏给报社。26 日，福泽派的报纸《邮变报知新闻》率先向政府发难，接着民权派报纸《东京横滨每日新闻》对此事发表社论予以曝光。8 月中旬，《朝野新闻》和《东京日日新闻》又将这一事件与要求开设国会的运动结合起来。一时间舆论沸腾起来，在国会请愿中受挫而意欲打开局面的民权派一下子又看到了希望，民权派立即宣传和论证政府自行决定向民间出售国有资产，正好证明必须开设国会和推翻藩阀政府。他们痛击政府，要求清除腐败、追究政府的责任。“维新以来，日本全国人民不分智愚起来非议政府的措施，尚无甚于今日者”。① 在舆论鼎沸的背后，是以大隈、福泽、三菱等携手合作，通过民权运动围攻黑田、伊藤、井上等萨长官僚的政府内部派系斗争。②

大隈与萨长官僚的派系纷争在这一事件后日益尖锐化，萨长官僚与岩仓在幕后也加紧进行反击。萨长官僚提出，当前制定宪法和确定开设国会事件才是最根本的问题，只有这样，才能够平息日趋激烈的自由民权运功。但大隈的立宪方案太过激进，会导致大批高官辞职；而如果采用伊藤的渐进方案，则大隈必须辞职。在萨长官僚的反复要求下，元老院派议决罢免大隈。在得到明治天皇的应允后，随即举行御前会议决定，渐次确立立宪政体之方针，停止出售北海道国有财产，罢免大隈参议一职，将其逐

---

① ［日］升味准之辅：《日本政治史》（第一册），北京：商务印书馆，第 162 页。
② 宋成有：《新编日本近代史》，北京：北京大学出版社，2006 年版，第 143-144 页。

出政府，修改太政官及元老院议事章程，并于1881年10月12日由天皇发布《召开国会敕谕》公布以上决定。次日，大隈派的矢野文雄、犬养毅、河野敏镰等人也联袂而去，史称明治十四年政变。明治十四年政变带来了两个非常重要的结果。一个是对于整个维新过程来说，最高决策集团的分歧因为大隈一派的逝去而不再，最高决策集团意见统一，行政能力增强，并得到天皇的支持。岩仓、伊藤趁机实施政府人事调整，再次确立了萨长藩阀在政府中的绝对主导地位，12名政府要员中，四分之三都是萨长藩阀。① 另一个结果是新就任的大藏卿松方正义实行紧缩财政政策，使自由民权运动资金来源枯竭，导致自由党解散，但政府被迫允诺定期召开国会，这应被视为民权运动的结果。②

（二）为制宪做准备

对明治十四年政变的处理，体现了自木户、大久保以来政府的一贯立场，即采取立宪的目的是加强而不是削弱已有的地主资产阶级统治，而且，立宪政治中“国体”不能有丝毫的改变。③ 也就是说，即使国家的政治体制和统治形态发生变化，但天皇万世一系的权威象征和在国家权力结构中的绝对地位始终不变。因此，在1889年天皇宣布向立宪政治过渡之后，政府便采取一系列措施加强天皇制，为准备制定宪法而推进各项制度的改革。

1. 扩充皇室财产，奠定天皇统治的物质基础

1882年2月，岩仓具视向政府提议，在国会成立之后，即使出现国家预算案被议会否决的情况，仍能使皇室财产用于支付官吏薪俸和军事开支，“即令国会出现何等偏激言论，或遇国库经费不能议定，也可以平定，

---

① 宋成有：《新编日本近代史》，北京：北京大学出版社，2006年版，第143-145页。

② 伊文成，马家骏主编：《明治维新史》，沈阳：辽宁教育出版社，1987年版，第585页。

③ 翟新：《日本天皇》，上海：复旦大学出版社，1992年版，第81页。

或使之顺服”,[1] 这就必须把日本国有财富的一半作为天皇所有。因此，从这一年年底起，政府开始积极扩充皇室财产。到了 1890 年，皇室已拥有 365 万 4500 余町步土地，包括了经济价值最高的山林、原野以及牧场。土地面积较 1872 年的 1 万町步增加了 3653 倍，相当于日本九州全岛的总面积。与此同时，皇室持有的货币和有价证券也急剧增加。政府在日本银行(唯一具有发行兑换纸币权的中央银行)、横滨正金银行（外汇汇兑银行)、日本游船公司的 860 万日元编入皇室财产,[2] 再加上其他控制日本经济命脉的公司和银行财产的编入，到 1889 年宪法公布时，皇室财产已达到 1000 万日元。就这样，天皇成为控制日本资本主义命脉的超级股东和最大地主。

2. 颁布《华族令》，创设华族制度

原来的华族是对奉还版籍之后失去领主地位的大名、旧公卿及其子孙的身份称号。废藩置县之后，这些华族不再拥有政治上的特权。为了使华族成为将来贵族院中的主体，在牵制众议院方面发挥重要作用，1884 年 7 月，政府发布《华族令》，规定了公、侯、伯、子、男五等爵位，分别授予原幕府将军、公卿、大名等旧华族以及士族出身的官僚、将领和实业家等新华族身份。新华族的身份是世袭的，并按照爵位高低领有定额财产作为华族世袭的财产，由国家予以法律保护；凡年满 30 岁的公爵和侯爵均为贵族院议员，而伯、子、男爵则可通过互选担任此等重任。[3] 创设新华族的目的旨在将政治、经济、军事、文化等各领域的重量级人物聚集，形成护卫天皇制的特权集团，构筑维护天皇统治的“屏障”，形成能够对抗众

---

① ［日］信夫清三郎：《日本政治史》（第二卷），周启乾，吕万和，熊达云译，上海：上海译文出版社，1988 年版，第 161 页。

② ［日］井上清：《日本历史》（中册），天津：天津人民出版社，1975 年版，第 605-606 页。

③ 宋成有：《新编日本近代史》，北京：北京大学出版社，2006 年版，第 154 页。

议院的牵制和抗衡力量。

3．改行内阁制，强化藩阀体制

1885 年 12 月，在创设华族制的基础上，废除太政官制，仿效西方资产阶级内阁制，建立内阁，由总理大臣和国务大臣组成，直接隶属于天皇，向天皇负责，各大臣分管行政各部门。此举彻底实现了国家机构的官僚制度化，将行政权力集中到内阁。而且，将管理皇室事务的宫内省从内阁中划分出来，在内阁中设置“内大臣”掌管国家印章和天皇御玺，辅佐天皇。这就使得天皇决议受到内阁的影响，并能够形成内阁对议会的制衡。按照资产阶级国家的惯例，内阁由议会中的多数党组阁，并从属于议会。① 明治政府在召开议会前就抢先成立隶属于天皇的内阁充分说明其保持“超然内阁”② 地位以维护天皇制政府统治大权的初衷。明治政府于 1887 年制定《文官任用令》，规定通过考试任用官吏的制度，特别规定帝国大学法科毕业生可以免试就任高官。这一举措将民间的人才吸收到统治阶层中，为天皇制提供人才保障。

4．改变军事统帅权，巩固天皇实力基础

在原来太政官制下，军事统帅不过是作为太政大臣的辅弼，军事统帅权同其他行政权力没有什么大的区别。其权限特征表现为在发生内乱时，任命征讨总督，并委以军事权力。这时的军事统帅权并不属于天皇。从 19 世纪 70 年代开始，作为天皇最重要实力支柱的军队，便逐渐脱离政府改为直属天皇。真正把天皇作为军事统帅，建立天皇制军事机构是在西南战争以后。1878 年，日本模仿德国陆军设立参谋本部，参谋本部部长掌握用兵作战与“帷握上奏”之大权，独立于政府，直属天皇。③ 1886 年军令权的独立

---

① 伊文成，马家骏主编：《明治维新史》，沈阳：辽宁教育出版社，1987 年版，第 614 页。

② ［英］肯尼斯·韩歇尔：《日本小史》，李忠晋、马昕译，北京：世界图书出版公司，2007 年版，第 116 页。

③ 潘俊峰：《日本军事思想史的考察（下）》，《日本问题》，1989 年第 4 期，第 27 页。

也涉及海军。1878 年 12 月成立监军本部，负责整个陆军的军令贯彻事项，1887 年在监军部设监军一人负责训练陆军部队，直属天皇。[①] 1882 年，明治天皇发布《军人敕谕》，意在强调天皇对军队的直接权力以及宣扬“忠节”是军人的“根本职责”，“应一心一意恪守忠节”。[②] 以上措施确立了天皇对军队的绝对统治权以及军人对天皇和皇国利益的忠节。

二、明治宪法的制定与颁布

从 1875 年明治天皇宣布逐渐建立君主立宪政体之后，1880 年，元老院提出以英国立宪君主制为蓝本的《国宪草案》，因其对君主的限制过多而威胁到国体被否决。1881 年天皇宣布“钦定宪法”方针后，右大臣岩仓具视提交了制宪《大纲领》，成为后来明治宪法的基本思路和框架。1882 年，受天皇委派，伊藤博文一行赴欧洲进行宪法考察，着重考察普鲁士和奥地利两国的宪法。次年回国后，伊藤博文、井上毅等人开始秘密起草明治宪法草案。至 1888 年 4 月明治宪法草案完成时，基于钦定宪法的立场，成立枢密院辅佐天皇审议宪法草案，经反复修改，定名为《大日本帝国宪法》，通常称为《明治宪法》。

(一)《大日本帝国宪法》主要内容

1889 年 2 月 11 日，即纪念神武天皇登基的“纪元节”这一天，明治政府举行盛大的宪法颁布仪式。在文武百官及外国使臣的注视下，天皇宣读《发布宪法敕语》后，将宪法“御赐”给首相黑田。《大日本帝国宪法》共 7 章 76 个条款，其主要内容如下。

1. 有关天皇的规定凸显天皇主权的原则

该部分共 17 条，规定日本帝国是由“万世一系”的天皇统治（第

① 谢朝晖：《日本明治维新时期的军事改革》，《军事历史》，1888 年第 4 期，第 19 页。

② ［美］詹姆斯・L. 麦克莱恩：《日本史 1600—2000》，王翔，朱慧颖译，海口：海南出版社，2009 年版，第 168 页。

1条)，“天皇神圣而不可侵犯”（第3条)，天皇是国家的元首，总揽统治大权，并依据宪法条款行使其权力（第4条)，这些统治权包括帝国议会协助、赞同下的立法权（第5条)，命令政府发布政令之权，但不得以命令更改法律（第9条)，天皇统帅陆海军（第11条）等。可以看出，日本君主立宪制不同于英国的虚位立宪君主制，天皇作为国家元首，仍然有着封建专制时代君主“神圣不可侵犯”的权威，是一个集行政、立法、司法权力和军事统帅权于一身的最高统治者。但就天皇的权限和实际政治作用而言，立宪后的天皇权限，相较于封建专制时代或多或少受到了限制。即使是天皇总揽的统治权，也被加上“依据宪法条规行使”的限制。① 在实际政治运作中，天皇并不直接而必须通过国务大臣才能行使其统治权。以天皇名义发布的“法律敕令及其有关国务之诏敕，须经国务大臣副署”，形成对天皇统治权的一种牵制。② 在立法权方面，天皇应在帝国议会的“协赞”下行使立法权，在议会休会之间天皇虽然可以“发敕令代替法律”，但“此敕令可在下次议会期间向帝国议会提出，如议会不同意，政府可于将来宣布其失效”。③ 如此看来，宪法以天皇及其权威为中心，“并不是想让天皇统治，而只是要他使大臣们的决定生效而已”。④

2. 关于臣民权利与义务的规定

关于臣民权利与义务部分共15条，规定：日本臣民可被任用为文武官吏以及就任其他公职（第19条)，非依法律不得予以逮捕、监禁、审问及处罚（第23条)，不得剥夺法律所规定的臣民享有的审判官审判之权利（第24条)，不得侵入及搜查其住宅（第25条)，不得侵犯其所有权（第27条)，在法律允许的范围内，享有居住、迁移的自由（第22条)，与言

---

① 宋成有：《新编日本近代史》，北京：北京大学出版社，2006年版，第143-159页。

② 伊文成，马家骏主编：《明治维新史》，沈阳：辽宁教育出版社，1987年版，第617页。

③ 翟新：《日本天皇》，上海：复旦大学出版社，1992年版，第86页。

④ ［美］赖肖尔：《日本人》，上海：上海译文出版社，1980年版，第89页。

论、著作、出版、集会及结社的自由（第29条），以及宗教信仰的自由（第28条）等权利。关于臣民的义务方面，宪法规定臣民负有服兵役和纳税的义务（第20、21条）。从《大日本帝国宪法》的这些规定来看，臣民被赋予的权利是很有限的，每一个条款都包含自己的对立面，“在战时或国家发生事变情况下，不得妨碍天皇施行大权”的条款，成为维护和加强天皇制的保障。“当国家处于危难之时，不得不毫不犹豫地牺牲部分法律和臣民之义务”。①

3. 关于帝国议会、国务大臣、枢密院、司法权等的规定

《大日本帝国宪法》后几章规定帝国议会的构成及权限、国务大臣及枢密院的权限、司法权限以及国家财政的法律等。刚刚取得参政权的帝国议会，由贵族院和众议院组成。两院都可以提出议案，并向内阁交涉，所有的立法必须经过两院的同意。在两院的地位上，民选的众议院明显低于由华族、皇族及敕任议员组成的贵族院。天皇有权解散众议院，但不能解散贵族院。两院议决的立法事项和政府预算，不经贵族院同意不能成立。而且如前所述，天皇可以行使立法权，因此，立法权是由天皇和议会分享的，两者可以互相起牵制作用。审议国家的预算是议会的重要权力之一，但《明治宪法》的第67条规定“天皇大权之既定支出……帝国议会不得废除或削减”，第71条规定议会没有通过预算时，政府可以实施上年度之预算。② 这些规定大大限制了议会的制衡作用，反映了天皇总揽大权的初衷。对国务大臣及枢密顾问的规定只有两条，仅仅强调各国务大臣均对天皇负有“辅弼”的责任，即直接对天皇负责，其目的是为保持藩阀之间的势力平衡。

① ［美］詹姆斯·L. 麦克莱恩：《日本史1600—2000》，王翔，朱慧颖译，海口：海南出版社，2009年版，第169页。

② ［美］詹姆斯·L. 麦克莱恩：《日本史1600—2000》，王翔，朱慧颖译，海口：海南出版社，2009年版，第169页。

（二）明治宪政制度诞生

《大日本帝国宪法》的颁布，标志着日本近代天皇制的确立。近代天皇制一方面表现为立宪主义的特征，另一方面又带有传统政治中家长式统治色彩，这就决定了“封建”和“民主”的双重特性。① 正如信夫清三郎所言，从明治八年开始，日本开始由启蒙绝对主义转变成立宪绝对主义。所谓“立宪绝对主义”，从日本的绝对主义方面来看，它否定“赤裸裸专制”，依靠“立宪主义”并通过“立宪主义”约束自己的绝对主义，打算通过“渐进的改革”来完成革命课题，以适应新时代的要求。在大久保利通和木户孝允的领导下，由寺岛宗则和伊藤博文自 1873 年 11 月起着手进行政规法典调查工作，乃是岩仓使节团在欧美期间所提出的绝对主义自我改造计划，是企图把日本的绝对主义从“启蒙绝对主义”转向“立宪绝对主义”的前进计划，更是试图建立以立宪主义为媒介来形成“国民”，以求与万国对峙的建设计划。② 形成这种立宪绝对主义政治体制的原因在于日本制宪思想中的一个坚定不移的原则，即立宪主义同“主权在君”一样重要，在强调确保天皇统治大权的同时坚持立宪的原则以限制君权，在贯彻立宪主义以保护民权的同时保障对天皇大权不加毁损。因此，日本明治时期的制宪思想具有二重性。③ 这种既排斥西方立宪主义实质，又吸收西方立宪主义思想的相互矛盾的情况实际上反映了当时日本社会的特殊结构。

三、明治宪法体制基本确立

明治宪法体制对于日本近代资本主义发展具有重要意义，为实现近

---

① 王金林：《日本天皇制及其精神结构》，天津：天津人民出版社，2001 年版，第 292 页。

② ［日］信夫清三郎：《日本政治史》（第二卷），周启乾，吕万和，熊达云译，上海：上海译文出版社，1988 年版，第 4，415 页。

③ 解晓东：《论明治宪法的二重性》，《世界历史》，1995 年第 1 期，第 39 页。

现代化提供了制度保障。与欧美资本主义国家近代政府制度不同的是，明治宪法体制有着自己独特的个性。如图 2-1 所示，以内阁、帝国议会、大审院为多元支撑的明治宪法体制，打破了过去幕府将军集行政、立法、司法于一体的专制政治体制，成为代表国家政体由专制走向立宪的重要标志。

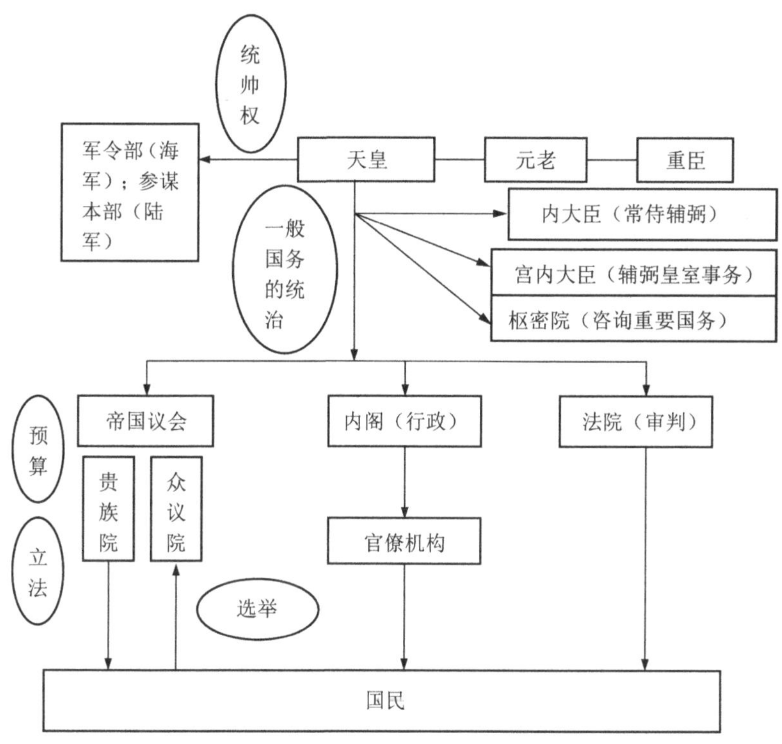

图 2-1　大日本帝国宪法下的政权结构①

内阁作为最高行政机构，是行政权力的掌控者，是多元政体结构中极其重要的一元。前近代日本，行政权由天皇或幕府将军掌控，且与立法、司法等其他国家权力浑然一体，由于君主对权力的掌握表现在国家统治与日常管理中，因此行政权等同于统治大权。明治维新之后建立的太政官体

① ［日］石井进：《详说日本史》，东京：山川出版社，2004 年版，第 261 页。

制，使行政权作为一个单独的权力分支而从统治大权中独立出来。尽管后来藩阀专制使行政权越来越朝向统治权的方向复归，但在明治宪法体制下它已经发生了实质变化，表现在行政权不仅在形式上从统治权中分化出来，而且在事实上同立法等其他权力系统分开，只是作为统治大权中的一个部分，其最高长官只是本系统的负责人而不是整个国家权力的主宰。在宪法体制下，内阁只负责国家行政，失去原来那种无所不管、至高无上的地位，成为职责分明的权力结构之一。帝国议会开设的目的已经不再是提供一个咨询场所，而是作为建立立宪政治的基础和灵魂。从帝国议会的组织结构与权限来看，它已经具有近代资产阶级立法机构的基本特征。在组织结构方面，帝国议会分为贵族院和众议院两院，严格按照法律规定进行运作，众议院议员按照《众议院议员选举法》进行选举。在权限方面，帝国议会被赋予立法权和预算审议权，成为名副其实的立法权力机构。对于一个议会来说，有没有立法权，是否能对国家财政进行干预是衡量其是否具有权力以及权力大小的关键。从宪法的规定来看，帝国议会的立法权虽然是一种间接且受到种种限制的权力，但确实被作为一个事实表达确认下来。而且帝国议会可以直接干预年度预算并通过审议权间接控制财政活动。不仅如此，帝国议会还具有监督政府的功能。宪法规定的帝国议会向政府的建议权，向天皇的上奏权以及对民众请愿书的受理权等无疑起到对政府的监督作用。对于同样具有重要意义的司法权的独立，明治宪法有着较为详尽的规定。它在司法权行使、裁判所构成、法官任职资格及免职限定等方面都做了明确规定。作为明治宪法体制下多元结构中的一极，大审院所发挥的功能是保障法律的公平和公正。因此必须赋予法院依照法律独立审判的权力，使之独立于行政权和立法权。尽管当时大审院的司法权范围并不大，只能审理一般的民刑事案件，但这并不影响法院和法官审判时的独立性。当然，日本宪法体制下相互制约和抗衡的结构不止这些，还有天皇、枢密院、军部等更富特色和更加能够左右政局的影响力量。但是从内阁、帝国议会以及独立法院的建成及其运作来看，一个近代政府制度初具规模。

第三节　比较视域下清末政体变革困境

一、近代宪法文本比较与异同分析

1889 年 2 月，日本天皇颁布《大日本帝国宪法》，标志着近代天皇制的确立，这种以维护天皇最高权威为基础，保障天皇总揽统治大权的立宪主义，虽然是一种外见的立宪主义，即宪法中所反映的立宪主义脱离立宪主义的实体价值，是结合日本当时特定环境，将传统与近代相融合的体系，① 但无论从制宪思想还是宪法条文本身来看，《大日本帝国宪法》都显现出一定的民主性和进步性。伊藤那种既要用立宪限制君权，保护民权，又要对君权不加毁损，坚持主权在君的“立宪之本义”反映在宪法条文上，显现了对专制君权的一定限制。如果以二战后“民主主义”的标准去衡量，明治宪法体制显然还未达到这一标准。但是，将现代价值标准简单套用在近代，也是完全不合适的。与君主集权专制统治形成鲜明对比的是，明治宪法对被神化的、总揽一切大权的天皇做出诸多限制，承认公民的基本权利和自由，并设立近代政府制度的组织结构，在最大限度内发挥作用，以实现对君权的制衡。清末中国，从《大纲》到“十九信条”都反映出清廷权力的日益式微。这种妥协既来自列强的外在压迫，又来自民智渐开所形成的立宪要求，也来自较低廉的制度设计和政策贯彻成本。虽然在整个清末，并未颁布和实施一部完整的宪法，但《大纲》作为具有宪法

---

① 韩大元：《传统文化与亚洲立宪主义的产生——以明治宪法制定过程的文化分析为中心》，《比较法研究》，1997 年第 1 期，第 73 页。

效力的宪法性文件，第一次从法律层面限制君主的权力，承认公民的权利，使中国专制政体出现一丝松动，实为“超轶前古之举动”，是中国政治制度史上的里程碑。① 因为“十九信条”是在反清革命起义爆发之后统治者走投无路的情势下颁布的，之后清帝即告退位，实际上并未得到贯彻，所以在此处我们只讨论《大纲》与《大日本帝国宪法》的异同之处。

（一）两者的相同之处

日俄战争之后日本的胜利和对维护君上大权的迫切要求坚定了清廷学习日本进行君主立宪的决心。1908 年 8 月，清廷颁布以日本明治宪法为模板的宪法性文件——《大纲》。与《大日本帝国宪法》相同的是两者均采取二元君主立宪的政府制度。君主系国家元首，是国家政治权力的中心，总揽立法、司法、行政大权，政府对君主负责，议院只对君主起到“协赞”作用。② 其相同点具体表现在以下几个方面。

1. 在维护君主大权的前提下，引入资产阶级的立宪精神

资产阶级立宪制所要求的分权、人权、法治在中日两国宪法中，均有不同程度的体现。如伊藤博文认为立宪政治的意义在于限制君权，若宪法中无对君主进行限制的条款，“此宪法则失去其内核，记载事件悉归无效”，而保护臣民之权利是宪法政治的实质，如果不限制君权以保护民权，使君主掌无限之权力，臣民负无限之责任，是为君主专制国家”。③ 在议会、内阁的权力和权限方面，伊藤认为“不经议会同意，则不能制定法律”，“在天皇近侧设责任宰相，对君主行政之权加以限制”，缺此两点者，即非立宪政体。④《大纲》取法日本，并在国内立宪派的要求和影响下，呈现出一定的资产阶级性质。

---

① 闾小波：《中国近代政治发展史》，北京：高等教育出版社，2003 年版，第 194 页。

② 高旺：《晚清中国的政治转型——以清末宪政改革为中心》，北京：中国社会科学出版社，2003 年版，第 167 页。

③ ［日］信夫清三郎：《日本政治史》（第三卷），吕万和，熊达云，张健译，上海：上海译文出版社，1988 年版，第 201-206 页。

④ ［日］信夫清三郎：《日本政治史》（第三卷），吕万和，熊达云，张健译，上海：上海译文出版社，1988 年版，第 202-203 页。

对君权有所限制，多少体现出三权分立的原则，并从法律层面保护臣民的权利。议院分得立法资格，司法部门得以独立审判，使君主的权力不再完整；规定臣民的一系列权利义务，与西方宪政初步实现了形式上的对接。

2. 制宪原则上，两者都采取了二元君主立宪制政体

明治宪法的性质一直是国内外学界研究的重要课题。有学者从明治宪法体制的形成背景和内在结构的角度认为“明治宪法体制本身具有极大的伸缩性，它的内涵不是单一的，而是多元的，它的宗旨不是专项的，而是兼容的”，它内部具有弹性机制，可以采取从民主到最专制的各种统治形式，① 因此，明治宪法呈现出专制与民主相结合的统治方式。它在传统政治文化中加入民主的内容，“一方面使国民通过议会参与国政，加强国民对政府的支持，另一方面又使得政府可以利用天皇的权威来推行自己的方针和政策”。②《大纲》照搬这种政体模式，是因为日本通过立宪使国家走向强大的同时，又成功地巩固了天皇的地位与大权，日本“立国之方，公议共之臣民，政柄操之君上，民无不通之隐，君有独尊之权”。③ 所以，清末的君主立宪政体不可避免地带有这种二元性质。皇帝总揽统治大权，议院权力十分有限，并受到君主掌控，至于臣民之权利，“也必使出于上之赐予，万不可待臣民之要求”。④

（二）两者的不同之处

《大纲》是借鉴明治宪法而来，两者在立宪思想和立宪原则上有着诸

① 武寅：《论明治宪法体制的形成背景》，《日本问题研究》，1995 年第 1 期，第 31 页。

② 崔世广：《日本近代天皇制立宪主义成立的历史轨迹》，《日本问题研究》，1995 年第 4 期，第 56 页。

③ 故宫博物院明清档案部编：《出使各国考察政治大臣载泽等奏在日本考察大概情形暨赴英日期折》，收入《清末筹备立宪档案史料》上，北京：中华书局，1979 年版，第 6 页。

④ 故宫博物院明清档案部编：《考察宪政大臣达寿奏考察日本宪政情形折》，收入《清末筹备立宪档案史料》上，北京：中华书局，1979 年版，第 36 页。

多相同和相似的地方。但是从宪法条文的对照中，我们可以发现，尽管《大纲》取法日本，但它比明治宪法更为保守，在扩大君权、限制民权方面均较日本更甚。

1. 文本形式的不同

从宪法形式上看，《大纲》并不是正式的法律文件，而只是实行仿行立宪的纲领性文件，是未来宪法制度的依据。① 从其正文来看，它由“君上大权”和“附臣民权利义务”两部分组成。而日本的明治宪法却是正式的宪法文件，由七章组成，分别规定了天皇的权力、臣民的权利义务、帝国议会、国务大臣及枢密顾问、司法、会计和补则，比较系统地规定了天皇的绝对大权、内阁及议会的“辅弼”及“协赞”权、较独立的司法权以及臣民的权利义务。尤其以较大篇幅规定了“帝国议会”的构成、组织结构、运作、两院之间以及与其他权力机构之间的制衡，为君主立宪的政府制度运行奠定了基础和保障。其结构和内容都较《大纲》完整和丰富，并切实付诸实施，具有极强的现实意义。

2. 对君主权力的限制不同

从法律条文的内容比较来看，两者对君主权力的限制有着很大的不同。在君主权力方面，《大纲》所规定的君主权力比明治宪法的君上大权更加广泛。从表 2-2 可以看出，《大纲》第 3 条规定，君主有“钦定颁行法律及发交议案之权”，即君主有发交议案的权力，而明治宪法规定法律草案由两院提出，天皇只有“裁可法律，并命其公布及执行”的权力，而没有发交议案之权力，这就大大限制了法律制定过程中君主的意志；《大纲》和明治宪法都规定君主有设官制禄之权，但明治宪法规定“在本宪法或其他法律载有特例者，各依其条项”，这就表明君主对此一权力并不能完全

① 周叶中，江国华：《博弈与妥协——晚清预备立宪评论》，武汉：武汉大学出版社，2010 年版，第 404 页。

为所欲为，其权限是受到限制的，而《大纲》明确规定“议院不得干涉”，听凭君主一己意志；《大纲》第八条规定，君主有“宣告戒严之权。当遇紧急时，对以诏令限制臣民之自由”。君主的这项戒严之权不但没有规定戒严发生的条件，而且同时赋予君主限制臣民基本权利——自由的大权。与日本的“戒严之条件及效力，以法律规定之”对君主戒严权力的限制有着鲜明对比。在《大纲》中经常可见到“议院不得干预”“不付议院议决”“皆非议院所得干预”等规定，其目的是凸显君主之大权，抑制议院的立法和监督权限。此外，日本宪法中国会对天皇权力的限制以及责任内阁制在政府制度中所发挥的作用在《大纲》中也只字未提。可见，在对君主大权的规定上，《大纲》要比明治宪法更注重君主大权的保护。

表 2-1　《钦定宪法大纲》与《大日本帝国宪法》之不同（“君上大权”部分）

《钦定宪法大纲》①	《大日本帝国宪法》②
3. 钦定颁行法律及发交议案之权。（凡法律虽经议院议决，而未奉命批准颁布者，不能见诸施行。）	
4. 召集、开闭、停展及解散议院之权。（解散之时，即令国民重行选举新议员，其被解散之旧员，即与齐民无异，倘有抗违，量其情节以相当之法律处治。）	第 7 条　天皇召集帝国议会，其开会、闭会、停会及众议院之解散，皆以天皇之命行之。
	第 45 条　众议院受命解散后，依敕令选举新议员，并须于解散之日起五个月内召集众议院会议。
5. 设官制禄及黜陟百司之权。（用人之权，操之君上，而大臣辅弼之，议院不得干预。）	第 10 条　天皇规定行政部门之官制及文武官员之俸给，任免文武官员，但本宪法及其他法律有特殊规定者，须各依其规定。
6. 统率陆海军及编定军制之权。（君上调遣全国军队，制定常备兵额，得以全权执行。凡一切军事，皆非议院所得干预。）	第 11 条　天皇统率陆海军。
	第 12 条　天皇规定陆海军之编制及常备兵额。

① 周叶中，江国华：《博弈与妥协——晚清预备立宪评论》，武汉：武汉大学出版社，2010 年版，第 525-526 页。

② 杨孝臣：《日本政治现代化》，长春：东北师范大学出版社，1998 年版，第 347-353 页。

（续表）

钦定宪法大纲	《大日本帝国宪法》
7. 宣战、讲和、订立条约及派遣使臣与认受使臣之权。（国交之事，由君上亲裁，不付议院议决。）	第 13 条　天皇宣战媾和及缔结各项条约。
8. 宣告戒严之权。当紧急时，得以诏令限制臣民之自由。	第 14 条　天皇宣告戒严。 戒严要件及效力，由法律规定之。
9. 爵赏及恩赦之权。（恩出自君上，非臣下所得擅专。）	第 15 条　天皇授予爵位、勋章及其他荣典。
	第 16 条　天皇命令大赦、特赦、减刑及复权。
10. 总揽司法权。委任审判衙门，遵钦定法律行之，不以诏令随时更改。（司法之权，操诸君上，审判官本由君上委任，代行司法，不以诏令随时更改者，案件关系至重，故必以已经钦定为准，免涉分歧。）	第 57 条　司法权由法院以天皇名义依法律行使之。
	第 58 条　法官以具有法律规定之资格者充任之。法官非依刑法之宣告或受惩戒处分者外，不得免职。
11. 发命令及使发命令之权。惟已定之法律，非交议院协赞奏经钦定时，不以命令更改废止。（法律为君上实行司法权之用，命令为君上实行行政权之用，两权分立，故不以命令改废法律。）	第 9 条　天皇为执行法律或保持公共安宁秩序及增进臣民之幸福，得发布或使令政府发布必要之命令，但不得以命令改变法律。
12. 在议院闭会时，遇有紧急之事，得发代法律之诏令，并得以诏令筹措必需之财用。惟至次年会期，须交议院协议。	第 8 条　天皇为保持公共之安全或避免灾厄，依紧急之需要，于帝国议会闭会期间，可发布代法律之敕令。此敕令应于下次会期提交帝国议会，若议会不承诺时，政府应公布其将失去效力。
	第 70 条　为保持公共安全，有紧急之需用，因国内外情势政府不能召集帝国议会时，得依敕令以为财政上必要之处分。在前项规定情况下，须于下次会期提交于帝国议会，以求得其承诺。
14. 皇室大典，应由君上督率皇族及特派大臣议定，议院不得干预。	第 74 条　皇室典范之修改，无需经帝国议会之议决。

3. 对臣民权利和义务的规定不同

与对君上大权的规定相反，《大纲》所赋予臣民的权利和义务要少于明治宪法中相关的规定。如表 2-3 所示，明治宪法规定臣民有迁徙自由、书信秘密受保护、信教自由及请愿的权利，而《大纲》却没有赋予臣民这些基本权利。在臣民义务方面，《大纲》规定臣民现完之赋税，非经新定法律更改，悉仍照旧输纳赋税和遵守国家法律的义务两条明治宪法中所没有的条文。所以，与明治宪法相比较而言，《大纲》规定自由权利方面不仅范围十分有限，种类较少，而且具有不彻底性，在臣民义务方面的规定却比明治宪法还多。[①] 正是这样一个不彻底和更具保守性的《大纲》所确立的所谓君主立宪政体，无法实现立宪政体对君主权力的控制，更无法发挥责任内阁与议会分权制衡的作用。

表 2-2　《钦定宪法大纲》与《大日本帝国宪法》之不同（臣民权利义务部分）

<table>
<tr><th>《钦定宪法大纲》</th><th>《大日本帝国宪法》</th></tr>
<tr><td>附 4　臣民可以请法官审判其呈诉之案件。</td><td rowspan="2">第 24 条　日本臣民接受法定法官审判之权不得剥夺。</td></tr>
<tr><td>附 5　臣民应专受法律所定审判衙门之审判。</td></tr>
<tr><td rowspan="2">附 6　臣民之财产及居住，无故不加侵扰。</td><td>第 27 条　日本臣民之所有权不得侵犯。因公益需要之处分，依法律之规定。</td></tr>
<tr><td>第 22 条　日本臣民于法律规定范围内有居住及迁徙之自由。</td></tr>
<tr><td>附 8　臣民现完之赋税，非经新定法律更改，悉仍照旧输纳。</td><td></td></tr>
<tr><td>附 9　臣民有遵守国家法律之义务。</td><td></td></tr>
</table>

二、制度变迁意愿不足与能力欠缺

发展政治学的制度学派认为，政治发展就是政治组织和政治过程的制度化，即政治权力掌握在公认的国家立法机关手中，政府的权力受到限制和监督，民众广泛的政治参与得到制度化的保障。作为专制统治的对立面，宪政制度保障法治、分权、制衡以及公民的基本权利和自由，是政治发展的主要

① 韩大元：《论日本明治宪法对〈钦定宪法大纲〉的影响》，《政法论坛》，2009 年第 3 期，第 36 页。

标志。因此，中日两国在从传统君主制度向君主立宪政体转变的过程就是政治发展的过程。明治宪法对日本而言，具有非凡的意义，因为宪法是一国宪政的基础，是以最高准则的形式，将对君主的限制、权力的分配、国民的权利和义务固定下来，形成一套神圣不可侵犯的行为准则。从制度主义观点来看，法律是制度的一种形式。法律的形成是一个制度化的过程，即“组织与程序获得价值与稳定性的过程”。从日本近代化进程中建立君主立宪政府制度的过程可以看到，日本的明治维新运动和明治宪法的颁布使日本完成了从封建君主制向近代立宪制的转变，这些转变主要包括宪法、法律的颁布，责任内阁制和帝国议会的建立。日本之所以能够完成这种制度的变迁，是由于制度需求者与制度的供给者都能够影响到制度的变革并能从这种制度变迁中受益。因为制度能否发展和人们的利益密切相关，它既取决于“社会内部各种既得利益集团的权力结构或力量对比”①，也取决于人们对于制度变迁带来的收益和成本的评估。由于制度是一种公共物品，其提供必然依赖于政府。公共选择理论指出，“公共物品提供理论是一种政府理论，其本质观点认为政府的建立就在于提供公共物品”。② 这就需要政府在制度供给不足时，实施强制性制度变迁。既然是变迁，就必然涉及利益分配的改变和重新洗牌，这就要求政府对制度变迁的成本收益进行评估，使自己的收益大于成本，而且政府自身要有能力促成这种变迁。从中国清末制度变迁的进程来看，清政府未能像日本那样成功变革政府制度，正是因为清政府对既得利益的过度维护以及自身领导变迁能力的欠缺。

如果预期的净收益超过预期的成本，一项制度安排就会被创新。③ 制

---

① ［美］V. 奥斯特罗姆，D. 菲尼，H. 皮希特：《制度分析与发展的反思》，王诚等译，北京：商务印书馆，1992年版，第131页。

② ［美］阿伦·德雷泽：《宏观经济学中的政治经济学》，北京：经济科学出版社，2003年版，第390页。

③ ［美］R. 科斯，A. 阿尔钦，D. 诺斯等：《财产权利与制度变迁》，上海：上海三联书店，上海人民出版社，1994年版，第274页。

度创新的成本是制度变化所依赖的重要因素之一。制度的变迁是在原有制度基础上开始的，制度变迁和创新成本的高低可以看作是实现变迁所遇到的阻碍。制度变迁的成本可能是巨大的，在某些政治环境下，成本简直可以是死亡。但是，即使没有如此严厉的制裁，创新的成本也可能由于……克服既得利益集团政治权力所付出的成本而高得令人望而却步。① 清末政府在内忧外患的双重压迫之下，选择君主立宪政体作为制度变迁的尝试。这种改革尽管意义深远，但很有可能带有有限性、保护性、防御性和贵族性。② 从当时的社会情况来看，影响制度创新的因素大多是存在的，譬如制度设计的成本由于有了日本立宪模式可以模仿而降低，现有立宪知识的积累，实施新制度安排的预期成本，公众对于立宪政体所持的肯定态度和看法等都是有利因素，但是，这些有利因素中居于主导地位的一项是上层决策集团对其预期净利益的评估。立宪的推进和深入使统治者深深感到，立宪、分权与制衡下是无法保持君主大权的实质统治地位的。实行立宪是一种太过有限甚至虚假的表象。因为中国传统的君主集权专制模式以及强大的官僚集团，使“政府自身成了一个既得利益者集团，其政策、体制具有维护、扩张此既得利益的强烈指向。并将最终导致社会矛盾的激化及政府制度的变革乃至革命便是不可避免的”。③

作为中国近代化对象的清王朝统治体制，承袭明制，仍然实施中央集权制统治。中央政府的主要官吏及省以下至县的各级地方长官，几乎全部由中央政府委派国家科举考试合格者予以担任。中国历史上明清两代是中央专制集权大大强化的时期。尤其是清代，靠武力征服建立政权的异族统

① ［美］V. 奥斯特罗姆，D. 菲尼，H. 皮希特：《制度分析与发展的反思》，王诚等译，北京：商务印书馆，1992 年版，第 12 页。

② ［美］C. E. 布莱克：《现代化的动力》，段小光译，成都：四川人民出版社，1988 年版，第 90-91 页。

③ 庞绍堂：《公共物品论——概念的解析延拓》，《公共管理高层论坛》，2007 年第 1 期，第 232 页。

治者，在满人的拥护下进行部族政权统治，① 他们吸取前朝的经验教训，强化中央集权专制。清代统治维护的是清廷贵族的集体利益，政权由满族全体部族拥有。清朝制下的旗人成为社会中的特殊分子，处处要求此一政权维护其特殊地位和利益。戊戌变法的失败虽然有其自身的原因，但归根结底，还是清统治者为维护一己之私欲不愿意变革。清末立宪运动的失败并非立宪措施不当，而是由于统治者迷恋权力、一意孤行，借立宪之名行专制之伎俩，使得满洲贵族最终陷入孤立，加速了王朝的覆灭。在皇权（部族权力）和反对皇权（一些汉族官员、百姓、革命党人）的权力较量中，皇权终究还是占据上风。因为如果制度变迁会降低统治者的收益甚至威胁到统治者的生存，国家就会放弃变迁以维持既有的制度安排，② 成为阻碍制度变迁的最关键力量。

反观日本的政府制度变革过程，虽然也是矛盾重重，但其成功地从传统幕藩体制转变成近代立宪君主政府制度，这既得益于日本前近代封建幕藩政治体制，也得益于明治宪法的颁布。从德川幕府末期的政治实践来看，日本之所以能够实现政府制度的变革而非付诸革命，幕藩体制下天皇与幕府二元权威的存在功不可没。福泽谕吉很早以前就指出，同时拥有至尊的天皇和至强的将军，是日本的“偶然幸运”。“如果在幕府执政的七百多年间，王室掌握着将军的武力，或是幕府荣享皇室的尊位，将至尊与至强集于一身，牢牢控制着人民的身心，则日本绝不会有今日”。③ 1868 年以前的 200 多年里，天皇是象征意义上的权力主体，实际的掌权者是德川幕府，将军一人大权独揽。当幕府权威衰败以后，另一传统制度（即天皇），

① 钱穆：《中国历代政治得失》，北京：生活·读书·新知三联书店，2001 年版，第 141 页。

② ［美］R. 科斯，A. 阿尔钦，D. 诺斯等：《财产权利与制度变迁》，上海：上海三联书店，上海人民出版社，1994 年版，第 397 页。

③ ［日］福泽谕吉：《文明论概略》，北京：商务印书馆，1994 年版，第 18 页。

又成为现代化武士阶级的工具。幕府的崩溃，并不意味着政治制度的瓦解，而是天皇的“复位”。① 始终存在一个有凝聚力的中央权威是保持日本政治秩序平稳的关键。除了这种中央政权上的二元结构所形成的相互制衡外，幕藩体制的分封特点还体现了一种分权观念。作为日本近代化对象的统治体制，幕藩体制是由幕府与藩组成的，依照中央集权下的封建割据与世袭身份制的原则进行统治。由于它是在封建制度的基础上发展而来的，所以又被称为“中央集权的封建统一国家”。② 将军集权统治下各藩分封的特点使日本前近代集权的政治体制有别于中国的君主专制，而相似于英国中世纪的分封制。分封制使日本全国被划分为256个藩国，对于西方学问与力量的态度相较于中国单一的中央集权制更富于变化，也更能够做出内容丰富的反应。有力且自治的大名在政治、经济、军事等方面拥有相对的独立性，能够与中央集权统治形成一定的抗衡。而中国虽然国土辽阔，但中央政权有力量粉碎一切所谓非法的地方反应。在中国的反应只能有两种：要么是北京政权的反应，要么是推翻政府的民众运动。也就是说日本比一元化的帝政中国有更多获得建设性反应的机会。③ 再者，明治宪法的颁布是日本君主立宪政体确立的标志，从制度建设的角度看，正是这种制度化了的规则为政治经济生活提供了一种稳定而有活力的秩序，为冲突的解决树立了基本的价值和程序，以大大降低创新的成本或风险。④

对于较晚进行现代化的国家，抵制现代化改革的势力，无论在数目和力量上都与“早发内生型”现代化国家不同。在这些社会中，传统社会势

---

① ［美］塞缪尔·P. 亨廷顿：《变化社会中的政治秩序》，李盛平等译，北京：华夏出版社，1988年版，第19页。

② 石晶：《近代中国政治结构脆弱性分析》，《福建行政学院学报》，2012年第5期，第62页。

③ ［美］赖肖尔：《近代日本新观》，卞崇道译，北京：生活·读书·新知三联书店，1992年版，第31，36页。

④ ［美］V. 奥斯特罗姆，D. 菲尼，H. 皮希特：《制度分析与发展的反思》，王诚等译，北京：商务印书馆，1992年版，第13页。

力及其利益、习俗以及在此基础上形成的规则已经根深蒂固，如果想要改变或破坏这些传统势力，就必须拥有至高无上的权力。现代化过程之于政治制度变革，表现为权力的大幅度重新分配。所以，必须摧毁以地方、民族、宗教等为核心的权力中心，权力必须集中到全国性的政治机构中。中央集权，特别是在社会转型过程中，是政策革新和改革的实质性必要条件。“因为现代性意味着稳定而现代化意味着动乱”。[①] 从中日两国近代化过程的实践来看，是否实现中央集权成为政府制度改革成败的关键。从清代传统集权专制的统治模式来看，中国是最有可能顺利实现制度变革的国家，可是深入分析清代社会及中央政府所发挥的功能，就可以理解中国近代社会所具有的深层次矛盾。

清代中国从最初的中央集权到后来地方做大，从来都不是主动选择的结果，而是不得已而为之的。“内轻外重”局面的成因源于咸丰、同治两朝数十年的内战。国家权力日渐下移，使地方积重之势渐成，并直接促生“师夷长技以制夷”的洋务运动。在 1840 年第一次鸦片战争之后，一些地方督抚或亲历或耳闻双方交战情况，认识到洋人船坚炮利，中国无法与之抗衡，也有人因此萌发动手仿造之意。然洋务运动最终发端于 20 年之后，其中一个主要原因是此时的封疆大吏手中拥有更多的权力。因此，当内战起于东南之时，洋务亦随之而来。可以说，中国社会的近代化始于洋务运动，然而这一始于地方、依附地方的近代化又只能是一种分散而无法归聚的近代化。由于地方界域分明，所以附着于地方的近代化也各自为界。因此，在仿西法的过程中，呈现出因缺乏相互沟通而不断重复，各具独立风格而不具规模的常态。这种“分而治之”的近代化模式与同样为后起近代化国家的德国、日本的统一集权路径完全悖反。曾经催生近代化的东西同

---

① ［美］塞缪尔·P. 亨廷顿：《变化社会中的政治秩序》，李盛平等译，北京：华夏出版社，1988 年版，第 43 页。

时又阻碍近代化的发展，这种矛盾的历史格局深刻影响清末十年新政与仿行立宪改革的开展。①

到了清朝末年，中央政府面临着种种危机：皇权日渐式微，地方督抚势力大大膨胀，国内民不聊生，暴动频起，国外列强欺侮。在这种对外无法捍卫国家权益，对内无法保障百姓生活的境况下，清政府统治的合法性丧失殆尽。于是，清统治者决定效法日本，进行政府制度改革，行君主立宪政制。可是这时，政府遇到一个非常棘手的体制或结构问题。那就是中国的传统政府体制，是一个小政府的模式，接近于西方经典自由主义那种大社会和小政府的概念。② 中央集权只是体现在中央所在地这一区域，而在地方上，则大体呈现出一种比较放任的统治模式。因此，在地方百姓看来，中国皇权统治模式实际上是一个小政府统治模式，它的管理成本很低，资源需求也不多，清政权"永不加赋"的诺言既是传统儒家思想的不与民争利、内施仁政思想在现实中的写照，又是使议地人民认可清政权外来统治并保持政权稳固长久的原因。而"永不加赋"的诺言，只有通过减少政府支出，维持一个少作为甚至不作为的政府才能实现。可是，到了近代，内忧外患的巨大压力使清政府不得不进行变革，并在经济和政治革新上有所作为。百废待兴的局面需要一个能够集权的强势政府。这就势必要求中央政府向大政府进行转变，同时带来政治伦理与统治模式的根本结构性变革。历史的发展同样向我们证明，拥有一个集权政府对于国家近代化的重要意义。在清末新政刚颁行之时，政府对于地方自治采取准许乃至提倡的态度，因为此时中央政府没有能力对偌大的中国进行管理。但随着新政的推进，统治者发现需要一个强大的中央政府来实现统管，否则国家建设、公共事业建设都

① 陆建德，罗志田，沈渭渠，杨国强等：《山雨欲来——辛亥革命前的中国》，黄晓峰，郑诗亮，陆静整理，《东方早报·上海书评》，2010 年 10 月 10 日。

② 陆建德，罗志田，沈渭渠，杨国强等：《山雨欲来——辛亥革命前的中国》，黄晓峰，郑诗亮，陆静整理，《东方早报·上海书评》，2010 年 10 月 10 日。

无法进行。拿税收来说，据统计，清代大部分时候的国家税收只占国民生产总值的3%，这个比值从世界范围来看，都是非常低的。然而实际上，老百姓缴纳的税收又不止这个数字。① 这些少得可怜的财政收入使中央政府推动新政的举措步履艰难。而同一时期的日本，经历了明治维新建立起一个中央集权国家之后，到20世纪初国家税收几乎是明治初年的百倍。明治政府有了这些收入，可以推进很多国家层面统管的建设，譬如邮政、路政、电政等，国力自然会大大增强。

构建现代性国家，必须将地方权力收回中央，建立起强大的中央政府，不然国家就不能促进社会和经济改革，以解决现代化面临的问题。这是面临列强入侵，眼见中国主权尽失，民不聊生的悲惨景象后，日本政要对国家未来出路的深刻认识。基于高水准的教育、城市化及经济一体化，明治时代的统治精英们展现出同舟共济的态度，改变经济与政府的基本原则和组织。② 明治维新后的日本最为显著的特点就是，高度的政治与政府的中央集权化，它在相当短的时间内起到立竿见影的效果。一个英国的观察家在1872年便惊诧于日本明治以来的各种变化："四年前我们仍在中古时代，但现在已大跃进至19世纪，犹如由诗经时代进入平易实用的散文时代。"③ 建立中央集权政权的动作始于1869年3月，新政府游说一些有权势和影响力的大名，特别是萨摩、长洲、土佐、肥前等藩的大名，希望他们能自动将领地奉还天皇。在奉还领地后，其原有地位仍受到尊重，并在新政府中亦有发言权。到1870年初期，所有大名均在形式上把土地交还给天皇。各藩主重新被任命为藩知事，收入可观，且自主权一如

① 陆建德，罗志田，沈渭渠，杨国强等：《山雨欲来——辛亥革命前的中国》，黄晓峰，郑诗亮，陆静整理，《东方早报·上海书评》，2010年10月10日。

② ［以］S. N. 艾森斯塔特：《日本文明》，北京：商务印书馆，2008年版，第32页。

③ ［美］安德鲁·戈登：《日本的起起落落》，李朝津译，桂林：广西师范大学出版社，2008年版第75页。

既往。这个历史上称之为奉还版籍的决定，建立了“普天之下莫非王土，率土之滨莫非王臣”的近代天皇专制体制。随后，为进一步瓦解大名的势力，实现全国统一，明治改革者又通过委任天皇亲兵，加强军事实力；宣布“废藩置县”，实现中央与地方的行政领导关系；建立中央政府框架，将行政权、军事权收归中央。“这种政府的中央集权化的登堂入室，最终产生三种形式：一是以天皇的名义作为统一中央权力的手段进行统治；二是通过一个统一的中央官僚机构进行直接管理并建立与无共享权力的地方政府中心相联系的办公等级制度；三是通过普遍征兵、废除武士地位和穿着军服权力的规定，实现国家面前人人平等”。① 与政治中央集权化一脉相承的是，1898 年日本颁布历史上第一部宪法——《大日本帝国宪法》。它将中央集权化的这些政策、制度以及组织形式以法律形式固定下来，使日本具备进行现代化建设的必要条件。因为一个国家要想获得持久的发展动力，就必须拥有良好和理性的法律与制度。②

① ［以］S. N. 艾森斯塔特：《日本文明》，北京：商务印书馆，2008 年版，第 32 页。
② 杨光斌：《制度变迁与国家治理》，北京：人民出版社，2006 年版，第 36 页。

第三章 官制调整与责任政府

第一节 清末官制改革

中国清末建立起的责任内阁是一个舶来品，因为当朝统治者既未考虑内阁制是否与本国当时的经济、政治、历史、文化相适应的问题，也未弄清楚内阁与政体、国会及政党的密切关系。① 面临西方的军事压力，清政府迫不得已打开国门，从开办"洋务"学习西方的器械到学习他们的制度法律，步履蹒跚地艰难前行。清末中国被迫由传统家产官僚制向近代责任内阁制进行转变，这既是世界范围内政治体制由专制走向民主趋势影响的结果，也是国家内部新兴政治力量推动政治发展的主观努力的成果。清末责任内阁制的建立就是在学习西方宪政运动的背景中展开的，虽然名义上是效法列邦，但它既不同于英国的议会内阁制，也不同于日本的责任内阁制。

鸦片战争之后，由于列强的入侵和处理国务的需要，清政府新设了一些官僚机构，以应对日益纷繁的对外交涉事务。从戊戌变法开始，康梁等资产阶级维新派人士深刻认识到清朝官制的弊端，将官制改革作为变法的主要议题之一。庚子事变后，政权几乎不保的情势迫使曾经镇压过维新改革的慈禧太后痛下决心，在行政制度结构上进行调整，实施新政。合并或新建一批适应社会经济文化发展的行政机构，改总理衙门为外务部，班列

① 肖光辉：《清末民初关于责任内阁制的理解、运用与争论》，《江苏社会科学》，2005 年第 2 期，第 148-149 页。

六部之首，设置商部、财政处、练兵处、巡警部、学部等机构，首次打破传统六部制官制格局，开启清末政府制度变革的艰难历程。1906 年 9 月 1 日，清政府发布“仿行立宪”上谕，宣布鉴于日本筹备立宪的成功经验，将官制改革作为预备立宪的起点，从而开启由中国传统政治体制向现代政治体制转变的艰难尝试。

一、清末官制改革的动因

清末的官制改革是由主观和客观多种因素决定的，既有害怕官制流弊危及政权的担心，也有政治改革始于行政改革的客观要求及加强中央集权重塑权威的主观愿望。

（一）官制流弊危及王朝命运

清朝官制因袭明制，至雍、乾两朝基本成型，呈六部两院制，鸦片战争后有所增设，戊戌变法时小有触动，至百日维新失败，一切又恢复了原样。维新派人士在倡导政治改革时，认为官制之弊是清王朝腐朽统治的致病之由，① 要想革新政治，“宜变法律官制为先”。② 他们揭露和批判旧官制的几大弊端。其一，冗员充斥，一事不举。“天下大弊在于官多，官有限而候补之官无限”。③ 其二，卖官鬻爵，贿赂公行。其三，守旧昏愦，不思进取。其四，循资按格，扼杀人才。“循资格者，可得庸谨，不可得异材，用耆老者，可为守常，不可为济变。”④ 机构设置繁杂，效率低下，职责不明，

---

① 胡建华：《戊戌维新中的官制改革》，《中国党政干部论坛》，1998 年第 6 期，第 41 页。

② 中国史学会编：《康南海自编年谱》，收入《戊戌变法》（第四册），上海：上海人民出版社，1961 年版，第 140 页。

③ 中国史学会编：《陶模等奏议》，收入《戊戌变法》（第二册），上海：上海人民出版社，1961 年版，第 270 页。

④ 中国史学会编：《上清帝第二书》，收入《戊戌变法》（第二册），上海：上海人民出版社，1961 年版，第 134 页。

互相牵制推诿，形成往复呈咨无人负责的局面和因循苟且、腐败昏愦的作风。维新人士的一切美好愿望和努力，随着戊戌政变的事发而未有任何建树。1901年清政府下定决心实施新政之后，陆陆续续开始官制改革，1906年预备立宪之后，官制改革进入实质策划阶段。奉旨校考清代官制利弊的庆亲王亦劻等人在拟定的改革中央官制的奏折中也承认清代官制的流弊很深，具体表现有三。一乃权限不分，常以行政官兼有立法权和司法权，司法官兼有立法权，致使一些官员徇私违法，借行政之权“变更一定之法律，以意为出”。① 二乃职任不明，冗员过半。官员职责不明，加剧推诿之势。比如内阁以数人共同向皇帝负责，六部各有尚书两人，侍郎四人，再加管部之亲王或大学士，七个主任官但却无负责之长官，地方有的省既有督抚又有巡抚，这种多头管制既不利于政策的制定和执行，也不利于责任的落实和追究。维新派人士曾经尖锐地指出，中国举国几半冗员也。这种数人共一职，弊在玩时，一人兼数差，弊在废事。② 三是名实不符，职责不确定。奕劻在考察官制的奏折中如是说：“名为吏部，但司签掣之事，并无铨衡之权；名为户部，但司出纳之事，并无统计之权；名为礼部，但司典礼之事，并无礼教之权；名为兵部，但司绿营兵籍、武职升转之事，并无统御之权。”③

（二）政治改革始于行政改革的客观规律

政治作为一个社会的上层建筑，它的变革总是会涉及经济、文化、思想等方面的一系列问题。如果在推进政治改革的过程中操作不慎，就有可能影响社会稳定，导致政局的混乱甚至政权的崩溃。近代化是一个由传统

---

① 故宫博物院明清档案部编：《庆亲王奕劻等奏厘定中央各衙门官制缮单晋呈折》，收入《清末筹备立宪档案史料》上，北京：中华书局，1979年版，第463页。

② 周叶中，江国华主编：《博弈与妥协——晚清预备立宪评论》，武汉：武汉大学出版社，2010年版，第115页。

③ 故宫博物院明清档案部编：《庆亲王奕劻等奏厘定中央各衙门官制缮单晋呈折》，收入《清末筹备立宪档案史料》上，北京：中华书局，1979年版，第464页。

向现代转变的过程，对于当时的清代社会来说，实现由传统君主政体向现代民主政体的转变，是一个很大的挑战。因为这个变革过程变动幅度巨大，操控难度更大，没有握有权力的政权权威，缺乏强大的政治控制和协调能力，不善于把握必要的时机和运用策略是不能成功的。因此，由传统君主领导的改革，要遵循先易后难，循序渐进的策略。一般而言，想要追求完善的政治，至少先要有一个有序、有效、干净的政府。先从行政改革入手继而推进政治改革，是较易进行和生效的。在现实中，日本始于官制改革的明治维新也带给清政府诸多启示。戴鸿慈与端方之所以视官制改革为预备立宪之始基，就是基于日本筹备立宪的成功经验。① 戴鸿慈在奏折中称，“日本之实施宪法在明治二十三年……，论者谓其宪法之推行有效，实由官制之预备得宜。……中国今日愈加改革，其情势与日本当日正复相似，故于各国得一借镜之资……”。②

（三）意欲通过官制改革加强中央集权

加强中央集权，既是对后发外生型现代化国家实现改革的客观要求，也是清政府意欲保持专制统治的主观愿望，是清末中国立宪改制的重要动因。加强中央集权，建立集权政府，是后发外生型现代化国家走向近代宪政民主制的基本前提。从秦始皇统一六国开始，中国进入君主专制时代。但是中央工朝对广大疆域的开拓与实际控制，是从明清两代才开始真正实现的。这种专制的君主集权统治随着西方列强的入侵逐渐动摇并式微。洋务运动中汉族官员的崛起及其政治势力的加强，对清王朝的部族统治产生了冲击和限制。督抚势力的增强，地方权势的隆兴使中央的控制能力大大减弱，以至中央政令不能得到贯彻，中央政府权威不再。庚子年间发生的

① 贺嘉：《清末制宪》，西安：陕西人民出版社，2011 年版，第 132 页。

② 故宫博物院明清档案部：《出使各国考察政治大臣戴鸿慈等奏请改定全国官制以为立宪预备折》，收入《清末筹备立宪档案史料》上，北京：中华书局，1979 年版，第 367-368 页。

“东南互保”声明，更是当时中国一盘散沙的最好例证。它显现出晚清国家、地方与社会三者资源、权力和权威关系的错位，是清朝专制集权君主制开始瓦解的具体表现。清末十年，统治者被迫实行新政，设立督办政务处作为变法和改革的领导机构，不仅允许民间创办实业，而且承认自己的政治制度落后于西方，准备效法西方和日本，改君主专制为君主立宪制，引进西方法律制度。① 这样一场官制改革从理论上讲会触及专制君主的根本权力，使其受到一定的限制。

二、戊戌变法中的官制改革

（一）维新派对官制改革的设想

转瞬即逝的戊戌变法虽然随着戊戌六君子的就义而告终，但它对晚清政治生活的深刻影响是不可磨灭的。在这场变法运动中，以康有为、梁启超为首的资产阶级维新派首次提出官制改革的问题，从官制改革的重要意义出发，针对现存官制的弊端，提出了完全不同于以往改制方式的官制改革主张，这成为迈向资产阶级民主政治的第一次尝试。他们坚持认为，中国要想摆脱落后局面，必须改官制、立宪法、定权限，走君主立宪制的道路。维新派之所以认为官制改革是维新变法的关键之处，是因为他们看到清代现行官制的弊端：官僚机构庞大臃肿、冗员充斥，选官方式陈旧、卖官鬻爵、官员素质低下，外官叠架、政令不畅，省道冗员多、州县官不足。“如果以今日之法、今日之官，虽日下一上谕言维新，无益也。”② 因为“官制不改，学成而无所用”，铁路、制造、开采等“庶政”交“今之

① 石晶：《近代中国政治结构脆弱性分析》，《福建行政学院学报》，2012 年第 5 期，第 62 页。

② 中国史学会编：《康有为传》，收入《戊戌变法》（第四册），上海：上海人民出版社，1961 年版，第 34 页。

守令”去办，也不可能“奉行尽善”。① 基于这样的认识，维新派的官制改革措施主要有裁撤冗员和设制度局两项。废除捐纳制度，裁撤闲衙冗官。开制度局于宫中，议定参与之任，商榷新政，草定宪法。制度局不仅是推行新政的领导机构，还是一个立法机构、议政机构。在制度局之下设法律、度支、学校、农局、工局、商局、铁路、邮政、矿务、游会、陆军、海军十二局②代替清朝各部、院、寺、司的职能，作为施行新政的具体机构，保证新政措施的实施。

（二）戊戌变法

1898 年 6 月 11 日，光绪帝发布“明定国是”诏书在全国推行变法，规定在中央设立农工商总局和铁路矿务总局，废八股、乡会试及生童岁、科考试，定期举行经济特科，裁撤詹事府、通政司，光禄、太常、太仆、大理四寺，湖北、广东、云南三省巡抚，东河总督等中央和地方的闲衙冗官。尽管改革的力度很有限，但大大触动了封建守旧势力的神经。大凡政治上的改革，总要涉及最切身、最为敏感的官制变动及权力重新划分的问题，它涉及每个官员的切身利益，因此改革事业的成败往往与官制改革的成功与否关系密切。清代科举考试的选官方式，造就了官员只知八股而不晓实务，今之一变而任才能，其骄人之具将穷；寒窗苦读几十载，经若干年之资俸，若干辈之奔競而得来的官位，今之一变而任贤者，其辛苦付之流水。更不论那些世代享受权贵的皇族、借当官充私囊的官员，没有一个愿意实行变革。因此戊戌变法开始后，从封建顽固派的总后台慈禧太后，到京中的军机大臣、内阁大学士、六部尚书、侍郎，再到地方上的督抚、将军，以致守旧的科举士子，“不谋而同心，异喙而同辞”，极尽攻击和破

① 中国史学会编：《戊戌变法》（第三册），上海：上海人民出版社，1961 年版，第 20 页。

② 中国史学会编：《上清帝第六书》，收入《戊戌变法》（第二册），上海：上海人民出版社，1961 年版，第 200-201 页。

坏官制改革。① 一时间，朝中大员纷纷上奏指责新政，竭尽所能阻挠制度局之开设；被裁废之官员皆惴惴不安，喧噪不已，“大有民不聊生之戚”；② 地方上的改制多数也是敷衍塞责，任意迁延或是置若罔闻，不予理睬。群臣的围攻加之维新派围园弑后的盲目计划给了以慈禧太后为首的封建顽固派充分的理由发动政变，导致戊戌变法失败。1898 年 9 月 21 日（农历八月初六），慈禧太后发动政变，搜捕维新派革命志士，囚禁光绪帝，再次出山训政。5 日后，即 9 月 26 日（农历八月十一日），“复置皇上所裁詹事府等衙门及各省冗员”。29 日（农历八月二十四日），“复八股取士”“罢经济科”“废农工商总局”，2 日后，“禁立会社，拿办会员”，随后又恢复被裁的广东、湖北、云南三省巡抚，并开始搜捕维新志士。③ 戊戌变法以戊戌六君子的被害与光绪帝被囚，慈禧太后再次掌权而告终，一切复旧。

（三）戊戌变法的意义

戊戌变法是一场自上而下进行的资产阶级政治改革运动，改革本身是权力、利益和社会资源在社会成员中的分配与再分配，必须经由政府通过权力和权威加以详尽的策划、安排和实施，并假以时日，循序渐进地展开。改革旧的制度，需要把握准确的时机，运用适当的策略，考虑社会的承受能力，减少改革的阻力。戊戌变法的失败，既有条件尚不具备，改革者主张“大变、全变、速变”的缘故，④ 也有既得利益集团势力强大，顽固不化的政治痼疾，当清政府连这种“体制内”的改革都不能容忍，将他们推向“体制外”时，一旦“体制外”的力量成为社会变革的主要动力，

① 吕美颐：《戊戌变法与官制改革》，《河南师大学报》，1984 年第 1 期，第 65 页。

② 中国史学会编：《梦蕉亭杂记》，收入《戊戌变法》（第一册），上海：上海人民出版社，1961 年版，第 485 页。

③ 中国史学会编：《政变正记》，收入《戊戌变法》（第一册），上海：上海人民出版社，1961 年版，第 279-282 页。

④ 黄江华：《论维新派戊戌变法前的官制改革》，《贵州民族学院学报》（哲学社会科学版），2003 年第 6 期，第 45 页。

就很难在旧体制框架内进行和平的改革，一场社会革命便在所难免。① 政变的发生使极其有限的官制改革戛然而止，但其作为维新运动最重要的部分却有着积极的意义和深远的影响。它是对封建政权和官僚机构进行重大变革的一次大胆尝试，第一次将西方资产阶级“三权分立”的思想引入中国传统政权组织形式，提出在中国建立一个资产阶级参加国家政权的机构改革方案，为清末新政和预备立宪的尝试奠定思想和理论基础。

三、丙午年间行政改制

1906 年 9 月 1 日，清政府发布“仿行宪政”上谕，明确宣布实施预备立宪。以此为标志，清王朝最后一次政治改革——预备立宪正式拉开帷幕。按照上谕中“廓清积弊，明定责成，必从官制入手”的要求，9 月 2 日清政府又颁布改革官制谕，任命载泽、世续、那桐、袁世凯为官制编纂大臣，随即成立官制编制馆，由奕劻任官制编制馆大臣，该馆作为编撰官制的专门机构。根据官制编制馆制定的计划，改革官制遵循先中央后地方的顺序。因为 1906 年是农历丙午年，所以此次改革又称为丙午官制改革。这次改革分 2 个阶段，前阶段是中央官制与地方官制的厘定；后阶段是资政院、责任内阁的设立，这是晚清规模与力度最大的一次官制改革。

其实官制改革，从庚子事件后清政府就已陆陆续续开始，其总的思路是精简机构，整顿吏治，渐致富强。1901 年裁汰各衙门的胥吏差役，取消“捐纳”弊政，将总理衙门改为外务部，班列六部之首；1902 年在中央层面裁撤詹事府、国子监与通政司，地方上裁撤河东河道总督，云南、湖北、广东巡抚缺；1903 年 4 月设立财政处，通盘筹划全国财政；1903 年

① 雷颐：《面对现代性挑战：清王朝的应付》，北京：社会科学文献出版社，2012 年版，第 120 页。

6 月成立练兵处，统一军制，编练新军；1903 年 8 月成立商部，将 1898 年成立的铁路矿务总局并入该部；1905 年 10 月设巡警部，掌管警卫、安保职能；1905 年 11 月废除科举考试，举办新式学堂，成立学部。这一系列的改革动作并不大，主要是对既有官制进行修补。时局的发展迫使清廷意识到必须进行政治体制改革，才能从根本上解决问题，于是晚清新政进入预备立宪改革阶段，官制改革也由此进入新的阶段。

（一）“预备立宪，先改官制入手”

由于官制改革是作为立宪的准备而提出的，因此这次改革的指导思想必以推进宪政为基本要义。根据立宪制国家官制设置原则来看，无外乎是将立法、行政、司法三权分立并峙，赋予专属机构，相辅而行，① 为了达到官制“分权以定限”“分职以专任”“正名以覆实”的目的，官制编制馆大臣拟定中央官制改革的基本要求：实行三权分立，因议院“今日尚难实行”，② 此次只改行政、司法，其余一切照旧；做到“官无尸位，事有专司”，以期各负其责，尽心职守；钦差官、阁部院大臣、京卿以上各官作特简官，部院所属三四品作为请简官，五至七品为奏补官，八九品为委用官；设集贤院、资政院安排改革后的多余人员。③ 原则既定，经过一个多月的商讨、整订，编制馆制定出一个全面改革官制的初步草案，称为《新官制改革案》，议裁撤军机处、内阁、吏部、礼部、都察院、宗人府、翰林院，并工商二部为农工商部，改户部为度支部，刑部为法部，分兵部为

① 故宫博物院明清档案部：《庆亲王奕劻等奏厘定中央各衙门官制缮单晋呈折》，《清末筹备立宪档案史料》上，北京：中华书局，1979 年版，第 463 页。

② 故宫博物院明清档案部：《庆亲王奕劻等奏厘定中央各衙门官制缮单晋呈折》，《清末筹备立宪档案史料》上，北京：中华书局，1979 年版，第 464 页。

③ 侯宜杰：《二十世纪初中国政治改革风潮》，北京：人民出版社，1993 年版，第 78 页。

陆、海军两部，[①] 增设一些新的机构，提出建立资政院、行政裁判院、集贤院、大理院、审计院等现代行政机构。[②] 并规定成立责任内阁，政务大臣由总理大臣一人、左右副大臣各一人，各部尚书十一人组成。提名庆亲王奕劻为总理大臣，袁世凯为副大臣。此议案一出，拥护者和反对者之间斗争立即升温至白热化。

官制改革是政治改革中权力和利益再分配的关键环节，每个人和每个集团都根据自己的利益赞成或反对改革。袁世凯为一己之私利，极力推进责任内阁制的建立，表示“官可不做，宪法不能不立”，为立宪“当以死力相争”。[③] 御史赵炳麟看穿袁世凯的居心，指责他“欲以立宪为名，先设内阁，将君主大权潜移内阁，己居内阁，君同赘疣，不徒免祸，且可暗移神器”。[④] 而那些被改革触及具体利益的官僚集团与反袁世凯集团联合在一起，形成反对《新官制改革案》的共同阵营。尤其是军机处、吏部、翰林院和都察院等“身居要职”的拟被裁撤的官员们，纷纷上奏折反对改革方案。一时间，交章弹奏，与袁世凯本来就有矛盾的官员更是借机攻击。官制改革方案的最终决策者慈禧太后寝食俱废，终因担心责任内阁制致使君权旁落，危及自身统治，加之满朝反对者众多，颇有政局动荡之危险，因而主张折中改革，下“五不议”之诏令，即军机处不议、八旗事不议、内务府事不议、翰林院不议、宦官事不议。

1906 年 11 月 6 日，清廷发布中央各衙门官制谕，宣布内阁军机处一切规制照旧，由各部尚书担任预政务大臣。清廷规定外务部、吏部、学部

---

① 周叶中，江国华主编：《博弈与妥协——晚清预备立宪评论》，武汉：武汉大学出版社，2010 年版，第 122-123 页。

② 李刚：《辛亥前夜：大清帝国最后十年》，合肥：时代出版传媒股份有限公司，2011 年版，第 148 页。

③ 陈旭麓主编：《辛亥革命前后 》，上海：上海人民出版社，1979 年版，第 26 页。

④ 侯宜杰：《评清末官制改革中赵炳麟与袁世凯的争论》，《天津社会科学》，1993 年第 1 期，第 68 页。

均著旧制；将巡警部改为民政部；户部改为度支部，并入财政处；兵部改为陆军部，并入练兵处、太仆寺；刑部改为法部，成为司法行政机构；大理寺改为大理院，专掌审判诉讼；工部与商部合并，改为农工商部；理藩院改为理藩部；礼部在原来的基础上并入太常寺、光禄寺以及鸿胪寺。清廷增设资政院以博采群言，增设审计院以复核经费；设立邮传部，掌轮船、铁路、电线、邮政专司；准备设立海军部及军谘府，在未设之前暂时由陆军部代行职能。在官员设置方面，除外务部员缺暂不安排外，各部均设尚书一员，侍郎二员，不分满汉。都察院亦设都御史一员，副都御史二员，行纠察行政之职。其余宗人府、内阁、翰林院、内务府、太医院、各旗营等各衙门，均著毋庸更改。①

清廷这次中央官制改革的目的是消除弊政，建立责任内阁制，提高行政能力和效能。但到了改革后期，因担心统治失控，危机皇权，清廷仍然保留大量闲衙冗职，这使满怀期待的立宪派大失所望。在他们看来，这次官制改革与之前旧官制相比并没有实质改变，只是裁撤与合并一些职能机构，对处于皇权专制体制核心的军机处与旧内阁的改造上毫无建树，“着照旧行”，实在让人觉得清廷的改革缺乏诚意。② 梁启超曾一针见血地指出，此次中央官制改革，并非如其所言革新弊制，而只是为了权势地位的争夺与倾轧。③

（二）责任内阁之争

早在五大臣出洋考察宪政归国之初，国内关于立宪的舆论已渐渐高涨。端方等人在奏请清廷实行预备立宪的奏折中，正式提出建立责任内阁

① 故宫博物院明清档案部：《裁定奕劻等核拟中央各衙门官制谕》，收入《清末筹备立宪档案史料》上，北京：中华书局，1979 年版，第 471-472 页。

② 梁严冰：《袁世凯与清末官制改革》，《河南师范大学学报》（哲学社会科学版），2004 年第 2 期，第 85 页。

③ 梁严冰：《袁世凯与清末官制改革》，《河南师范大学学报》（哲学社会科学版），2004 年第 2 期，第 85 页。

制，即所谓君主立宪国之政府，必有责任内阁之设。所谓责任内阁者，乃于内阁中设总理大臣一人以及国务大臣数人，国务大臣以各部之行政长官任之，是之谓阁臣，凡此阁臣皆代君主而对人民负有其责任者也。这样一来，行政之善或不善，皆由内阁负责，而非君主之责任，如若人民对政府非常不满，亦不过变更内阁而已，君主却无丝毫之责任。所以君主不仅可以常安而不危，且神圣不可侵犯之权亦载入宪法之中。因此，端方与戴鸿慈所提出的中央官制改革方案便是以责任内阁制的设立为中心。责任内阁的设置在原来内阁的形式上，并入军机处，设总理大臣一人，为首长，左右副大臣各一人，为辅佐，以各部尚书皆列于阁臣。此三大臣与各部尚书一起入阁议政，“以图政事之统一”，会议既决后奏请圣裁。及至施行政事时，仍由总理大臣、左右大臣及该部尚书副署，“使职权既专而无所掣肘，责任重复而无所诿卸”。① 官制编制馆成立之后起草的中央官制改革草案，大抵是在端方等人上奏奏折的基础上斟酌而成。

责任内阁制的提出，在清廷内部引起轩然大波。这场以责任内阁制为中心的中央官制改革，涉及清廷高层官员的既得权势和利益，冲突在所难免，改革的阻力巨大。这种阻力不仅来自传统，也来自既得利益集团的反抗。这种双重阻力在近代中国表现得尤其明显。中国是一个有着几千年传统的国家，漫长的历史发展积淀为深厚久远的传统，有着极大的凝固性和稳定性，与逐步演进的儒家文化相互交织，渐渐融入民族习惯、民间生活，成为支配人们思想和行为的准则而无所不在。更可怕的是，传统又往往与既得利益相互支持，形成对抗变革的强大阻力，以致要前进就必须破除传统。

在中央官制改革中设立责任内阁制，首先便直接触及王公贵族的权势

① 故宫博物院明清档案部：《出使各国考察政治大臣戴鸿慈等奏请定全国官制以为立宪预备折》，收入《清末筹备立宪档案史料》上，北京：中华书局，1979 年版，第 369 页。

与利益，因为在商议官制时，袁世凯提议“凡宗室王公贝子将军等……非奉旨派有差缺，不得干预行政事件”。[①] 此一想法触及宗室王公之大忌，遭到激烈反对。同时，责任内阁制的设立又牵涉到旧内阁、军机处及各部院大臣的权势和利益。责任内阁系原内阁和军机处合并而成，席位有限，所以就要裁撤旧有内阁、军机处及各部很多人员。责任内阁制中不可兼职，也会导致一些官员失去一部分权势。这必然引起王公贵族和权臣的反对。改革派与反对派的交锋不仅体现在高层之间的直接对峙、冲突以及极力说服和影响最高决策者的各种尝试上，还体现在运用或虚或实的改革意向操纵官场和宫中起哄。官制改革必然涉及机构调整和人事变动，各部也将重新组合，尤其是都察院、翰林院等拟被裁撤机构，面临着生死存亡的问题。所以那些御史、翰林等大小京官，倚仗朝中反对改革的高层势力集团，为自身的权势和利益竭尽所能上奏阻止改革。在这些反对官制改革的奏折中，有自始至终反对改革的封建顽固派，但多数是唯恐责任内阁架空君权，出现权臣专制，危及朝廷统治的渐进缓变改革派。在反对者中，还有一部分人并不反对宪政和责任内阁制，而是认为宪政的基础在于议院制，在没有议院的情况下设立内阁，便会缺少监督内阁的机关，导致政府权力的膨胀。从改革的结果看，这些反对意见直接影响责任内阁制的命运与中央官制改革的成败。不仅如此，反对派还有意散布谣言，煽动太监闹事。反对派声嘶力竭的呐喊终使立宪之局几为所动。瞿鸿禨的一番晓以利弊的进言，使慈禧太后感悟到“卧榻之旁，岂容他人酣睡”[②]，嗜权如命的她尽管并不想背负顽固派的恶名而赞成立宪与改官制，但她更不想看到反对派实行责任内阁制导致大权旁落的后果。因此，11 月 6 日，在清廷正式公布的中央官制改革谕中，没有采用责任内阁制，而是保留了内阁和军机处。

---

① 《京师近信》，《时报》，1906 年 10 月 7 日。

② 徐爽：《旧王朝与新制度》，北京：法律出版社，2010 年版，第 105 页。

四、皇族内阁建立

（一）立宪派与地方督抚联衔请设责任内阁

丙午官制改革失败后，在光绪、宣统朝交替之际的政局变动中，慈禧太后对建立内阁制持反对态度，尽管有不少当朝大臣主张推行责任内阁制，但并未付诸制度实践而有实质性进展，仅限于建言献策方面。所以在1908年颁布的立宪事宜《议院未开以前逐年筹备事宜缮具清单》中，就有意回避建立责任内阁制的问题，只是比较含糊提到“试办新定内外官制”和“新定内外官制一律实行”应办之事。将建立责任内阁制最终纳入清廷预备立宪议事日程的，既有慈禧太后去世，中国封建君主绝对专制松动，中央权力真空的客观条件，又有由立宪派倡导，地方督抚积极参与的国会请愿运动的主动推进。立宪派从开辟参政渠道，要求参与政权的目的出发，关注的重点是国会的建立与否。设立国会的本质是赋予人民权利，这就必然要求限制政府的权力，因此立宪派也同时提出建立责任内阁制来限制和规范政府权力。在立宪派发起的第三次国会请愿中，数名地方督抚联衔会奏要求清政府设立责任内阁制，在与其他各派政治势力的相互作用下，终于使清政府将建立责任内阁制纳入筹备宪政的范围。

1910年6月，云贵总督李经羲上奏请设立责任内阁。他认为“筹备宪政，宜谋统一”，但因政策分歧、莫衷一是，筹备立宪以来，实际收效甚微，因此要求设立责任内阁制。与此同时，设立与内阁平行的监督机关——议会，则“宪政完全，或可期望”。[①] 这个奏折表明在握有地方大权的督抚看来，当下清帝国面临着严重危机，大局难支，人心涣散，王朝统治岌岌可危。旷日持久的筹备立宪不仅没有实效，反而使得社会动乱日益严重。作为朝廷地方大员的督抚，亦深感中央朝廷缺乏统一政策，责任不

① 《滇督李经羲请设责任内阁折》，《国风报》，第一年（1910年），第15期。

明，自己作为地方官很难办事，遂上此折。但是，这个奏折并没有引起清廷的重视。后经李经羲发起，随即通电各省督抚，建议各督抚联衔会奏，支持两广总督袁树勋与山东巡抚孙宝琦等人提出的开国会和建内阁的主张。这一提议引来众多督抚响应，反复商讨奏稿一月有余，于10月25日，由东三省总督锡良、两广总督袁树勋、湖广总督瑞澂、云贵总督李经羲、察哈尔都统溥良、伊犁将军广福、吉林巡抚陈昭常等十九位地方大员联衔电请军机处代奏，主张责任内阁与国会同时并进。虽然大多数督抚同意速设内阁和国会的主张，但也有少数督抚不置可否甚至表示反对。比如直隶总督陈夔龙受到庆亲王奕劻的暗示，提出先设内阁后开国会的主张。因担心朝廷于开国会之前先设内阁，督抚们数次发起联衔电奏，坚持“国会一日不开，内阁仍一日不固”“内阁、国会同时并举”。① 督抚作为清政府派出坐镇一方的实力大员，他们的联名电奏不得不引起清廷的重视。因为督抚是清王朝的支柱，地方的维持和稳定全都倚仗他们。支柱一失，大厦亦将不复存在，因此，清王朝对此次联衔上奏不得不认真对待，最终采取折中办法，稍微缩短开设国会的年限，下谕宣布于宣统五年开设议院，并先厘定官制，准备组织内阁。而且特别说明“此次缩短期限……折衷至当”“一经宣布，万不能再议更张”。②

上谕颁布后，虽有江浙立宪派认为请愿目的已实现继而表示“遵旨”停止请愿活动，“然究以期限太缓，主张继续要求者，实居多数”。③ 缩短三年，实与现今之时局无丝毫裨益，即使明年开国会，尚不能足以挽救危亡，何况羁延至五年后？受挫的地方督抚和立宪派人士，因国会期限已定，无法变更，便改变策略，力争催设责任内阁，矛头直指专制揽权的军机处。

① 中国社会科学院近代史研究所政治史研究室，苏州大学社会学院编：《晚清国家与社会》，北京：社会科学文献出版社，第310页。

② 金毓黻：《宣统政纪》第18卷，沈阳：辽海书社，1934年版，第2页。

③ 中国社会科学院近代史研究所政治史研究室，苏州大学社会学院编：《晚清国家与社会》，北京：社会科学文献出版社，第318页。

与此同时，资政院弹劾军机大臣不负责任案并请设责任内阁的活动也深刻揭露出军机大臣不负责任，集权专制的面目，使国人对一个焕然一新的责任内阁充满期待。在立宪运动的推动下，设立责任内阁的主张被明确提到预备立宪日程上来。1911 年 1 月 17 日，在宪政编查馆上奏的《修正逐年筹备事宜清单》中明确规定，将于宣统三年颁布内阁官制、设立内阁。

（二）清末第一届责任内阁成立

1911 年 5 月 8 日，清廷批准并颁布宪政编查馆和会议政务处拟定的《内阁官制》和《内阁办事暂行章程》。裁撤旧之内阁、军机处和会议政务处，设立第一届责任内阁。根据《内阁官制》规定，责任内阁由总理大臣、协理大臣和各部大臣担任的国务大臣组成，辅弼皇帝担负责任；总理大臣为国务大臣的领袖，有权发布阁令，随时入对；各部大臣应就所辖事务随时会同总理大臣入对或请旨自行入对，具奏国务涉及各部者，由国务大臣会同具奏，专涉一部或数部者由总理大臣会同该部大臣具奏；在颁布法律、敕令和关系国务的谕旨时，必须经由总理大臣、协理大臣会同相关部门大臣副署才能生效；对于涉及各部事务的谕旨，要由全体阁僚副署才能生效。内阁会议由总理大臣主持，所议事件范围如表 3-1 所示。但《内阁官制》并未明确规定经内阁会议议决的事件如何表决。《内阁办事暂行

表 3-1　内阁会议议决事件

内阁会议议决事件	法律案、敕令案及官制
	预算案、预算外支出及决算案
	条约及重要交涉
	奏任各官之进退
	各部对于权限的争议
	特旨交发及议院移送的人民陈请事件
	各部重要行政事件
	按照法律应经内阁会议的事件
	国务大臣认为应经阁议的事件

章程》除了规定协理大臣制度之外，还在《内阁官制》基础上进一步规定大臣以及督抚、将军如何入对的细则，用来体现和保证皇权的至高权力以及皇帝对全国政事、各部院和各省军政事务的了解和控制。由此可以明显看出，清政府对于所谓的新内阁仍是处处防范，唯恐发生任何不利于皇权的后果。

在新内阁体制中，内阁设总理大臣 1 人、协理大臣 2 人、各部大臣 10 人，共 13 人。总理、协理大臣之下，设丞 1 人，综理各务，所属有承宣厅和制诰、叙官、统计、印铸四局。各部大臣分掌民政、度支、外务、陆军、海军、法务、学务、农工商、邮传、理藩十部。裁撤内阁、宪政编查馆、会议政务处，改礼部为典礼院、改监务处为监政院，军咨处改为军咨府，增设弼德院等。至此，清政府中枢以新官制代替了旧官制。①

第一届内阁人员组成公布后，当即引起国内外一片哗然，被时人称为“皇族内阁”。从表 3-2 可以看出，奕劻内阁共 13 名国务大臣，其中满员 9 人，汉员仅 4 人。满人约占 70%，比过去军机大臣和各部尚书满汉各半的传统不仅没有减少反而大为增加了。而在 9 名满员中，又有 6 名是皇室成员，这不仅违反了“君主不担负责任，皇族不组织内阁”的君主立宪准则，而且也是大清 200 多年统治里，中枢官额配置中从未有过的。此外，这些被延请入阁的内阁成员，大部分是原来执政的旧官僚，所谓新内阁，只不过是原军机处和被保留各部院的旧班底。这种名曰君主立宪，实际却扩大皇族权位的做法，不仅被国外报纸屡肆讥评，也遭到立宪派和汉族官员的强烈反对。尤其是立宪派人士，满怀一腔入阁参政热情，却遭到这样的欺骗和打击，他们由失望到绝望，由绝望到愤恨，以“直省谘议局联合会”的名义，再向皇帝上书，立陈由皇族组阁是不谙政体、不顺人情、大失人心之

① 李斌：《顿挫与嬗变》，成都：四川大学出版社，2006 年版，第 40 页。

事，表示坚决不予答应。[①] 奉天、直隶、江苏、陕西、河南等 19 个省谘议局的议长、副议长及议员 40 多人联衔上奏，要求“于皇族外另简大臣组织内阁，以符君主立宪之公例，以餍臣民立宪之希望”。[②] 但是他们的抗议请愿却未被理睬，或是干脆遭到训斥。“黜陟百司系皇上大权，载在先朝钦定宪法大纲，并注明议员不得干预……朝廷用人，审时度势，一秉大公，尔臣民等均当懔遵《大纲》，不得率行干请”。[③] 这种情境之下，立宪派人士深感宪政改革几近绝望，遂倒向由孙中山领导的革命阵营。武昌起义爆发使清政府在惊恐之余，被迫接受资政院提出的取消皇族内阁、召开国会的建议，起用袁世凯来组织内阁挽救危局。但此时改革派已被清廷推向革命派，大清土崩瓦解之势已成，中国两千多年的封建君主专制制度即将破灭。

表 3-2　清末第一届内阁组成人员

职　　务	姓　名	民族	皇族中的地位	原有职务
总理大臣	奕　劻	满	庆亲王	首席军机大臣， 外务部总理大臣
协理大臣	那　桐	满		军机大臣， 外务部会办大臣
协理大臣	徐世昌	汉		军机大臣
外务大臣	梁敦彦	汉		前外务部尚书
民政大臣	善　耆	满	肃亲王	民政部尚书
度支大臣	载　泽	满	镇国公	度支部尚书

① 韦庆远，高放，刘文源：《清末宪政史》，北京：中国人民大学出版社，1993 年版，第 475 页。

② 故宫博物院明清档案部：《各省谘议局议长议员袁金铠等为皇族内阁不合立宪公例请另组责任内阁呈》，收入《清末筹备立宪档案史料》上，北京：中华书局，1979 年版，第 579 页。

③ 故宫博物院明清档案部：《各省谘议局议员另请组内阁议近嚣张当遵宪法大纲不得干请谕》，收入《清末筹备立宪档案史料》上，北京：中华书局，1979 年版，第 579 页。

（续表）

职　　务	姓　名	民族	皇族中的地位	原有职务
学务大臣	唐景崇	汉		学部尚书
陆军大臣	荫　昌	满		陆军部陆军大臣
海军大臣	载　洵	满	贝　勒	海军部海军大臣
司法大臣	绍　昌	满		法部尚书
农工商大臣	溥　伦	满	贝　子	农工商部尚书
邮传大臣	盛宣怀	汉		邮传部尚书
理藩大臣	寿　耆	满	宗　室	理藩部尚书

第二节　明治时期近代行政改革

在国家和民族遭遇日益严重的危机面前，日本的政治制度与文化发生了前所未有的剧烈震荡，传统政治文化发生裂变，其价值开始受到质疑与挑战。西方三权分立思想和立宪文化的引入促使日本放弃以往模仿中国的传统思维模式，转而选择立宪政治的道路。此时，无论是统治阶层还是民间志士都将视线转移到先进的西方政治制度上，建议政府应尽早实施官制改革，开设公议机关及各局，建立领导维新的新政府。在这一背景下，太政官体制和近代责任内阁制度应运而生。① 但是，传统日本是一个具有封建官僚和武士传统的国家，官僚制在国家政治结构中占据着重要的地位。正如日本的立宪过程本身就是东西文化冲突、妥协与折中主义的产物一样，明治维新之初，中央政府的建立也经历了以行政权为中心的专制体制到以三权分立为基础，使政府职能合理化和效率化的责任内阁制。② 即便是仿效西方建立的责任内阁制，也并没有继承西方式议院内阁责任制的精

① 魏晓阳：《制度突破与文化变迁》，北京：北京大学出版社，2006年版，第36-37页。
② 殷燕军：《近代日本政治体制》，北京：社会科学文献出版社，2006年版，第294-295页。

神，而是受到传统家长权威政治文化的影响，在议会出现之前先行设立责任内阁以操纵国政和支持君主立宪政体的建立。

一、太政官体制的确立与发展

明治初期创立的太政官制，是古代政治制度的一种延伸，其最终确立起以行政权为中心的专制政权模式。太政官政治体制是通过《政体书》与《太政官职制》两个文件的颁布逐渐建立和完善的，它经历了从“传统官僚制和西方代议制、分权制的怪诞混合物”① 到“太政官一体化的官僚专制体制”。

（一）《政体书》与太政官七官制

1868 年 3 月 14 日，明治政府以天皇的名义发布《五条誓文》，这成为新政府改革封建制度，发展资本主义的施政纲领，也成为其内外政策的基本原则宣言，公开表明日本立志于走改革之路。其政制改革的纲领为“广兴会议，万机决于公论”，即要通过组建联合公卿、藩主和藩士会议体制来取代封建独裁政治体制，为倒幕派领袖未来掌握国家政权开辟道路。正是在这样的指导原则下，1868 年 6 月 11 日，政府公布中央政府的组织法——《政体书》。它是《五条誓文》的体制化，甚至被称为“最初的宪法”。②《政体书》中的“政体”部分是关于国家政治体制改革的纲领，其中明文规定，太政官掌天下权力，是发布政令的唯一机关，将太政官的权力分为行政、立法、司法三部分，无所偏颇，③ 为建立三权分立的中央集权国家提供法律依据；强调人才选拔的贤能准则，引入官员选举机制，废除世袭制；强化中央集权，要求各府、藩、县施行政令，必须遵循誓文，“不以小权犯大权，不使紊乱政体”。④

---

① 魏晓阳：《制度突破与文化变迁》，北京：北京大学出版社，2006 年版，第 38 页。
② 杨孝臣：《日本政治现代化》，长春：东北师范大学出版社，1998 年版，第 64 页。
③ 杨孝臣：《日本政治现代化》，长春：东北师范大学出版社，1998 年版，第 65 页。
④ 杨孝臣：《日本政治现代化》，长春：东北师范大学出版社，1998 年版，第 65 页。

根据《政体书》的规定，太政官制政府组织机构废除明治初期的三职八局制，模仿西方资产阶级三权分立的形式，并采用日本古代王朝所使用的政府机构名称——太政官，作为国家统辖七官的最高领导机构。七官分别是议政官、行政官、神祇官、会计官、军务官、外国官、刑法官。官是机构的名称，太政官是七官的总称。其中，议政官为立法机构，分为上、下两局；行政官、神祇官、会计官、军务官、外国官为行政机构，掌管行政权。其中行政官由两名辅相组成，任务是“辅佐天皇，宣奏议事，督理国内事务并裁决宫中庶务”① 等；刑法官为司法机构，掌管检察、裁判、警察等司法权。从太政官掌管天下权力的原则来看，新政府努力实现国家统一是当时政治上最大的课题，② 新政府在努力实现政权一元化管理的同时，模仿西方资产阶级三权分立制度，“万机决于公论”。但这种三权分立只是一种形式上的制衡，其实质上依然保持着浓重的封建法制残余，是“天皇亲政体制制度化的开始”。③

（二）行政系统膨胀与官制改革

1. 一级行政机构及其最高决策集团的演变

在太政官七官制中，“行政官”（行政部门）排在“议政官”（立法部门）之下，反映了最高决策集团对民主与集权问题的模糊处理。④ 但从“行政官”在行政机构中的作用来看，它本身并不像“会计官”“军务官”那样处理具体的行政事务，而是作为总辖所有各类行政事务的最高官厅。其实质上是一种隐形的一级行政机构，与“议政官”和“刑法官”具有平行的地位。随着国家政权的稳定以及政体建设渐进主义方针的确定，一级

① 吉家友：《日本明治维新后太政官制度的变化》，《信阳师范学院学报》，1989 年第 1 期，第 39 页。

② ［日］依田憙家：《日本的近代化——与中国的比较》，六立强译，北京：中国国际广播出版社，1991 年版，第 66 页。

③ 王振锁：《日本政治民主化进程研究》，上海：上海三联书店，2011 年版，第 30 页。

④ 武寅：《近代日本政治体制》，北京：中国社会科学出版社，1997 年版，第 18 页。

行政机构也由隐形逐渐走向公开化、系统化，行政权力也随之不断加强，君主立宪政体所要求的“大政府”模式渐具雏形。1869 年 8 月，政府公布《职员令》，实行新的官制改革。这次官制改革不再以欧美国家政治体制为模板，而是全面模仿古代律令官制，采取祭政一体制。废除行政官与上局会议，代之以神祇、太政二官。这时候的“太政官”已变成名副其实的权力机构，统辖民部、大藏、兵部、刑部、宫内和外省六省。这种全面仿古的二官六省制明确反映出明治统治者对政体建设的指导思想已经逐渐从三权并立转向突出行政权。一级行政机构从隐形到公开，从小到大，机构渐增，层级愈细。在“太政官”成为最高决策机关之后，机构本身仍在不断膨胀，到 1871 年 7 月，“太政官”分为正院、左院、右院三部分，史称太政官三院制。正院设太政大臣一人，纳言、参议若干人，组成政府的最高决策集团。原则上太政大臣负责辅佐天皇，总揽庶政，纳言位在大臣之下，参议辅佐大臣纳言，协理庶政，可实质上这三种人在官职位阶上是一样的，同属于一等官。参议一职，虽然职位不如太政大臣高，但却掌握实权。他们是倒幕运动中的领导层和中坚力量，在倒幕运动胜利之后，以实力者的地位控制新政府的权力中枢。尽管在最初，实力派藩士在政府中的地位并不高，在太政官七官制下，也只能担任各行政部门的副职。1869 年 5 月的“公选之法”，由于只有公卿诸侯等才有资格被选为各行政部门长官及以上的高级官吏，因此实力派人物仍然只能担任各行政部门的副职。但是，此时行政部门的副职已全部被实力派人士把持，尤其是萨、长、肥、土四个强藩出身的藩士，占了正四位以上高级官吏的 30%。[①] 四强藩与朝廷联合执掌的政权体制取代原来诸藩与朝廷联合的政权体制。[②] 1871 年太政官制改为三院制后，由大臣、纳言和参议组成的正院成为一级行政机构

---

① 武寅：《近代日本政治体制》，北京：中国社会科学出版社，1997 年版，第 18 页。

② 王振锁：《日本政治民主化进程研究》，上海：上海三联书店，2011 年版，第 30 页。

的核心，奠定了参议在政府中的重要地位。任何重大的决策，如若没有参议的参与是无法作出的。1873 年正院内部设立内阁，成为政府核心中的核心。参议更是作为内阁的主要成员包揽了重大行政事务的决策权和执行权。这一强有力的国家政权虽然受到民权主义者的激烈批判，有其反人民和反民主的一面，但是其对当时面临严峻国际形势的日本能够快速实现国家统一，进行现代化建设作出了不可磨灭的贡献。

2. 二级行政机构的演变

二级行政机构是指掌管具体行政事务的各官（省），隶属于一级行政机构之下，是整个行政体系的主干和枢纽，也是产生和培养明治官僚的组织载体。相较于明治初期一级行政机构演变的复古色彩，二级行政机构的变化更具有规范性和系统性，逐渐具有现代行政机构的性质，具体表现为机构不断充实，职能不断完善，权力不断加强。

在太政官七官制时期，“行政官”作为隐形的一级行政统辖机构，包括 5 个二级行政机构部门，即“会计官”，负责财政事务，总判田宅租税、赋役、用度、金谷贡献、仓库、驿递等工作；“军务官”掌管海陆军招募、守卫和军备等；“外国官”负责总判外交，监督贸易和开拓疆域；“刑法官”掌管司法工作，包括监察、弹劾和捕亡人狱等；“神祇官”，掌管总判神祇祭祀、宣扬祭政一致，王政复古。在七官制改为二官六省制之后，二级行政机构从 5 个部门扩展至 6 个，即民部省（主管户籍等民政事务）、大藏省（主管财政金融事项）、兵部省（主管军政军令事项）、刑部省（掌管司法事务）、宫内省（掌管宫内事务）、外务省（掌管对外事务）。1871 年又进一步扩充为 8 个省，取消了民部省，增加了文部省、工部省和神祇省。到 1885 年责任内阁制建立之时，已经扩充至 10 个省，包括宫内省、内务省、外务省、大藏省、司法省、陆军省、海军省、文部省、农商务省、递信省。

从神祇部门的变化可以看出明治时期日本行政体制的近代化演变。在太政官制建立之初，“神祇官”作为七官之一，位列“议政官”和“行政官”之后，并受“行政官”的统辖。这表明在模仿西方资产阶级三权分立政体初创时期，神祇祭祀和宗教信仰对明治政体建立和巩固所具有的重要意义。《职员令》的颁布带来的第二次官制改革废除了“议政官”，设立“太政官”代替“行政官”，位于“神祇官”之下，并成为中央政府的最高权力机关，意在借助神权来巩固天皇的权威。1871 年，随着明治政权的逐渐稳定与中央行政职能机构的不断改革，神祇官失去了具有神秘色彩的号召力量，降格为“神祇省”，成为正院中与其他七省并列的一省。1872 年，神祇省又被改为教部省，只是负责管理一般的宗教事务普通行政部门，并逐渐与文部省合并，将其职能定位在普通文化教育事业的范围内。这一系列改革的措施，表明明治政府行政机构向现代机构的转型。从日益增加的二级行政机构可以看出，明治政府是一个对国家各方面统管的大政府，尤其是在经济建设和军事建设方面。

1873 年官制改革实行参议省卿兼任制之后，明治政府的统治权实际集中在参议兼各省长官手中。同年 11 月，太政官发布第 375 号公告，决定设置内务省，大久保利通自荐担任内务卿，主要职责是加强中央官僚统治，推进殖产兴业政策发展资本主义，并接管原属大藏省、工部省和司法省的一部分职权，设警保、劝业二个一等寮，不仅负责国内治安，鼓励和保护民间企业的发展，还将一切资本主义发展所需都集中到内务省的管辖范围之中。这样一来，内务省在大隈重信和伊藤博文分掌的大藏省和工部省的配合下，实际上成为明治政府的核心。① 这些应时代发展和国家需要而新生的行政机构，既保证近代化建设的顺利开展，又促使行政权力的进一步扩大。

① 伊文成，马家骏主编：《明治维新史》，沈阳：辽宁教育出版社，1987 年版，第 412-413 页。

二、近代责任内阁制的创立

（一）关于内阁制的构想与论争

明治政权自1868年成立以来，就以独立、文明为其发展目标，数次派使节团游历欧美各国，以期对欧美强国先进的经济、政治、管理、科技进行全面仿效，并修改幕末签订的不平等条约，成为独立自主的近代化强国。然而历访欧美各国之后，明治当局深感无论是修约之请还是建立强国之梦，都必须先实现立宪政治。唯有如此，才能与欧美强国进行平等对话与协商，才能跻身世界强国之列。与此同时，因征韩论下野的参议，联名要求设立民选议院，反对岩仓、大久保的“有司专制”。19世纪70年代开始的自由民权运动，向政府提出“包括推行议会责任内阁制在内的要求实行宪政体制的种种建议”。① 此后，关于建立近代内阁制度的构想和论争都与立宪政治密切相关。1873年3月，大久保一行在德国受到“铁血宰相”俾斯麦的接见，他们从普鲁士德国依靠强大政府所取得的成功经验中看到了日本未来的希望。由此大久保决心以德国为榜样，建立强大政府，走富国强兵、殖产兴业的道路。大久保政权的藩阀专制政府制度饱受诟病，立宪文化的兴起和自由民权运动的开展使统治层深感巨大的执政危机。在1874年的大阪会议上，统治层作出三权分立的妥协，规定设置元老院，为召开议会做准备；设立大审院作为审判的基础，谋求司法独立；分立内阁与各省，加强天皇亲政体制，明确行政责任。② 木户甚至以图示向板垣说明这种妥协的方案，即在天皇陛下为最高统领之下，由太政大臣、左右大臣和参议组成内阁，内阁之下由立法（上元老院）、司法（大审院）、行政

① 安日成，李渤：《日本近代内阁制与战后内阁制》，《日本问题研究》，1998年第2期，第56页。

② 魏晓阳：《制度突破与文化变迁》，北京：北京大学出版社，2006年版，第40页。

各自分立。① 此次官制改革方案，虽然是在内阁之下实行立法、行政、司法三权分立，但从这次妥协案与翌年天皇颁布的《渐次建立立宪诏书》来看，以往掌握一切权力的太政官制即将消失，取而代之的是一种行政、立法、司法三种权力分立的模式。②

由于近代内阁制度是立宪政府制度中非常重要的一部分，所以，日本近代内阁制度的创立也有着仿效英国议会内阁制还是普鲁士的超然内阁制之争。1881 年 3 月，参议大隈重信提出关于立宪政体的建议书，提倡效仿英国的君主立宪政体，建立政党内阁制。由议会中占多数者以其政党的名义组织内阁。而岩仓具视提出的《宪法纲领》主张建立基于普鲁士式的“超然主义”内阁和大臣单独责任制，他在所附的意见书中，激烈批判了英国的议会内阁制。他认为议会内阁制的多数党组阁原则不仅会导致内阁及其宰相频繁变更，而且会使议院掌握行政实权，这与日本想要建立的由天皇总揽统治大权的君主立宪制实质相悖。③ 这场关于近代内阁制度的构想与论争随着明治十四年政变大隈被排挤出政府之后，以采用岩仓所提议的“超然内阁”制而告终。

（二）推进行政改革

明治维新之后，日本推行了一系列资产阶级性质的改革。随着改革的推进与深入，明治政权领导人感到有必要对现行行政体制进行改革。1875 年 4 月，他们以天皇名义颁布诏书，表示逐渐建立立宪政治体制。1881 年 10 月，在自由民权运动的推动下，明治政权领导人以天皇的名义下诏允诺 1890 年“召开国会”。1884 年，以制度取调局局长的身份着手制

---

① 张文政：《“西学东渐”：日本近代内阁制的构想和论争》，《求是学刊》，1995 年第 1 期，第 110 页。

② 魏晓阳：《制度突破与文化变迁》，北京：北京大学出版社，2006 年版，第 41 页。

③ 张文政：《“西学东渐”：日本近代内阁制的构想和论争》，《求是学刊》，1995 年第 1 期，第 111 页。

定宪法和筹备开设国会的伊藤博文认为“今日若仅姑息应付，拖延时日，则终对制度、对国爱不利”，于是决心进行改良，力求充分巩固朝廷之基础。1885年改革太政官制，推行内阁制就是基于上述加强皇权目的。与此同时，太政官体制在实际政治生活中越来越不能满足现实需要，这直接促成了责任内阁制的诞生。自从明治政府建立以来，太政官制虽几经变迁，但其实质仍然是沿袭大宝律令以来的古代官制。随着各项改革的推进，明治政府迫切感受到太政官制已经完全不能满足执政需要。首先，太政大臣、左右大臣与参议之间的权责划分不明，归属混乱。三大臣负有辅弼天皇的职责，职位最高，但各参议却掌握着实权和政策的决定权，这就使名义上的权力和实际上的权力经常出现矛盾。其次，立宪体制中政府最重要的任务之一是受到来自议会的监督和质询，这就要求政府应该是个合议机关，而不是太政官制下以太政大臣为首长的独任机关。最后，大臣和参议兼任省卿的体制，对处理各省间的纠纷有困难，所以继续设置持有统御权的总理大臣使政务统一和简便。在这样的背景下，经过萨长藩阀派与宫内派以及自由民权势力的博弈和妥协，在1889年明治宪法颁布之前，日本建立了责任内阁制度。它的创立是明治时代后期日本宪政史上的一件大事，驻维也纳公使西园寺公望在写给伊藤博文的信中说，建立内阁制度，“实为我国千古未有之大美事、大事业，能如此我国政府将成为与文明诸国同等之政府，能如此他日开设议院亦不足忧”。①

（三）责任内阁制与《内阁官制》

1885年12月22日，根据太政官第69号令，日本废除设立多年的太政官制，仿效西方建立近代内阁制度，这成为明治立宪政治体制的开端。这次行政改革为将来在君主立宪政体之下实现三权分立，建立合理、高效

① 刘文英：《日本官吏与公务员制度史：1868—2005》，北京：北京图书馆出版社，2008年版，第32页。

的政府奠定了基础。内阁制度的建立不仅是建立近代国家政治体制的重要步骤，也是明治政府完善政府制度建设的基本环节，具体内容包括将宫中（以天皇为代表的朝廷）和府中（政府）职权分离，废除旧有的太政大臣、左右大臣、参议及各省卿，新设内阁总理大臣以及宫内、外务、内务、大藏、陆军、海军等各大臣。同时除宫内大臣外，各省大臣兼任国务大臣，组成内阁，并承担对天皇的辅弼责任，向天皇负责。此一制度的实施使政治之实力者组织内阁的权限和由此而辅弼天皇之大臣的责任相一致。与此同时，建立平行于内阁的宫中机构——宫内省，专门负责处理宫内事务，以使国务与宫内事务严格分开。在二级行政机构的设置上，1881 年成立新的经济管理部门——农商务省，统一管理各省与农业和商业有关的事务。到 1885 年内阁制度建立的同时，递信省宣布成立，它接管工部省所辖的电信局和灯塔局以及原属于商务省的驿递局和官船局。将工部省下的大学划归文部省，矿山局和工作局划归农商务省，铁道事务划归内阁直接管理，正式撤销工部省。① 同年，政府发布作为内阁运行准则的《内阁职权》，规定内阁总理大臣的职权和权限，内阁总理大臣与各省大臣的关系以及内阁对于军令机关无管辖权，并规定总理大臣有义务保持各部的统一，强调“总理大臣对各省大臣的统治权限”。② 到 1889 年明治宪法制定之时，加强内阁统合性的政策并没有被吸收进来。在同年 12 月 24 日颁布的《内阁官制》中大大削弱总理大臣的权限。其中第二条规定：“内阁总理大臣作为各大臣之首班奏宣机务，承旨保持行政各部之统一。”总理大臣不再具有《内阁职权》规定的“承旨指示大政方向，督统行政各部”的大权。以前《内阁职权》中规定的“凡法律命令均由内阁总理大臣副署，其属于各省主管之事务，可由内阁总理大臣及内阁大臣副署”的权力，到《内阁官制》中

---

① 武寅：《近代日本政治体制》，北京：中国社会科学出版社，1997 年版，第 25 页。

② 刘文英：《日本官吏与公务员制度史：1868—2005》，北京：北京图书馆出版社，2008 年版，第 33 页。

属于各省专管行政事务之敕令，则有主任之各省大臣副署之。这样一来，由于内阁总理大臣作为各大臣之首，仅能承旨保持各行政部门之统一，而不能承旨统督行政各部，削弱了总理大臣对各省大臣的统治权限。《内阁官制》还规定组成内阁的各个大臣有各自单独直接辅弼天皇的责任。如果一个大臣与其他大臣或内阁意见不一致，可以单独直接上奏天皇。而一旦这种分歧不可解决时，内阁便不得不总辞职，而非罢免某个大臣。明治的制宪者们之所以没有采用英国式议院内阁制中的连带责任制，而是选择单独辅弼责任制，是因为他们认为，议院内阁制由议会中多数党组阁的原则会使内阁很快发展成为政党内阁，而连带责任制会加强内阁的一体性，从而最终削弱天皇大权。虽然如此，明治宪法还是赋予内阁最高行政权，即“行政权统一于帝国内阁”，内阁由国务大臣组成，单独对天皇负责，其职责是编制国家年度预算、提出法律议案、管理从中央到地方的各级行政事务。

从上述责任内阁官厅的合并、裁撤与新增以及明治宪法体制中《内阁官制》对责任内阁组成与运行的规定可以看出，日本行政机构已从形式上变为独立的行政权执行机构，并对天皇负责，分工更加明确，省之下所辖事务日渐具体，已经基本具备近代政府的框架。对于1885年刚刚成立的责任内阁来说，明治宪法体制的确立，使这一具有藩阀性质的行政机构，开始迅速向实质上的近代行政机构迈进。因为在明治宪法体制下，官吏选拔方式的改变，使政府原来所具有的藩阀性质逐渐消失，使更多的平民进入各级政府中。在太政官时期，即1868—1885年，26名参议的出生地，处于第一位的是鹿儿岛（9人），第二位是山口（7人），第三位是高知（5人），第四位是佐贺（2人），几乎均出自“萨长土肥”的藩阀地区。① 到19世纪80年代后半期，中央官僚的上层原籍为山口和鹿儿岛的分别有30、40名，

---

① ［日］秦郁彦：《日本官僚制研究》，梁鸿飞，王健译，北京：生活·读书·新知三联书店，1991年版，第6页。

占总数的10%。加上迁到东京改籍的也不过70人，占总数的30%左右。再把高知的和佐贺的加上，也不足100人，还不到总数的40%。由此看来，统治高层的藩阀色彩已经有所退却，而且越往下这种色彩越淡薄。① 原因是虽然藩阀的领导者乐意扶持同乡，但也不拘出身广招人才，非藩阀出身的人加入藩阀系列，只会使藩阀的原籍分布离散化。后来官吏的选拔方式变为文官考试，这使政界成为一个按毕业届次和成绩好坏划分的集团，彻底打破了原来依靠身份做官的原则。

根据1893年公布的《文官任用令》和《文官考试规则》，除帝国大学中的法科大学的毕业生外，其他人须通过高等文官考试取得合格资格才能成为官吏并在以后获得高升的机会。所以成名官僚几乎都是通过高等文官考试这一关口进来的，通过对1917年之前考试合格者族籍的比较，如表3-3所示，我们可以对官员的阶级属性做简单的分析。

表3-3　族籍表1894年—1917年（明治27年—大正6年）②

		华族	士族	平民	合计
一期 1894—1906	人数	6	247	341	594
	比率%	1.0	41.6	57.4	100.0
二期 1907—1917	人数	14	441	1000	1455
	比率%	1.0	30.4	58.6	100.0
合计	人数	20	688	1341	2049
	比率%	1.0	33.6	65.4	100.0

族籍是德川时代士、农、工、商阶层在明治时代的延续，武士就是后来的士族，农工商就是平民，而公家③和藩主是华族。从表中可以看出，

① ［日］升味准之辅：《日本政治史》（第一册），董果良，郭洪茂译，北京：商务印书馆，1997年版，第218页。

② ［日］秦郁彦：《日本官僚制研究》，梁鸿飞，王健译，北京：生活·读书·新知三联书店，1991年版，第10页。

③ 公家：江户时代的朝臣公卿。

华族的比率在一期和二期都仅为 1%，士族的比率一期大于二期，这是因为一期处于明治时代上半期，此时发起明治维新的下级武士理所当然地占据了新政府大量的重要职位。而平民的比率是二期大于一期，而且以后也大致如此，这就使官吏的选拔摆脱了传统身份等级制的束缚，使大量有知识、有能力的平民进入政府机关，世袭或人情的录用被排除，这符合近代官僚制的专业化原则。

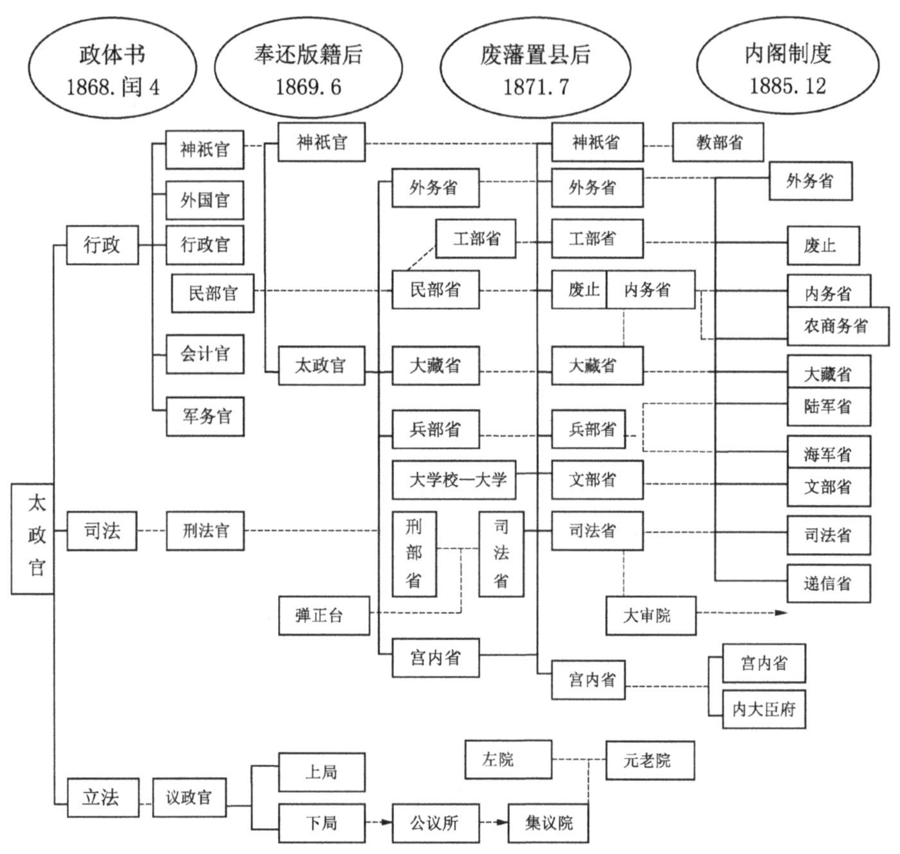

图 3-1　由太政官制到内阁制的中央机构变迁①

① ［日］升味准之辅：《日本政治史》（第一册），董果良、郭洪茂译，北京：商务印书馆，1997 年版，第 245 页。

三、创设近代责任内阁的意义

作为日本近代政治体制的重要组成部分，日本近代内阁制从形式上看基本具备近代西欧内阁制的特点，但从本质上看又有区别。在明治宪法体制下，虽然有议会、有政党，但内阁并不一定由议会中占多数席位的政党产生，内阁也不一定对议会负责。内阁成员由天皇任命，对天皇负责，实际上成为天皇行政权力的延伸。因此与英国式议院内阁制相比，日本近代的内阁制算不上名副其实的三权分立下资产阶级民主行政机构。制宪者们惧怕内阁统合性的增强会导致政党政治力量的发展，为其执政带来危机。[①] 继而，近代日本内阁制，成了马克思所说的“以议会形式粉饰门面、混杂着封建残余……按官僚制度组织起来的”行政部门，是君主立宪制国家政体的重要组成部分。但是，如果我们从日本历史以及东方专制主义国家历史来考察，日本能够实现这种政府制度的转变难能可贵。站在近代亚洲国家被迫进行近代化的立场来看，日本能够建立一个统一国家，一个强大的有近代化指向的政府，实现君主立宪政体的转换，已然是制度变革之大跃迁，已然开始向近代政府制度迈出关键一步。

与太政官制相比，近代内阁制使内阁成为国家最高层次的行政机构。那种以太政大臣为首长，对各省长官有完全指挥监督权，并全权掌管宫中、府中事务的独任机关被以国务大臣全体成员组成的、以各大臣单独辅弼责任制为准则的、宫中与府中相互区别的合议机关所替代。与太政官曾经是整个明治政府的核心、国家政策的决策中心相比，内阁则相对失去了

① 魏晓阳：《制度突破与文化变迁》，北京：北京大学出版社，2006 年版，第 44 页。

国家决策的核心地位，① 成为明治宪政体制下多元政治结构中的一元。② 因为从整个国家政权组织来看，内阁之外还有与其平行的政治机构，譬如说天皇、帝国议会、枢密院等。在权力范围上，内阁的职权范围也不如太政官那样无所不包，特别是近代军事指挥权，内阁基本上无可置喙。从宪法所赋予的原则上讲，行政权已不再作为政权的支柱，而是与其他权力机构平等。

《大日本帝国宪法》第五十五条规定，各国务大臣，辅弼天皇，负其职责。“辅弼”一词据日本辞书所言是按照明治宪法的观点，国务大臣对天皇的国事行为，必须提出建议，奏请天皇采纳，并负其全部责任。③ 大臣辅弼制实际就是大臣助言制。它是指君主在执行其权限时必须依照大臣劝告或建议的制度。④ 其目的在于防止君主独裁的出现，在君主制与民主主义之间实现一种微妙的平衡。因此在这种制度下，君主只是名义上掌握权力，实际大权大都转移到对其负责的大臣手中。但是，这绝不意味着天皇只是一个最高权威的摆设。因为从天皇、内阁、帝国议会、枢密院之间的制衡来看，每一个机构都有自己独特的作用。承认大臣助言制，使或多或少同情议会，赞成民主制的国务大臣，有可能防止君主的专断独行。

在太政官制时期，担任太政大臣、左右大臣等高官要职的必须是皇族或公卿。具有改革意识和进取心的藩阀官僚，如大久保利通、木户孝允、大隈重信、伊藤博文等人，只能担任参议及各省长官，他们要通过这些皇族、公卿才能实现自己的政治意图。近代内阁制取代太政官制后，首任内

---

① 殷燕军：《近代日本政治体制》，北京：社会科学文献出版社，2006 年版，第 295 页。

② 武寅：《论明治宪法体制的内在结构》，《历史研究》，1996 年第 3 期，第 138 页。

③ ［日］新村出编：《广辞苑》第五版，上海：上海外语教育出版社，2005 年版，第 2218 页。

④ 刘文英：《日本官吏与公务员制度史：1868—2005》，北京：北京图书馆出版社，2008 年版，第 40 页。

阁总理大臣由长州藩出身的伊藤博文担任，而各省大臣中除大藏大臣、农商务大臣和递信大臣外，其余都是长州、萨摩两藩下级武士出身，公卿和旧藩主出身者在阁僚中一个也没有。从政府领导人的更替来看，恪守传统的皇族公卿官僚让位给改革派藩阀官僚，从而使藩阀官僚掌握国家最高决策机关，这标志着近代日本新老两代官僚交替的开端。伊藤内阁组阁后，明治政府颁布《官吏纲要》，改革官吏录用标准，废止过去自由任用或私人推荐任用官吏的原则，变为通过考试录用官吏，消除任人唯亲的弊端，为大批有近代化建设才能的人进入国家领导机关开辟渠道。1887 年 7 月，明治政府又颁布《文官考试试补及见习规则》，进一步明确考试录用管理的细则，规定选拔高等和普通文官的范围，并尤其重视学历在录取中的作用。比如在高等考试中，规定获得法学博士、文学博士学位者，或者法科大学、文科大学及旧东京大学法学部、文学部的毕业生，可不经高等考试直接就任奏任文官试补。在普通考试中，官立、府县立中学或同级的官立府县立学校，以及受帝国大学监督的私立法律学校和司法省旧法律学校的毕业生，可不经普通考试直接任命为判任官见习。同时，政府以内阁的命令制定《关于文官考试试补及见习规则的细则》，对考试科目、考试手续等基本事项作了具体规定。按照规定，高等考试的科目有民法、诉讼法、刑法、治罪法、商法、宪法、行政、财政、理财、国际法 10 科。行政官的考试在民法、商法、宪法、行政、财政、理财、国际法 7 科中定 3 个科目以上；司法官考试在民法、诉讼法、刑法、治罪法、商法、宪法、行政 7 科中定 5 个科目以上。考试分为笔试和口试，笔试不合格者不能参加口试。口试由考试委员长主持，全体考试委员列席，要求应试者对提出的问题能及时答辩。在《文官考试试补及见习规则》及其细则实施以后，1888 年、1889 年和 1890 年先后在东京举行过 3 次高等考试。由于帝国大学法科大学的毕业生可不经考试优先被采用为行政官或司法官的试补，其他应试者只有在出现缺员时才能被采取，而行政官很少缺员，司法官又缺员不多。

所以3次考试的结果是应试者被采用的人数很少，大部分试补的位置都被帝国大学法科大学的毕业生占据。这些帝国大学法科大学出身的试补中，确实出现过一些日本统治集团所需的强有力的人物。从统计资料可以看出，1888年11月到1893年8月，先后被任用的奏任官试补有126人，其中帝国大学法科大学出身者115人（法科大学111人，文科大学4人），这些人中后来有7人任过各省大臣或宫内大臣，还有1人任过内阁总理大臣。①

由于东京大学毕业生不经高等考试就能就职试补，引起那些被关在试补门外的私立学校学生的日益不满。学校经营出现危机，法律学校学生日益减少，教师也缺乏干劲。舆论的批评、国会的讨论使第2届伊藤内阁于1893年制定《文官任用令》和《文官考试规则》，正式确立通过考试选拔任用官吏的制度。根据《文官考试规则》的规定，文官考试分为高等文官考试和普通文官考试两种。考试要求具体见表3-4。高等文官考试每年在东京举行一次，分为预备考试和正式考试。预备考试不合格者，不能参加正式考试。帝国大学法科大学，旧东京大学法学部、文学部及旧司法省法学校正则部的毕业生，可不经预备考试直接进行正式考试。预备考试主要是考试应试者寻常中学毕业程度的学力，考试形式包括论文考试和有关论文的口述考试和迅速作文考试。正式考试的目的是考察应试者通晓学理上的原则及现行的法令，并将其学到的学术知识应用于实际业务的能力。普通文官考试则是根据各官厅的需要，由该厅的普通考试委员主持进行。考试科目以寻常中学的课程为标准，斟酌各官厅所掌管的事务，由文官普通考试委员选定，上报高等文官考试委员确认。② 在实施文官考试之后，仅在明治时代后期，从

---

① ［日］秦郁彦：《战前时期日本官僚制的制度·组织·人事》，东京：东京大学出版社，1981年版，第423-426页。

② ［日］日本公务员制度史研究会编著：《官吏、公务员制度之变迁》，东京：第一法规出版株式会社，1989年版，第70-72页。

1894年10月到1912年11月先后在东京举行18次高等文官行政科考试，合格者人数共1176人，平均每年合格65人。考试合格者被内务省、大藏省等各官厅录用后，一般都能按照正常的晋升速度提升。东京大学的毕业生名列榜首，其中42名东京大学法学部毕业生合格者，后来成为各省（部）的大臣或国务大臣，还有不少人任过内阁书记官长或各省次官。① 自高等文官考试制度确立后，随着高文考试合格者人数的不断增加，以东京大学法学部毕业生为主体的高文考试合格者逐渐取代藩阀官僚成为日本官界的核心力量，为明治政府输送了大量受过良好教育、有技术专长的人才，给政府注入新鲜的血液，这对日本实现资本主义近代化具有决定性意义。

表3-4　《文官考试规则》建立的文官考试制度②

	高等文官考试	普通文官考试
报考资格	满20岁以上的男子	满20岁以上的男子
考试费用	10元	2元
考试种类	预备考试（考试中学毕业程度的学力，帝国大学毕业生免考）；正式考试	文官考试委员决定，文官高等考试委员确认
考试形式	预备考试：论文考试、口试、迅速作文考试；正式考试：笔试、口试	预备考试：论文考试、口试、迅速作文考试；正式考试：笔试、口试
出题科目	正式考试 必考科目：宪法、刑法、民法、行政法、经济法、国际法 选考科目：财政学、商法、刑事诉讼法、民事诉讼法（任选一科）	正式考试 必考科目：宪法、刑法、民法、行政法、经济法、国际法 选考科目：财政学、商法、刑事诉讼法、民事诉讼法（任选一科）

① ［日］秦郁彦：《战前时期日本官僚制的制度·组织·人事》，东京：东京大学出版社，1981年版，第447-475页。

② ［日］日本公务员制度史研究会编著：《官吏、公务员制度之变迁》，东京：第一法规出版株式会社，1989年版，第66-68页。

（续表）

	高等文官考试	普通文官考试
考试次数场所	每年一次，东京	根据各官厅的需要进行
合格的判定	由考试委员议定	由考试委员议定
考试委员	由高等考试委员长从其他官厅的高等官中任命的三名常任委员和临时委员组成。 受内阁总理大臣的监督。	（中央官厅的委员） 长官从中央官厅的高等官中任命 （地方官厅的委员） 长官从地方官厅的官吏及官公立学校教官中任命。 受长官的监督。
事务局	常任、临时的书记，从法制局等官厅的判任官中任命	书记从各该官厅的判任官中任命

四、责任内阁的功能

1885年日本设立内阁制，接着公布《内阁职权》、《内阁官制》，使政府一般官吏的选拔、任用和纪律规范方逐渐制度化。由于在内阁制建立后相当长一段时间内，萨、长两藩有司专制集团一直控制着行政大权，在由司专制人员起草的明治宪法中，必然最大限度代表他们的利益。所以，明治宪法中虽然未提及内阁，但它在现实中却拥有最大的决定权。他们通过“限制”君权和民权从而确立自己的位置。

在“限制”君权方面，组成内阁的藩阀势力利用对天皇的“辅弼”权使政府决定神圣化，同时防止天皇直接干政以扩大自己的政治领域。宪法虽然规定天皇总揽治国大权，但其行使要由内阁会议决定后经天皇裁可的形式实施，虽然天皇有时也用“事前注意”、“御下问”、命令“再议”等形式在事前施加影响，但没有出现过先提出议案的情形，都是在内阁议决之后发表意见，而且也没有出现过推翻阁议议决的情况。这可从西园寺公望的一段谈话中窥出此意：明治天皇虽也事前注意人事、行政诸般之政务，并有所考虑，但一经阁议决定正式上奏之后，一次也不曾出现过令其变更或不予裁可等等。①

在“限制”民权方面，由于国务大臣辅弼天皇行使大权，所以内阁只对天皇负责而不对帝国议会负责。在帝国议会开设前，作为监督和制约机构的帝国议会尚未出现，内阁作为国家最高决策机关，制定法律和国家的预决算，处理重大国内事务和国际事务，掌管官制制定以及官员任免等等。在伊藤、黑田和前期山县内阁统治时期，政府频频立法以加强自身统治。颁行《市町村制》《府县制》等一系列地方自治制度确保中央政府对地方政权的控制，通过《议院法》《众议院议员选举法》以对付未来开设国会设置种种有利于确保行政权优势的规定。在国家财政预算和编制方面，也由内阁自己做主，根据施政需要自行决定开支。但是，内阁这种一元化的权威格局随着明治宪法的颁布与帝国议会的召开被打破。原来行政权独大的政府制度被帝国议会所代表的立法权打破。以往只需内阁最高会议通过即可生效的重大国务现在必须经过议会的审议通过。所以，内阁与议会的斗争从一开始就呈现剑拔弩张之势，其实质是内阁的“争权”与议会的“限权”，在转向近代政府制度的过程中，表现为内阁权力的“撤退”与议会权力的“前进”，此处先探讨内阁权力的“撤退”，后文分析议会功能时再探讨议会。从内阁由独掌权威到消极对抗再到积极对抗议会的历程可以看出，议会的势力在逐渐增强，就从侧面显示出内阁权力的“撤退”。

根据明治宪法的规定，内阁有制约议会的权力，主要包括对议会立法权的干预、对预算审议权的干预以及干涉选举、命令议会停会、推迟选举或开会、解散议会等。在立法权问题上，内阁和议会虽然同时拥有提案权，但实际上法律议案超过半数是由内阁提出的，如表 3-5 所述，特别是

① 张经建：《日本权力制衡机制的演进》，南京：南京大学出版社，2010 年版，第 152 页。

通过议会议决的议案，绝大多数都是由政府起草的。

表 3-5　第 1 次议会—第 92 次议会中政府与众议院提出法案、成立法案的数量与比例①

	政府	众议院	贵族院	合计
法案提出数	3 421	2 914	63	6 398
法案提出比例	53. 5%	45. 5%	1. 0%	100%
法案成立数	2 856	270	10	3 136
法案成立比例	91. 1%	8. 6%	0. 3%	100%

在预算审议问题上，内阁可以利用宪法赋予的既定财政支出权、紧急财政支出权以及按照上年度财政支出权来削弱或抵制议会的预算审议权。宪法第 67 条规定的内阁执行既定岁出这一特权，使它能够有效抵制议会的预算审议权。因为这一“既定之岁出”包括军队编制、文武官员薪俸等很多不需要预算审议的财政支出，而且这部分支出在整个预算中又占有很大的比例，比如 1893 年第四届议会审议的预算中，这部分支出高达 76%，这一不受预算审议的支出自然可由政府自行掌握。宪法 70 条赋予内阁的紧急支出特权给了内阁可以凭借维护改革安全，在紧急情况下的财政支出权，以避开议会的审议权。而宪法 71 条赋予内阁可按上年度财政支出同样给了内阁有力抗衡议会的特权。当内阁的年度预算被议会否决时，内阁可按照上年度预算列支，再试图将通不过的部分变通。就算仍不能通过，内阁可以凭借其解散议会的权力迫使议会妥协。对于议会通过的预算，如果政府下定决心不想执行，亦可找出议会决议违宪而不予认可的借口，进而仍按照上年度预算来执行的方法否决议会的审议。由于明治宪法赋予议会以监督政府的权力，所以内阁运用一切手段干

① 川人贞史：《日本の政党政治 1890—1937 年——议会分析と选挙の数量分析》，东京：东京大学出版会，1992 年版，第 42 页。

扰来自帝国议会的监督。

（一）干扰选举

最早对选举进行干涉的例子是在1892年2月举行的第二次大选中，为了能使内阁的议案在第三届帝国议会中获得顺利通过，在选举前夕，内阁就已经做好周密的安排，要使那些“民党”议员落选以保证“吏党”当选。内务大臣品川弥二郎利用地方官吏、警察和暴力团干涉选举。在各地，一方面由地方官出面圈定“吏党”候选人，对其进行收买和引诱。在选举前夜，甚至不惜重金收买选票。另一方面，在“民党”势力较强的地方布置大量警力，甚至派警察到选举人住处进行威胁，不许人民投票给“民党”，并公然破坏“民党”的竞选活动，公然援助“吏党”候选人。在一些民党势力强大府县，警察竟然使用武力干涉选举，造成多起流血牺牲事件，造成全国范围内25人死亡，388人受伤。足见内阁干涉之严重。①

（二）命令停会

根据《议院法》第33条规定，政府随时可以15日为期命令议会停会。② 当议会即将讨论、通过对自己不利的议案时，或者政治、社会形势对自己不利时，内阁就会动用《议院法》赋予政府的权力，命令议会停会，以便借此机会商讨对策。这些不利于内阁的议案大多是对内阁的不信任案和弹劾案，或是对其内外政策表示严重不满的议案。以第2次伊藤内阁时期为例，在第4届帝国议会开会期间，众议院就弹劾内阁案准备讨论时，就被内阁叫停15天。在此期间，内阁寻求各种渠道试图取消弹劾案。在次年的第5届帝国议会开会期间，议会就伊藤内阁的对外政策和条约修

---

① 吴廷璆：《日本史》，天津：南开大学出版社，1994年版，第466页。

② 张经建：《日本权力制衡机制的演进》，南京：南京大学出版社，2010年版，第155页。

改问题提出质疑，并提出解决对外关系的多项法案，都令内阁难以接受。内阁立即命令停会10天。复会后，同样的法案再次被提出，内阁再次叫停议会停会2周。在后来的第17届、18届、30届帝国议会开会期间，为解燃眉之急，内阁也数次动用停会手段。尤其是第15届桂内阁时期，这个总共只维持了50天的短命内阁竟然三次动用停会手段。尽管也有通过停会使不利于内阁的议案被撤回的时候，但大部分情况下，停会并不能扭转局面，内阁就不得不打出最后一张限制议会的王牌——解散议会。

（三）解散议会

按照宪法的规定，只有天皇才有解散议会的权力，但是由于内阁是天皇负责国家政事的“辅弼”者，因此只要内阁“奏请”天皇行使解散议会权，天皇就会“奏准”。所以，这似乎成了内阁制约议会监督的“尚方宝剑”，一旦发现情势不利于内阁，且难有挽回之势，就即刻将事先拟好的解散诏敕上奏，在议会还未讨论出结果之时，解散诏敕已发往议会。在战前87届议会中，有16届被内阁解散。在1890年第一次大选到1898年修改选举法前的六届议会中，竟有五届议会被解散。① 从导致议会被解散的情形来看，大体上分为“妥协”和“强硬”两种。“妥协”就是指上面所述的停会。一种情况是，在停会之后，内阁经过努力，使情势有所缓和，对内阁不利的议案被撤回。另一种情况是，停会并不能扭转局势，多次停会之后发展到解散。一般而言，只要在停会期间问题得不到解决，就会进一步发展为解散。“强硬”是指尽管已经得知议会对自己的不利，但内阁坚持自己的立场不妥协，从而使冲突在所难免。比如在第二届议会时，众议院将内阁提出的预算案削减了10%，削减金额达794万元。同时通过了削减造舰、制钢费用892万元的预算案。由于议会抱着政府会像去年那样

① 张经建：《日本权力制衡机制的演进》，南京：南京大学出版社，2010年版，第156页。

最初不同意削减但最终会妥协的想法，誓死表明削减政府预算的决心。但遇到政府“顽强抵抗”，僵持的结果是，政府将众议院解散。①

在经历和议会的一系列斗争和妥协之后，尤其是内阁数次运用停会、解散等抵御议会监督的手段都没有收到理想效果之后，内阁开始思考一种更有效的干涉方式，从打压变为拉拢，即从对议会活动的阻挠、破坏到寻求与议会的相互支持与配合。所以拉拢议会中的某一大党或几个政党，以形成对议会的控制，成为这一时期内阁积极政策的表现形式。议会开设初期，政府主要的反对党有自由党和改进党。第二次伊藤内阁在第 9 届议会开会前夕就与自由党互相提携，答应自由党提出的条件以换取通过内阁扩充陆海军和将财政预算规模翻一番的议案。在第三次伊藤内阁时，伊藤主动邀请自由党干部入阁担任国务大臣，但由于与进步党的矛盾使两大政党同时入阁的打算没能成功，到第四次伊藤组阁时，原属自由党系统的骨干不但直接参与组阁，而且担任国务大臣。就连一向以超然政府自居的藩阀山县有朋，在第二次组阁时，也将寻求政党支持作为通过议会审议的捷径。在伊藤的斡旋下，他与自由党发展而来的宪政党达成共识，山县内阁不仅答应宪政党提出的三项要求，而且提出通过宪政党多次要求的《众议院议员选举法改正案》，扩大选举权，赢得宪政党的大力支持，使山县内阁顺利通过第 13、14 两届议会。通过与政党的数次合作以及为争取政党支持而进行的讨价还价，使内阁首脑和藩阀元老深切认识到政党在议会中的重要作用，并进一步萌发自己组建政府党的念头，以通过政党控制整个议会。如果说政府主动与政党合作是其采取对议会积极干预的初期，那么元老藩阀们试图通过建立政府党来操纵议会则是这种干预的高级阶段。

伊藤博文将建党目光放在地方，深入多地宣传建党思想。为新党取名

① 武寅：《近代日本政治体制研究》，北京：中国社会科学出版社，1997 年版，第 114 页。

"立宪政友会"，以宪政党和伊藤手下官僚为主流，并吸收宪政本党、帝国党以及无所属议员的代表人物参加领导层，很快成为议会中颇有影响的一极政治势力。除伊藤之外，三次组阁的桂太郎组织起来的立宪同志会也很快发展成为能够与政友会相匹敌的御用政党。但这两大御用政党，无论影响怎样广泛，但不可能始终掌握议会中的绝对多数，从而实现创立者控制议会的目标。因此，无论哪一方出面组阁，都要面临能否获得另一方支持的问题。当然，取得对方支持的条件已不单单是同意对方的某些条件，而是成了以下届政权为交易的更加复杂的政治斗争。因为这些御用的政府党与之前的"民党"已有本质的不同，其建立的目的就是为了获得政权，保证内阁顺利施政，不像原来的"民党"是站在内阁的对立面，以内阁监督者的身份与之保持距离。因此，这一时期的政府与政党的合作实际上是一种互为表里、互相利用的关系。此时的内阁，如若再想秉承超然主义的理念，不依靠任何一党来组阁，只能成为一个短命的内阁。

从议会建立之前政府可以为所欲为的立法、制定财政预算，到帝国议会建立后内阁处处受到议会的监督和限制，再到内阁无力有效控制议会不得已亲组政府党的变化，说明内阁原来的一元权威被立宪政治打破，它不但要受到来自帝国议会的监督和限制，而且内阁权力本身也在朝着更加专业化和具体化的方向演进。这都说明此时的内阁更接近于近代资产阶级立宪制国家的行政机关。

第三节　比较视域下清末行政改革困境

一、立新政而未易旧制

官僚制是一定社会政治结构中的管理中介，它由国家授予权力实施政治管理并对国家负责，同时受到各种社会权力团体的制约和影响，是介于国家与社会之间的一种行政管理模式。其具体组织结构表现为国家政府机构，包括行政部门的结构、人事、财政以及稳定的行为方式。[①] 它本身并不是一个贬义术语，而是一种统治的手段，以等级分层结构来实现上级对下级的控制。在实践中，官僚制的工具性体现在行政控制上，它通过“组织行为”，以命令、指导方式要求成员服从，实现社会秩序，与其相连的是“权力”和“支配”。它区别于法律、惯例等另一种控制手段。马克斯·韦伯从组织的正当性基础不同，将统治（支配）划分为三个纯粹类型，即克里斯玛型统治，传统型统治和法理型统治。[②] 在传统型统治中，“君权神授”是对这种合法性支配的高度概括，统治者自认为是奉上天之命统治国家，他们把民众视为子民，要求其对自己绝对的效忠和无条件的服从。这种统治在历史上的典型表现形式是世袭家产制和封建制。而法理型统治和前两者有着本质的不同，它的基础不再是人治，而是一套逻辑一致的法律规则以及由法律授权的行政管理人员所发布的命令。人们并非服从支配者个人，而是一套无私、公正的非人格化秩序。组织内的行政管理人员在理性追求其个人利益的同时，必须遵循法律规范及其规定的行政程序等一般化基本原则。这就与传统型、克里斯玛型等人治统治之间划清了界限，法理型统治是依靠一套完整的、合理的立法、司法、行政三分系统组织起来的，是一种区别于传统集权统治类型的近代政府制度。家产制支配是指原先被团体共享的支配权力成为支配者个人所有物，支配者占有权力和各种社会资源，通过强制性奴役劳动力和行政机构及武装力量来确保其权力地位，并依靠这些手段使其权力范围不断扩大，从而突破原始家长制及长老制结构中的各种约束而享有任意裁量权。韦伯在论述家产制时，总把中国

---

① 黄小勇：《现代化进程中的官僚制——韦伯官僚制理论研究》，哈尔滨：黑龙江人民出版社，2003 年版，第 52-53 页。

② ［德］马克斯·韦伯：《儒教与道教》，王容芬译，商务印书馆，1997 年版，第 35-38 页。

视为这种家产官僚制的典型，认为家产制的支配基础不是官方义务，而是个人目的，不是对抽象规则的服从，而是一种严格的个人效忠，而且家产制支配权力除受到传统主义的约束外，不受任何法律、规定或契约的制约。他将中国的情形与中世纪西欧的封建制行政支配模式相比较，认为中国从秦朝统一中国后，制定出官吏俸禄的固定等级，并从汉朝确立俸禄制度之后，由此确立典型家产制官僚制模式，全面废除了封建主义制度①。

在家产官僚制之下，皇帝是奉天承运治理国家的“天子”，以“天道”名义对黎民百姓进行统治。为治理国家需要，选拔各级官吏以组成全国性官僚机构。这些官僚不仅是帮助皇帝管理地方事务的臣子，同时也是帝王家族的延伸，受命以家仆身份代征赋税并管理皇帝“家园”，他们食禄报君，所以也被称为家臣。受到儒家思想中以君臣、父子为内容的人伦道德的束缚。他们绝大多数是通过科举考试被录用的读书人，严格遵守君臣父子的伦理道德。皇帝与官员之间这种关系反映在政治统治上则表现出浓重的人治色彩。② 各级官员是当地的“父母官”，臣民是他们的“子民”，各级官员晋升官职的标准是看其是否能得到皇帝的信赖，这种更加注重人格修养的选拔方式使专业行政管理知识不被重视。在地方管理中，行政首长对于行政管理、司法审判、理财的全权掌控，不利于产生以严密计算和理性管理为基础的经济制度与专业高效的行政管理制度。由于中国大地幅员辽阔，家产官僚制在管理上的一些弊病，使中央政权无法深入到广大边陲地区，这就为官员在当地为所欲为大开方便之门。而中央政府为避免官员在地方坐大威胁到中央政权所采取的地域回避制度③与迁任制度④，常常导

---

① ［德］马克斯・韦伯：《儒教与道教》，王容芬译，商务印书馆，1997 年版，第 47 页。

② 滕祥志：《韦伯论中国社会与宗教》，《北京行政学院学报》，1999 年第 3 期，第 67 页。

③ 地域回避制度：规定官员不得任职故乡。

④ 迁任制度：在某地任期一满即调往他省以免地方官吏与地方势力结成联盟。

致官员不再为地方治理和发展进行长期筹划，只是尽力在短期内搜刮财富，以饱私囊来弥补其走上仕途之路的代价。另外，中国官吏的薪俸往往是他们收入中微不足道的一部分，通过行政上的财政提留来弥补是相当正常的，而且官吏不仅必须自己支付所辖区域内的民政和司法开销，还须自己出钱雇用幕僚已经成为惯例，① 就更为地方官员将其行政区域内所得收入看做其私人收入提供理由。所以，家产官僚制带来的结果便是对传统治理方式的任何改变都会损害到一部分官僚的利益，而官僚之间的密切联系会使其牵一发而动全身，从而会团结起来反对任何改革的企图。这种家产官僚制之下从皇帝到各级官员对自身权力的庇护使韦伯所说的“理性化”② 无法自在发育起来，所以清末数次官制改革以及责任内阁制的建立并没有达到立宪和近代政府制度所要求的分权与制衡标准。

再看日本，明治维新之前日本实行集权封建主义统治模式，尽管以将军为最大藩主的幕府实施着集权统治，但大名在各藩内所享有的政治权力并未被褫夺，他们为着各自利益而推进经济、教育发展，并与邻藩进行竞争，这就必然带来现代意义上理性工商业资本主义的发展。由于商品经济的扩散将不可避免的打破地域之间的界限，并要求一个贯彻相同政策的统一国家的建立，致使倒幕运动顺势而发。随着社会结构与个人关系由“身份契约”转向“目的契约”，资本主义冲破个人传统束缚的藩篱，使个人成为只受自己“理性意志”支配的个人。在明治政府实施废藩置县、奉还版籍等一系列加强中央集权的措施之后，不仅实现领土集中化，最为重要的是实现功能集中化，即将军事、司法、行政以及其

① 滕祥志：《韦伯论中国社会与宗教》，《北京行政学院学报》，1999 年第 3 期，第 68 页。

② 这种理性化是指社会各个行动领域逐渐分化的发展过程，即宗教、政治、经济、法律、科学等从混沌不明的状态独立出来，依据自身的运动规律发挥作用。

他最初由封建领主独立行使的功能逐渐被国家政府垄断。① 而这种国家权力的集中以及对大名权力的剥夺意味着有可能进行理性化的行政管理。

明治维新之后，日本建立起绝对主义天皇制，实行由集最高权威于一体的天皇亲政。面对日益复杂的政治事务，越来越多的政府机构被逐渐发展起来，并在现实统治中发挥越来越重要的地位。官员不再作为个人指令的直接执行者，其行政功能的执行是在一个将国家权力与一系列功能结合起来并有着一定规范制约的机构的指导和控制之下进行的。责任内阁的成立逐渐将政府事务的管理转变为一种与君主个人相分离的活动，使政府事务与王室事务、政治性管理与王室管理相互分离。这一国家最高行政机构内部有着明确的职能划分，使行政活动渐渐分化，朝着专业化方向迈进。内阁内部每个部门都拥有明确划定的权限和行为标准，并根据这些权限和标准来评价机构的工作成绩和存在必要。官员个人被正式委以组成每个机构的官职，以经过官职业务训练和考试为任职条件，他们没有独占某个职位的权力，不能要求从其工作产生的利润中分得一杯羹，他们有工作的报酬而不是按照比例从中央基金中抽取收入，他们必须遵守法律并遵守法律范围内上级的决策。这种官僚制理性化的实现是由很多因素一起促成的，近代责任内阁制的建立是官僚制理性化的开端，它构建了一个现代行政管理框架，实现行政机构与治权的分离，它开始为着国家利益而非个人利益服务。这些被授权的官员从内部逐渐构成一个统一体，由其自身的组织结构推动其向着理性化官僚制迈进。尽管如同资本制克服封建制是渐进的跛行的一样，官吏制度的这种从私人性质向公共性质的蜕变并没有一定明确的完结时期，甚至直到现在，还有不少国家在徐徐进行着这一转变。因此，在这种封建制和绝对制及其遗制残余浓厚的国家统治结构中，一般是“家产官僚制”与“近代（理性）官僚制”

① 黄小勇：《现代化进程中的官僚制——韦伯官僚制理论研究》，哈尔滨：黑龙江人民出版社，2003 年版，第 156 页。

两者极其复杂地混淆在一起。但是不论怎样，它们在外表上具备韦伯指出的近代官僚制合理性的特征，即“以任命、俸禄、奖励、晋升、专业培训和分工、牢固的权限、服务纪律、等级的服从关系为基础的官吏制度。”① 这些行政管理规则的制度化使日本的官僚制开始向近代迈进。

二、新旧思想文化碰撞

作为最早建立近代政府制度的英国，其责任内阁制中“责任”一词，英国宪法学者 Birch 认为有三个含义：一是它通常用于表述行政向公共需求和观点变化负责的政府制度；二是指义务、道德责任；三是用来表示对民选议会的部长责任或政府的整体责任。概而言之，责任内阁制中“责任”的涵义是指政府或行政对代表民意之机关的责任。在前近代向近代变迁的过程中，责任内阁制的建立实质上是由政府对君主（上）负责转变为政府对民众（下）负责的过程。相较于日本建立起来的责任内阁制框架和形式，中国的“皇族内阁”彻底暴露出清政府无意进行政治改革的实质，其建立过程中起到支配作用的中国传统政治文化对于“责任”的排斥，对于说明中日近代行政改革的殊途还是很有说服力的。

休斯曾经说过，一个社会的整体发展水平及其政治文化背景会决定它采用何种管理模式。② 中国古代以家产制为特征的传统官僚制的形成、延续和发展无疑也是受到中国传统政治文化的深刻影响。中国传统政治文化中最具代表性的“官本位”政治文化，对中国官僚政体的发展有着深远影响。正如福山所说的那样：正规的法律、强有力的政治和经济机构与制度尽管非常的重要，但它们自身却并不足以保证现代社会的发展并获得成

---

① ［日］辻清明：《日本官僚制研究》，王仲涛泽，北京：商务印书馆，2008 年版，导读第 4 页。

② 唐吉安：《传统官僚制与理性官僚制的比较及对中国行政改革的启示》，《广西大学学报》，2007 年第 5 期，第 207 页。

功，因为有效的行政管理制度“始终要依赖某种共享的文化价值观念才能起到恰当的作用”。①“官本位”是借用“金本位”这一经济学表达方式来揭示为官在时人心中的重要意义。就像人们把黄金作为统一价值尺度来衡量其他一切商品价值的“金本位”那样，“官本位”是以是否当官、官职大小为标准来衡量人生的思维方式。“官本位”是中国传统政治的主流政治文化，它为专制政体服务，影响遍及社会生活的各个方面。作为被特殊化和神圣化的王权政治和伦理教化，“官本位”政治文化既维系家产官僚制的运行，又从根本上阻碍对传统官僚制进行现代变革的企图。它压抑着人的自主性和科学理性精神，严重阻碍现代民主政治的发展。“官本位”政治文化的本质特征首先表现在对公共政治权力的垄断。与西方现代国家权力的来源正好相反，权力不是以契约的形式来源于普通民众的让与，而是上层官僚以制度方式的给予。② 只要权力的最上层来源合法，其权力统治就能够实现。在中国前近代社会中，官僚权力来源于君主，君主权力来源于“天命”，享有至高无上的权威。这一王权思想在儒家政治文化的证成下更加无可置疑。由于官僚权力来自君权，所以王权合法性必然带来官僚权力的合法性。这样一来，官员个人利益的实现仰仗于上级，所以官僚只须要对上级和君主负责，而无须向民众负责，官员并非为民众谋取利益的服务者，而是为君主管理其财产的家臣。官员是君主的家臣而非民众的代理人，民众从而也就失去对官员进行监督的权利。清末官制改革以及建立责任内阁制的尝试不但受到这种“官本位”传统政治文化的影响，而且此时政治改革本身也遵循中国传统政治改革的基本特征，即改革的基本原则是君主政治不得触动，政治动机是“王天下”，政治目标是尊君强国。

---

① ［美］弗朗西斯·福山：《大分裂》，刘榜离等译，北京：中国社会科学出版社，2002 年版，第 12 页。

② 李向国，吴永：《从“官本位”政治文化的本质特征看中国传统政治文化的缺陷及其现代转换》，《理论导刊》，2006 年第 5 期，第 29 页。

君权的完善是中国古代政治变革理论的核心，在这种理论指导下的变法、改制及形形色色的政治调整，无论是指导思想、现实目的，还是操作原则、具体措施，都紧紧围绕、依托和服务于君权。中国历史上历次政治改革，无非遵循这样几个原则：救偏补弊，防乱弥患，避免革命，延续王朝的寿命。这种对于维护和崇尚君主集权制的改革原则，是无论如何都无法导致对其“臣民”负责任的政府制度的。

辻清明在研究日本官僚制时指出，近代国家官僚制的形成是和资本主义的发展并行的。① 明治维新是日本具有资产阶级性质的社会变革，在此之后，日本建立起近代责任内阁制行政框架，具有些许近代官僚制特征，并成为明治宪政框架下多元权力中的一极。由于日本等级制所形成的“各安其分，各负其责”的观念，使日本无论是官僚阶层还是普通民众，无论是政府组织还是社会团体，都以做好自己的本职工作来对他人负责。对于政府来说，只要守职负责，在权力规定的范围内行使职权，其特权就会被国民支持。这种职责本身带给政府的约束使其必须负起责任，至于向谁负责，在不同的政府制度内并不相同。在以天皇为最高权威建立起来的绝对主义君主立宪制政体中，政府对天皇负责。后来渐渐成长起来的市民阶级以议会制的胜利形态掌握国家权力之后，行政开始对议会负责。这个过程是将曾经具有强大集权性质和特权身份保证的官僚地位予以剥夺，进而使之沦落到新兴阶级标榜的“人民意志”可以自由地左右公务员任免的不稳定地位上。② 但无论对谁负责，都表明行政权与统治权已经分离，行政只是实施统治的手段。政府是具体行政事务的实施者，对行政事务的结果负责。明治维新后责任内阁制之所以能够建立起来并且能够向更加理性的近

① ［日］辻清明：《日本官僚制研究》，王仲涛译，北京：商务印书馆，2008 年版，导读第 3 页。

② ［日］辻清明：《日本官僚制研究》，王仲涛译，北京：商务印书馆，2008 年版，第 11 页。

代官僚制靠近最根本原因还在于明治维新所确立的一种新的政府制度。它推翻原来幕府专制统治，以前那种武家动乱中胜者称王后所施行的集权专制，被一种天下庶政，公诸舆论的统治方式取而代之。明治政府以一种新的姿态——推翻专制，建立分权与幕府统治相区别，无论怎样，其统治都不能再走专制的老路，它必须开辟一条模仿西方先进政府制度的新路。

第四章　立宪运动与近代议会

第一节　中国最早的议会

如果说清末新政与仿行立宪是在西方列强侵略加剧、国内革命团体兴起、地方督抚权势愈大、中央政府权威渐没等多种动因推动下开展起来的，那么1908年《大纲》的颁布以及有着准议会性质的谘议局、资政院的建立，则要归功于立宪派的功劳。立宪派真正形成并作为一股重要势力出现在政治舞台是在20世纪初期。由于新政的施行，科举制被废除，取而代之的是新式学堂的创办与留学风潮的高涨，为旧士绅转向新式教育，接受新知识、新思想开辟渠道。接受新思想的知识分子中，又有不少人积极投身于创办工商实业的大潮中，成为新式实业家与商人。他们是新兴资产阶级中重要的组成部分，由于经济上取得一定地位之后，自然而然谋求政治上的相应权利与地位。在立宪思潮的影响下，建立立宪政治成为他们的理想追求。而《大纲》以准法律的形式宣布实行二元君主立宪政体决定后，请开国会就成为立宪派人斗争的主要目的，声称“有国会谓之宪政，无国会谓之非宪政”。① 速开国会舆论日渐高涨，其原因既是当时客观环境作用的结果，也是立宪派要求扩大政治参与，想要进入现存政治体制的主观愿望。1907年，革命思潮已广为蔓延，而仿行立宪却步履蹒跚，进展无多，

---

① 张枬，王忍之编:《辛亥革命前十年间时论选集》(卷3)，北京：生活·读书·新知三联书店，1977年版，第629页。

政治与社会危机加重。① 有志之士希望借推行宪政尽快打开局面，一方面，收拾人心，改变官民对立的弊政，以除去外患；另一方面，抚慰民心，遏制革命，以消弭内忧。且更为重要的是，立宪派作为一个新崛起的阶层，想要跻身由科举文人占据的精英地位，就必须开辟新的参政渠道。设议院、开国会无疑为他们获取政治权利和地位提供一个绝好机会。而对于清统治者来说，在全国上下“速开国会”的请愿声铺天盖地席卷而来之时，他们不可能不为这样的舆论所左右。不论是被立宪人士“推着走”也好，还是清政府“釜底抽薪”“缓兵之计”也罢，作为省和国家议院预备机构的谘议局和资政院还是被建立起来。可是究其二者的性质，并不具有立法机关的最高权力，而只是在行政长官掌控之下的咨询机构而已。在君主集权专制国家建立由资产阶级代表掌控的议会来限制王权，制定法律，约束政府，无疑是异常困难的。因此，从清末谘议局和资政院的建立过程可以看出，批判清廷是“假立宪”欺骗民众，也不是空穴来风，因为体现立宪之基的真正的甚至是形式上的议会始终未能建立。

一、谘议局的成立、性质及权限

（一）国会请愿运动迫使清廷颁谕设谘议局

立宪派如火如荼的请愿运动使一些地方大吏看到预备立宪一事关系王朝安危，为中外所瞩目，如果长期停留在口头上谕中而无实际动作，就难以取信于民，所以建议早点设立议政机关。最早向朝廷提出在各省设立谘议局的是两广总督岑春煊。1907 年 6 月 10 日（光绪三十三年四月三十日），他上奏朝廷建议在中央设立资政院为上院做准备，变通都察院为国会以立下院之基，并在各省省城设立谘议局，“选各府州县绅商明达治理者入之，候补各官及虽非本省官绅而实优于政治、熟于本省情形者亦入

① 朱仁显：《论清末立宪派的议会思想》，《学术月刊》，2002 年第 6 期，第 93 页。

之，皆由督抚会集官绅选定，以总督充议长，次官以下充副议长，凡省会实缺各官皆入谘议局。”“以讲论国民一体，各项选举，各项征税之格令，庶上可膺资政院之保荐，下可成府州县议会之组织……”① 岑春煊所拟建的谘议局实际上是由督抚控制的官民合议机构，是附属于督抚的咨询机关，不具有省总议院的性质。② 随后，清廷下令内外衙门奏议岑氏的建议。1907 年 7 月 28 日（六月十九日），直隶总督袁世凯向清廷上奏，陈因近来争路争矿，上书抗辩之事时有所闻，所以请设州县议事会、省谘议局与资政院，以集群众之力。③ 议员的产生办法为在州县议员中择其优者递升于省谘议局，省谘议局择其优者递升于中央资政院。④ 对于岑春煊与袁世凯两个在清统治集团内部具有显赫地位和重要影响的地方总督提出的建议，清政府还是非常重视的。不仅因为岑、袁两人为慈禧效尽犬马之劳，深得慈禧的信任，而且最重要的是在省设立谘议局，一则应了清廷不断推进立宪之承诺，二则可以在一定程度上牵制督抚的势力，有利于加强中央集权。所以，经过深思熟虑，清廷于 1907 年 10 月 19 日（光绪三十三年九月十三日）下谕命令各省设立谘议局，作为各省公议舆论的场所，选取公正明达之士作为议员，“指陈通省利弊，筹计地方治安”，并为未来资政院的建立培养可用之才。⑤ 但因谕旨之后无规章可循而进展有限。

从 1907 年秋开始，以湖南宪政公会首次上书请开民选议院之后，各省

---

① 故宫博物院明清档案部：《两广总督岑春煊奏请速设资政院代上院以都察院代下院并设省谘议局暨府州县议事会议折》，收入《清末筹备立宪档案史料》上，北京：中华书局，1979 年版，第 500-502 页。

② 韦庆远，高放，刘文源：《清末宪政史》，北京：中国人民大学出版社，1993 年版，第 283 页。

③ 韦庆远，高放，刘文源：《清末宪政史》，北京：中国人民大学出版社，1993 年版，第 283 页。

④ 李振武：《清末督抚与谘议局的设立》，《广东社会科学》，2012 年第 2 期，第 143 页。

⑤ 故宫博物院明清档案部：《著各省速设谘议局谕》，收入《清末筹备立宪档案史料》下，北京：中华书局，1979 年版，第 667 页。

和各请愿团体纷纷以电奏、上折或请愿运动的形式要求从速召开国会。1908年夏秋之际，因清廷恐立宪对满族统治不利而意欲取消预备立宪之举引起人民的不满，故开展国会请愿运动以示反对。预备立宪公会首先发起速开国会的签名请愿活动，得到湖南、湖北、广东等地立宪团体的支持，同时，直隶、河南、安徽、四川、山东、贵州等诸省代表纷纷响应，欲齐聚北京，要求清廷召开国会。这么多省份和团体串联起来，一致请愿要求召开国会，这在中国历史上是前所未有的，使“清廷颇为所动”。迫不得已之下，清廷采取软硬兼施的手段，一方面以强制手段查禁政闻社，另一方面颁布了《大纲》和九年预备立宪清单，同意召开国会，但需要以九年为筹备之期。同时还颁布《各省谘议局章程》与《议员选举章程》，要求各省督抚迅速设立各省谘议局，在一年内办齐。这一谕令的颁布使各省请愿人士纷纷回省着手谘议局的选举与成立事宜，暂时缓解清政府的压力。1909年10月14日（宣统元年九月一日），除新疆奏明缓办之外，各省谘议局一律开办。全国共设奉天、吉林、黑龙江、直隶、江苏、安徽、江西、浙江、福建、湖南、湖北、山东、河南、山西、陕西、甘肃、四川、广东、广西、云南、贵州21局，共计选出议员1643人。①

（二）“议员”的选举资格与可议决事件

从谘议局选举议员的资格来看条件是非常苛刻的。《各省谘议局章程》规定，凡本省年满25岁以上男子，具有表4-1中所列资格之一者，才具有选举权。满足上述要求的选举人被称为“合格选举人”。据统计，山西省的“合格选举人”占该省总人口的0.5%，广东的约占0.43%，江苏只有

① 张朋园：《立宪派与辛亥革命》，长春：吉林出版集团有限公司，2007年版，第13页。

0.18%，其他各省的统计比例，也均不超过1%。[①] 也就是说绝大多数的人口都被排除在“合格选举人”之外。虽然说此一选举权和被选举权规定缺点甚多，不但财产限制严格，而且妇女被完全排除选举权利，但是西方民权政治发展过程中，财产上之种种要求以及对妇女权利之限制亦是经过长期改革始得免除，中国初建选举制度仿效他人，未能免于历史覆辙，可以不必深究。但此时谘议局选举是极其缺乏群众基础的这一点是毋庸置疑的。在选举方式上，谘议局选举采取复选方式，是一种直接与间接民权的混合制度。即先由选民选出若干候选人，再由候选人互选而产生定额议员。比如以陕西为例，陕西省议员定额为66人，初选时选出十倍于此数的候选人660名，再由这660人互选出66名议员。[②] 初选为直接选举，复选为间接选举，此种方式，亦系仿效西方而来。

表4-1 《各省谘议局章程》对议员选举资格的规定[③]

有选举权者	本省籍者	曾在本地办理学务或其他公益事业满三年著有成绩者
		获中学以上毕业文凭或举贡生以上出身者
		曾任文官七品、武官五品以上未被参革者
		在本省有5000元以上营业资本或不动产者
	外省籍者	本省寄居十年以上，并在寄居地有100000元以上的营业资本或不动产
无选举权与被选举权者		本省官吏、幕友、军人、巡警官吏、僧道、宗教师、在校学生
		营私武断者、曾处监禁以上之刑者、失财产上之信用被人控告实未清洁者、吸食鸦片者、有心疾者、身家不清白者、不识文义者
无被选举权者		小学堂教员

① 韦庆远，高放，刘文源：《清末宪政史》，北京：中国人民大学出版社，1993年版，第294页。

② 张朋园：《中国民主政治的困境——1909—1949》，长春：吉林出版集团有限责任公司，2008年版，第52页。

③ 张朋园：《中国民主政治的困境——1909—1949》，长春：吉林出版集团有限责任公司，2008年版，第51-52页。

根据规定，谘议局会议分为常年会和临时会两种，常年会每年召开一次，从9月1日开始，会期40日，也可根据需要延长10日以内会期。在会上谘议局可议决的事件如表4-2所示。从条款来看，谘议局可议决的事件不少，可是对于议行结果，却没有什么实际权力。谘议局议行的事件，需要承请督抚公布实施，否决的事件，要呈请督抚更正，若督抚不以为然，应说明理由，交其复议。若复议结果同前，督抚得将全案咨送资政院核议。也就是说，谘议局对于自己议决的事件，没有实施和执行的权力。

表4-2 各省谘议局会议可议决事件

谘议局会议可议决事件	本省应兴应革之事
	财政预算、决算、税法、公债、
	担任义务之增加、单行章程规则之增删修改、本省权利之存废
	选举资政院议员
	申覆资政院、督抚咨询的事件
	公断和解本省自治会之争议事件
	收受本省自治会或人民陈请建议事件

清政府暧昧模糊的表态以及立宪派人对议院的渴望和向往使得他们对谘议局寄予很大希望，把它视为议院的雏形，以高度的政治责任感尽最大努力利用谘议局所赋予的权限。尽管没有实质上的权力，但是谘议局的成立为地方士绅与立宪派参与政治提供合法的制度性渠道，使他们的主张、建议以组织团体的名义聚集而成规模效应，这不仅大大激发他们的参政热情，也使清末预备立宪再次向前跨进一步。立宪派人请开国会的呼喊和轰轰烈烈的请愿运动，在中国的历史上画上了浓重的一笔。

（三）谘议局的性质

作为清末地方自治的根据地，谘议局的成立为立宪派开展立宪运动提供舞台，但是从清廷对其性质的定位以及其自身议员的组成情况就可以看出，它始终未曾摆脱传统的束缚，所以不能成为推进立宪政治改革的决定性力量。

根据《各省谘议局章程》（以下简称《章程》）的规定，谘议局允许议员们就一省之事件发表言论，并通过本省预决算、公债、税法等事项。可是，尽管议员对各项议事有发动之机，讨论之权，但主持之权，采纳之权，公布实施之权皆在督抚。遇谘议局与督抚意见不一致时，则“均须请旨裁夺”，可否予夺之柄仍在君上。督抚不仅有召集谘议局开会的权力，而且如果遇到谘议局议事逾权或所决事件有妨害国家治安、蔑视朝廷情形，督抚还可以停止会议或解散谘议局。① 此外，督抚还可以根据《章程》规定，在人事、经费方面控制和监督谘议局。在人事任用方面，谘议局的办事处，本是纯属于谘议局内部机构，处内书记长、书记的任命本由议长、副议长任命即可，可是《章程》却规定议长只有提名权，委任权却在督抚。② 这样一来，督抚就能够通过委派谘议局办事处人员来掌控其内部日常工作和活动。本该发挥监督地方政府的谘议局，却难于对督抚形成制约。在经费方面，《章程》规定谘议局议长、副议长及常驻议员之公费以及书记长以下的薪金，均由督抚定之。③ 如此之规定，使谘议局的核心机构及其人员与办事机构及其人员都被督抚牢牢控制。而且，从《章程》规定中可以看出，谘议局对督抚行文时用“呈”，而督抚对谘议局用“令”，④ 可见督抚与谘议局完全是一种上下级隶属关系，而不是像《章程》按语中所提的“谘议局为一省议会”的说法。事实上，即使是按语中这种

① 故宫博物院明清档案部：《各省谘议局章程》第 8 章第 47、48 条，收入《清末筹备立宪档案史料》下，北京：中华书局，1979 年版，第 681 页。

② 故宫博物院明清档案部：《各省谘议局章程》第 9 章第 51 条，收入《清末筹备立宪档案史料》下，北京：中华书局，1979 年版，第 682 页。

③ 故宫博物院明清档案部：《各省谘议局章程》第 10 章第 53、54 条，收入《清末筹备立宪档案史料》下，北京：中华书局，1979 年版，第 682 页。

④ 故宫博物院明清档案部：《各省谘议局章程》第 6 章，第 7 章，第 12 章，收入《清末筹备立宪档案史料》下，北京：中华书局，1979 年版，第 676-678，678-681，683 页。

模糊的表示也被奕劻等在会奏的奏折中予以否定。他们仅仅将谘议局看作将来成立议会的“先声”而已。[①] 从《章程》的这些规定来看，清廷所要求建立的省谘议局，并不具有地方议会的性质，“仅代表一省之舆论”，是受督抚严密监督和控制下的咨询机构。谘议局既不是欧洲封建社会末期崛起的第三等级所建立等级议会机构，更不是欧洲资产阶级夺取政权后建立的资产阶级代议制地方议会。因为在中国清代中央专制集权统治中，资产阶级还未成长起来，所以没有能力按照自己的意愿领导和发动政治改革，而只能通过请愿来影响政府的决策者。而清统治者建立谘议局的想法本乃权宜之计，而且清帝的谕令也已规定，即使是建立了谘议局，“实行庶政裁决舆论仍自朝廷主之”，议员仅有“建言之权”。[②]

在其自身的议员方面，从现在可以找到的比较完整的以奉天、吉林、黑龙江等15省谘议局当选议员的背景资料来看，他们的出身背景有以下几个特点：

1. 大多数是出身于旧科举制度下的绅士阶级

如表4-3所示，谘议局议员中有89.13%是拥有传统功名的，其中最多的是生员，占总数的34.78%，下面依次是贡生、举人、进士，所占总人数的比例分别是28.73%、21.27%、4.35%。据了解，当时其他各省士绅当选的情况与这15省情形相似。在1 600余名议员中，共有84位具有进士功名，比例高达4.98%，甚至略高于奉天等省份的平均数。从全国来看，当时21个省63位正副议长中，进士有32人，比例高达51%，再加上举人19人，占30.16%；贡生3人，占4.76%；生员4人，占6.35%；没有功名的人只有5人，占7.94%，足可见绅士阵营的强大。难怪革命党

① 韦庆远，高放，刘文源：《清末宪政史》，北京：中国人民大学出版社，1993年版，第291页。

② 韦庆远，高放，刘文源：《清末宪政史》，北京：中国人民大学出版社，1993年版，第292页。

人谭人凤这样评价当时的谘议局议员："他们谘议局的人，不是翰林进士，就是举人秀才，在社会潜势力非常的大"。① 议员的这一特点，使他们不可能和传统彻底的决裂。因为他们的功名是由统治者赏赐而来，其报效圣上恩遇的观念牢不可破，三纲五常亦不容有离经叛道的想法。而且功名是仕进的起点，一旦获得功名，就可能踏入统治阶级的行列，即使没有获取一官半职的，也会因为其功名而高居普通民众之上，受到世人的敬仰。这就决定了他们对变革的消极甚至否定的态度，因为唯恐统治者被推翻后他们的特权和社会地位也会付之东流。因此，士绅一定是注重现实的，他们对有限的、不损害其既得利益的改变表示赞成，甚至还会希望借助改革的机会跻身统治阶层，但是对于激烈的改革，他们一定是难以同意的。

表 4-3　15 省谘议局议员功名背景②

	进士	举人	贡生	生员	其他	合计
奉天	3	7	22	12	9	53
吉林	0	2	9	8	11	30
黑龙江	0	0	1	10	19	30
直隶	5	34	33	69	14	155
江苏	8	30	41	38	9	126
安徽	2	14	32	25	10	83
浙江	4	22	40	36	9	111
福建	4	24	19	28	3	78
湖北	8	15	41	28	5	97
山东	5	20	20	52	6	103
河南	9	26	19	38	4	96

① 张朋园：《中国民主政治的困境——1909—1949》，长春：吉林出版集团有限责任公司，2008 年版，第 64 页。

② 张朋园：《中国民主政治的困境——1909—1949》，长春：吉林出版集团有限责任公司，2008 年版，第 65 页。

(续表)

	进士	举人	贡生	生员	其他	合计
陕西	3	11	24	20	8	66
四川	2	32	25	55	12	126
广东	3	25	29	18	20	95
贵州	0	12	15	11	1	39
共计	56	274	370	448	140	1 288
百分比%	4.35	21.27	28.73	34.78	10.87	100

2. 很多曾担任过政府官员

在学而优则仕的传统中国，做官是绝大多数知识分子的理想，他们苦读经书数载，就是为了能获得一官半职。在士绅议员高达近90%的谘议局议员中，担任过政府官员的自然不在少数。据不完全资料统计，进士议员中有人曾官至督查御史，曾任主事、知府、知县、教授者更是随处可见。举人、贡生议员中，也有相当多的人出任过知县、内阁中书、教谕等职。惟有生员，由于资格上的限制，大多数未能获得官职。21省谘议局的63位议长、副议长中，曾出任中央或地方官吏者40人，且多数为中级以上官吏，有着较多的政治经验。

3. 多出身于富裕之家

由于很多候选人不愿显露财富，在财产登记时并未如实申报，所以财富一项在现有资料中很是贫乏。但仍然能够从侧面或是当时社会实情推断出这些议员多是富有之人。以5000元资产的当选资格来看，陕西得1人、山东1人、贵州1人。其他省的情形应有类似，而且陕西并非富庶之地，该省如此，沿海及江南各省应是有过之而无不及。根据当时清末的社会现实，财富与功名往往结为一体，所以财富往往集中在官宦手中。虽然贫寒者亦有机会博取功名，但财富会直接或间接地给予功名者若干方便。既然各省议员大多数出身士绅，又有很多曾担任过官职，他们的富有程度可想而知。议员们对财富的占有同样决定了他们对待变革的态度，作为社会的既得利益者，他们不希望整个社会重新洗牌。社会心理学家贺佛尔（Eric Hoffer）指出，富有者恐惧社会有激烈的变动，富有者绝不会参加激烈的革命运动。

4. 不乏受过新式教育甚至留学日本者

甲午之后，留学之风大开，数年之间，留学人数已增至万余人。国内的经世学堂、法政学堂亦相继兴起。宣布预备立宪之后，各省纷纷设立自治研究所，开展短期教育，研习宪政新知。这些新式教育方式及机构的兴起，为士绅接受新教育奠定基础。虽然有记载称1643名谘议局议员中，有167人接受过新式教育，占总数的10.16%，本国学堂毕业者62人，占3.77%，日本留学者105人，占6.39%，但是正确数字恐要数倍于这一说法。新知识与新思想的刺激，使士绅能够看到国家积弱与内忧外患的严重性，所以他们有着进取的一面，但只限于渐进地求变，前提是无损于其既得利益。

在谘议局成立之后，议员们结合成合法的党派，此即是后来被人们熟知的“立宪派”。他们自认为代表民间，想要借助其合法身份，监督政府早日推行立宪政治。他们看似以对立于政府的姿态出现，但他们重视现实和维护既得利益的本性使他们很难与传统彻底一刀两断。

二、立宪派的三次国会请愿运动

在入选谘议局的议员中，就他们的政治态度而言，可以分成顽固派、立宪派和革命派三派，其中立宪派占有大多数席位，并且几乎包揽各省谘议局议长的职务。立宪派对政府九年预备立宪本就不满意，在筹备谘议局的过程中，又处处受到政府限制，因此深深认识到，只有早开国会，才能使人民参政，监督政府，加快立宪进程。1909年9月，中国与日本签订种种丧失权利的新约再次激起人们的愤慨，士大夫奔走相告，呼吁只有速开国会和组织责任内阁才能与列强在制度上平等，使其有所顾忌。如今各省谘议局的成立使立宪派有了合法的政治斗争阵地，并以此为基础发起声势浩大的国会请愿运动。

（一）第一次国会请愿运动

1909年10月，逢各省谘议局开会之机，江苏谘议局议长张謇发表公开建议书，提议合谋上书朝廷，请1911年召开国会，立即建立责任内阁，并通电各省相约11月上旬由各省谘议局派代表到上海，共同商讨速开国会的问题。① 不仅如此，江苏谘议局还派人到南北各省串联，鉴于国势衰微，九年预备立宪期限太长，资政院不能代表民意，无法促成政府改革，各省谘议局果断同意江苏谘议局提议的赴上海参会的号召。与此同时，以争取民主，变革政治，挽救国家危亡为目的的速开国会呼声也得到广大爱国知识分子的大力支持。12月，各省代表陆续到达上海，计有奉天、直隶、吉林、黑龙江、陕西、山西、山东、河南、湖北、江西、安徽、浙江、广东、广西、福建、江苏等十六个省五十一名代表，讨论通过张謇的提议，欲“以民气力遏嚣张”，以“国会速求成立为要义”，② 决定组成请愿团赴京请愿。1910年1月，各省谘议局代表30多人齐聚北京，向都察院呈递请愿书，悉数中国内政、外交、财政方面之困境和危机，希望皇上速降谕旨，颁布议院法和选举法，在一年之内召开国会。月末，清廷在上谕中以我国现在筹备立宪还未充分，国民素质不高为由，③ 拒绝提前召开国会，仍以9年为期。

（二）更大规模的第二次国会请愿运动

第一次请愿受挫，并没有让请愿立宪代表灰心，他们不仅从思想上作

① 侯宜杰：《二十世纪初中国政治改革风潮》，北京：人民出版社，1993年版，第269页。

② 《全国谘议局促开国会记事》，收入《东方杂志》宣统元年，第12期。

③ 故宫博物院明清档案部：《俟九年预备完全定期召集议院谕》，收入《清末筹备立宪档案史料》下，北京：中华书局，1979年版，第641页。

好持续请愿的准备，而且还扩大舆论动员，进一步组织力量，准备再次请愿。2月6日，在京请愿的代表对第二次请愿作了部署：一、成立请愿即开国会同志会，暂以京师为总部，各省建立分会支持；二、在直隶、江苏、广东临近省份及海外进行动员，鼓动海外华侨、绅商学各界及一般民众参加开国会同志会，扩大请愿声势，发动督抚，并继续派代表赴京参加请愿；三、召开谘议局联合会，并筹办报馆发行日报，建立宣传阵地。[①] 与此同时，黎宗岳、陈佐清等人在京中组织国会期成会，并通电各省谘议局暨学会商会并海外华侨嘱令各举代表入京请愿速开国会。各省在成立请愿同志会分会时，也发动群众，组织募捐，征集签名，为第二次集体请愿做准备。国会请愿同志会的成立，壮大了国会请愿队伍，使国会请愿活动更有组织、更加深入地向前推进，请开国会之声响遍全国。6月，来自直隶谘议局、澳洲华侨、商会、直省政治团体、教育会、绅民、旗籍等10个团体的150多名代表，将有着20余万人联合签名的请愿书呈递都察院。而清廷却以“宪政至繁，缓急先后之间为治乱安危所系”，“财政之艰……于宪政前途无不阻碍”为理由，再次拒绝立宪派的开国会之请。

（三）发动地方督抚参与的第三次国会请愿运动

第二次请愿运动之后，清廷下旨“毋得再行渎请”，并责令报馆禁止刊登请愿诉求及任何相关评论，组织密探暗中侦查代表们的活动。立宪派对这种压制自由的做法感到愤懑，可尽管受到如此伤害，立宪派仍坚持和平请愿，相信精诚所至，金石为开，只要全国人民一致努力，就能感悟政府。因此在二度请愿被拒次日，代表们立即开会制定第三次国会请愿行动计划。按照他们的设想，这次请愿活动在规模、方式方法上都大大超过前两次。在规模上，要求各省府州县都派代表参加，每省签名人数至少在百万以上。在方式方法上，也极力开拓上奏渠道，向即将开会的资政院提出

① 《东方杂志》，宣统二年（1910年）第2期。

要求速开国会的提案，并发动本省督抚代为上奏。① 10月3日，代表团通电全国，进行第三次请愿。孙洪伊等代表向摄政王和资政院上书，资政院同意代为上奏并通过速开国会的议案，并上书载沣和政务处，立陈速开国会之必要。在各省声势浩大的游行请愿运动推动下，10月25日，18个省的督抚、将军、督统联合致电军机处，奏请立即组织责任内阁，于翌年召开国会。督抚联名电奏使清廷感到前所未有的恐慌，因为督抚是镇守一地的大员，是朝廷的支柱。督抚们提出必须召开国会否则难以为继，说明严重的形势已经促使统治集团内部发生重大政策分歧，要求清政府必须明确表态。震惊之余，清政府于11月4日发布上谕，宣布缩短预备立宪期限，于宣统五年（三年后）召开国会，预即组织内阁，并告诫说此次缩定期限，万不能再议更张。并紧接着发布遣散在京请愿代表的上谕，将外地代表逐出京城。

清廷的妥协换来一部分立宪团体的满足，而使立宪派内部发生分裂。江浙一些立宪团体以提前召开国会的目的已经达到为由停止请愿活动，但绝大多数人民对此非常不满，决定以国会请愿代表团的名义继续力争早开国会。这一主张得到许多省份谘议局和国会请愿团体的支持。12月6日，奉天发生万人请愿国会活动。之后，东三省派代表第四次赴京呈递请愿，却被清廷一纸予以镇压的上谕逐出都门。与此同时，奉天、直隶、四川等地学生罢课停学，请愿速开国会，清廷责令各省督抚要随时弹压，从严惩办，② 并将组织学生开展请愿活动的天津请愿同志会会长温世霖发配新疆充军。③ 清廷此举杀一儆百之意昭然，并开始对请愿活动和

① 韦庆远，高放，刘文源：《清末宪政史》，北京：中国人民大学出版社，1993年版，第320页。

② 故宫博物院明清档案部：《令更省督抚弹压严办聚众要求速开国会之各地学生谕》，收入《清末筹备立宪档案史料》下，北京：中华书局，1979年版，第653页。

③ 《宣统二年十二月九日上谕》，收入《宣统政纪》卷30，第8页。

代表进行压制和打击。此举虽镇吓住一些人，但教育了更多的人，让他们认清楚清廷的仿行立宪只是权宜之计，并不真诚，遂倒向革命。清政府采取的镇压手段显然是不高明的，它将本来拥护清王朝统治的立宪派和地方官员推向自己的对立面。①

三、资政院的建立及其两次会议

（一）资政院议员选举及议员出身背景

在立宪派请开国会的请愿声中，1907 年 9 月 20 日，慈禧发布“懿旨”正式宣布筹建资政院，作为“立议院之基础”，由溥伦、孙家鼐任总裁。议员人数订为 200 人，一半由皇帝指派，是为钦选，在将来转化为上议院，一半由谘议局选出，是为民选，以后转化为下议院。由于新疆未建立谘议局，应由该省选出的 2 名议员缺如，下议院实为 98 人。所以钦选议员亦减少 2 人，总数变为 196 人。但是由于议长、副议长以及秘书长各 1 人均出自钦选，这样一来，钦选议员就有 101 人，较民选议员略有优势。

钦选议员分为七类，如表 4-4 所示，这七类“贵族”议员中比较容易产生的是宗室王公以及满汉世爵，因为他们的人数不多。比较难办的是宗室觉罗，各部院衙门官以及多额纳税者，他们的人数较多，采用互选的方式。以各部院衙门官的互选为例，按照所定的互选规则，在都察院举行选举，由都察院堂官任监督，因为人数较多，选举过程还是比较激烈的。硕学通儒的人数更多，采用以前“保荐鸿博”的办法，交由学部办理，学部又转请地方官保荐。最后学部推荐出 30 人，最后由皇帝亲自点定 10 人。民选议员的选举是由议员互选出定额数的两倍，再由督抚圈定当选者。这表明此时行政权高于立法权。由于民选议员是由谘议局议员互选出的，所

① 郭绍敏：《清季十年的国家创建和社会运动》，《社会科学评论》，2009 年第 2 期，第 67 页。

以民选议员也有着谘议局议员的特点，而钦选议员本身就代表着权势和财富，所以资政院议员的出身背景，仍以有功名的士绅为多数，尤其是上层绅士（包括进士、举人、贡生）的比例高达 57.1%，下层绅士（生员）只有 9.18%。从表 14 中可以看出，各省谘议局中拥有进士功名者仅占总数的 4.35%，而资政院中则高达 21.9%，这就说明功名越高，越有向中央发展的机会，可见传统的影响力还是十分强大的。从此时当选为议员者的出身背景来看，由于选举资格的严苛以及传统势力的影响，本该具有进取性的民选议会却同时兼具保守性，并最终被卷入革命洪流。他们作为传统社会的精英，拥有财富和权势，是当时社会的既得利益者。所以尽管他们有一部分受过新式教育，也痛感当时的中国社会到了不得不变革的时代，但是其旧有传统使他们表现出更多的保守性，不能成为新兴资产阶级的代言人。

表 4-4　资政院议员名额分配①

民选		钦选	
奉天	3	议长	1
吉林	2	副议长	1
黑龙江	2	秘书长	1
直隶	9	宗室王公世爵	14
江苏	7	满汉世爵	12
安徽	5	外藩王公世爵	14
江西	6	宗室觉罗	6
浙江	7	各部院衙门官	32
福建	4	硕学通儒	10
湖北	5	纳税多额	10
湖南	5		
山东	6		

① 张朋园：《中国民主政治的困境——1909—1949》，长春：吉林出版集团有限责任公司，2008 年版，第 62 页。

（续表）

民选		钦选	
河南	5		
山西	5		
陕西	4		
甘肃	3		
四川	6		
广东	5		
广西	3		
云南	4		
贵州	2		
共计	98		101

表 4-5　资政院及谘议局议员功名背景比较①

	资政院				谘议局	
功名	民选	钦选	共计	百分比%	人数	百分比%
进士	22	21	43	21.94	56	4.35
举人	37	6	43	21.94	274	21.27
贡生	19	7	26	13.27	370	28.73
生员	10	8	18	9.18	448	34.78
不明	10	56	66	33.67	140	10.87
共计	98	98	196	100	1288	100

从一再修改的《资政院院章》中，可以看出清政府对资政院的基本态度。就性质而言，资政院并不是国会，也不是上下议院，而只是为未来议院的建立打下基础，它并不具有国会和上下议院的地位与权力；资政院议长、副议长均由钦定；议员由钦选和民选组成，但两者应有之权并不平等；民选议员只限于各省谘议局议员，但因为谘议局议员选举本身采取“复选举法”，所以被选举出的民选议员是受清政府严格筛选过的；资政院

① 张朋园：《中国民主政治的困境——1909—1949》，长春：吉林出版集团有限责任公司，2008 年版，第 68 页。

应议事件，不得超过钦定范围。在1911年7月“皇族内阁”成立之后再度修改院章，进一步限制资政院的权力。如取消议员奏请开临时会议的权限，规定议会对“皇族内阁”负责等等。虽然在1911年11月20日武昌起义爆发后第三次修改的资政院院章中放松了对资政院的控制，略微增大其权力，将原来的议长、副议长由钦选改为“由本院议员投票选举”并请旨简充，将资政院议决事件的实行由过去“请旨裁夺”改为“请旨颁布”，而且还调整资政院与行政衙门的关系，特别是与国务大臣的对等地位。尽管清政府作出很大让步，但这次院章修改并没有什么实际意义，因为此时革命已经爆发，清政府倒台已成定局。

（二）清末资政院的两次会议

从资政院存续历史来看，其权能的大小随着立宪派和清政府的博弈而此消彼长，这个过程不仅体现在资政院设立、院章规定以及运作，还体现在资政院成立四五年间为数不多两次会议上。

资政院会议有常年会和临时会之分，常年会一年一次，以三个月为期，如必要可延长会期，但延长期要在一个月以内。临时会无定次，如若召开，每次以一个月为准。资政院成立后，先后于1910年、1911年召开过两次常年会。第一次常年会召开于1910年10月3日，会议期间，正值国会请愿运动高涨，资政院中民选议员在省谘议局的配合下，多次提出议案，质询政府，抨击政府的不合理行为，弹劾军机大臣。[①] 在开会的三个多月时间内，先后议决速开国会案、弹劾军机大臣案、请开党禁案以及宣统三年预算案。特别是弹劾军机大臣案和质询政府的做法，在中国几千年历史上是第一次。这些议案最后不仅均未获得政府当局的同意，而且使清政府认识到必须对资政院活动进行进一步限制，于是在1911年趁新成立

① 王开玺：《资政院第一次常年会中立宪派政治主张述论》，《清史研究》，1998年第3期，第71页。

“皇族内阁”之时对《资政院章程》进行修改，取消议员享有的召开临时会议的权力以及资政院自行决定议案的权力，规定改变会议议程要经过行政衙门的同意，① 为第二次常会的召开做好应变准备，旨在取得对资政院更大的控制权。

1911 年 10 月 22 日，资政院第二次常会召开，但在此之前，武昌起义爆发。革命态势迅猛，完全打乱清统治集团和立宪派各自的设想和部署。在清政府看来，革命无非是要推翻自己的统治，此时可兹依靠的只有拥护君主立宪的立宪派。在立宪派看来，他们希望借君主立宪政体的建立进入现行体制谋取政治利益，当然是不欢迎武昌起义和革命策动的。所以，资政院第二次常年会实质是站在使现存政权得以维持下去的立场上，希冀通过袁世凯取得政权以实现君主立宪。在常会期间，资政院为保住现有政权可谓是忙地不亦乐乎。他们今日提议案、明日草宪法，既向政府请愿，又与袁世凯会商，甚至谋求和革命党对话”。② 而此时的清政府面对革命的万丈怒涛已是穷途末路，对资政院所上提案每奏必准。立宪派建议清廷立即惩办引起铁路风潮的邮传部大臣盛宣怀和湖广总督瑞澂等人，指责他们玩忽职守，要求将盛宣怀“即行革职，永不叙用”，冀图抛出几个替罪羊以挽救清王朝；同时，又吁请迅速组织完全责任内阁，下诏罪己，“将宪法草稿交院‘协赞’，公布施行，实现宪政”。③ 这些提议都得到清政府的同意，同时，资政院拟制的宪法十九信条获清政府“照准”，并按照信条规定，以无记名投票方式推选出新一届内阁总理袁世凯。他们企图借助袁世凯所掌握的“强权”来遏制革命发展，但终究无济于事。随着清帝退位和清王朝统治

① 故宫博物院明清档案部：《资政院总裁世续等奏改订资政院院章缮单呈览折附清单》，收入《清末筹备立宪档案史料》下，北京：中华书局，1979 年版，第 659 页。

② 罗华庆：《论清末资政院第二届常年会》，《河北学刊》，1991 年第 4 期，第 78 页。

③ 高放，韦庆远，刘文源：《西方代议制度在中国的最早实验——试论清末的资政院和谘议局》，《天津师院学报》，1981 年第 5 期，第 38 页。

的结束，皇权终被推翻，资政院失去了存在的必要，遂被迫解散以告终。

革命风暴最终摧毁了现存一切体制，立宪派的议会梦终究没有实现，清末始终未能建立起一个真正的代议机关。立宪派对国会的期盼不可不谓热切，恳请召开国会的请愿不可不谓真诚，但他们却没有认清当时中国问题的症结所在。议会所固有的代议性质及立法权是建立在资产阶级民主革命已取得相当进展或胜利基础之上的。换句话说，政治上的胜利来自资产阶级在经济、思想、文化等各个领域所积聚的实力。立宪派并不谙此道，而是徒恃口舌之辩，反果为因，以为国会是灵丹妙药，可以解决中国的一切问题，他们不知道当时的中国，迫切需要进行一场涤荡封建专制社会基础、摧毁其上层建筑的革命斗争。① 清廷一次又一次保守顽固的反立宪伎俩，使很多立宪派人士看清其立宪的真面目，纷纷转而同情或参加革命，这也是由孙中山领导的革命派能够迅速聚集反清力量，扩大战斗规模并最终推翻清朝统治取得胜利的关键所在。

第二节　明治时期立法机构改革

一、明治初期立法机构的演变

日本经过明治维新实现以资本主义制度代替封建制度的社会变革。《大日本帝国宪法》的颁布，标志着代表地主资产阶级利益的近代天皇制国家的确立，同时，也对近代时期日本政治制度和社会经济制度起了定型化的作用。② 在这个制度变迁过程中，反复和冲突是始终存在的。新制度经济学观点认为，制度变迁存在着“路径依赖”（path dependence）现象。

① 韦庆远，高放，刘文源：《清末宪政史》，北京：中国人民大学出版社，1993 年版，第 322 页。

② 伊文成、马家骏主编：《明治维新史》，沈阳：辽宁教育出版社，1987 年版，第 628 页。

一种新体制成型之后，会形成某种既得利益的压力集团，他们力求巩固旧制度，阻碍深入改革的步伐。由于旧体制既得利益集团会竭尽全力维护其自身存在，因此日本的宪政之路注定不会像美国等西方国家那样那么顺利和平坦。近代政府制度中的立法机构，从明治初年太政官制下的“议政官”，到三院制下毫无立法权限的“左院”，此间历经数次改革而进展无几，最后在自由民权运动的压力下，终于迫使藩阀政府作出一些让步，同意实行立宪制原则和召开民选议会，并于1890年选举众议院为开设帝国议会之基础。

起初，太政官体制遵循三权分立模式，即立法权由议政官掌握，议政官分为上下两局，有点类似近代西方议会制的上下两院。上局由议定、参与以及由各藩选举出的征士组成，拥有确定政体，制定法律，决定机密政务，权衡三等以上官吏，严明赏罚，制定条约，宣布战和等职责。下局由称为办事的行政官兼任议长和各藩选出的贡士组成。贡士会议成为将各藩意见向中央传达的组织形式。下局的职责是承上局之命，讨论租税、驿递、造币、内外通商、宣战、议和等事宜，实际上是上局的咨询机构。征士贡士的选取并非民选，而是由各藩藩主挑选，代表各藩利益；行政权由行政、神祇、会计、军务等部门把持；司法由刑法官专持。① 议政官是太政官体制中最有特色的一点，也是标榜西方资产阶级三权分立模式的最有力证明，其组成人员几乎都是幕末国家多难之时挺身而出，为新政府的建立做出过杰出贡献之人。尽管事实上议政官的设立并没有超出政策咨询的范围，更没有达到制约和监督行政、司法以及行使国家最高权力的境界，② 但却使新政府实现形式上的“舆论公议”。这样一来可以充分调动有利于变革的各

① 武寅：《近代日本政治体制研究》，北京：中国社会科学出版社，1997年版，第1页。

② 武寅：《近代日本政治体制研究》，北京：中国社会科学出版社，1997年版，第4页。

种积极因素，争取实力派诸侯的支持，最大限度减少建立新政权的阻力；二来可以集思广益，收集到最有利于新政权建设的切实可行的方略和对策，弥补建国之初经验之不足；三来可以彻底改变幕府体制下封建专制落后统治面貌，换之以民主政治的崭新形象，昭示天下，取悦内外。

1869年3月，作为“博采天下公论”的议事场所——“公议所”举行开院仪式，“公议人”即原议政官下局中的“贡士”，分别代表各藩，选取办法同前，其作用只限于咨政。1869年5月，“议政官”被正式取消，太政官七官制也随之作出调整，改为二官六职制，以“太政官”代替原来的“行政官”，成为总领六省的最高决策部门，包揽立法、行政和司法全部权力。尽管此时“太政官”之上还有“神祇官”，但那只是为了宣扬国体的特殊性和不可超越，并无实际意义。1869年7月，“公议所”改为“集议院”，成为与六省中一省地位相当的中层机构，又将功能侧重于上下疏通的“待诏院”并入其中，使其辅政的色彩愈加浓厚，对行政系统的依附性更加突出。“集议院”的议员完全由政府官吏担任，与选民更加无缘。且议员进退皆要经过政府批准，任期四年。议事之性质“要尊奉诏书……专以政治之根本为宗旨”，① 议案的提出也由政府与议员共同商讨改为太政官下问的形式。“议员”不再具有以前“公议人”所兼具的“议事”和反映下层舆论的双重功能，议员由政府官吏担任，只负责议事，而负责“下情上达”的民间人士，不再直接参与议事。“集议院”成为太政官施政的咨询场所。

1871年7月太政官制三院制设立之后，这个单纯的“议事”部门被划归到负责同类事务的左院之内，在正院管辖之下，发挥其咨询和辅政的角色和功能。正院总揽一切大权，凡立法、行政、司法事务，由左右两院按其章程上达，由正院裁制。如果说议政官的消失意味着三权分立模式中立

① 大津淳一郎：《大日本宪政史》第1卷，东京：原书房，1969年版，第338页。

法权已经湮灭在行政权的汪洋大海之中，那么正院对权力的独揽以及对左院的管辖权明确否定了立法机构与行政权力机构并行的可能性。① 在左院与正院的关系上，左院尽管是掌管立法的机构，但始终要受到正院的管辖与支配。议员的选拔和任免也要经过正院的审议和批准，且更名为“议官”，其作为政府官吏而不是民间代表的身份更为明确。可见，左院不是代表民意的民选议院，不能独立行使立法权，也不能对行政权力进行制约，反而要受到行政机关的管辖。它作为资产阶级建立议会政治的探索，终因传统巨大惯性力量迫使统治体依赖上习惯性的路径，而滑向封建专制的轨道。

二、自由民权运动及其影响

1874年掀起的自由民权运动，经过14年斗争，历经兴起、高涨、衰落以至结束，给明治政府的藩阀专制以沉重打击，迫使它不得不对其统治作出改变，在政治上答应制定宪法，承诺召开民选议会，赋予人民基本权利。自由民权运动促使明治政府扩大和加强改革的深度和广度，将由倒幕运动开始的资产阶级革命，又向前推进了一大步。

（一）《渐次建立立宪政体之诏书》与元老院的设立

倒幕运动胜利后，代表大地主、大资产阶级利益的专制政府受到农民群众和中小资产阶级的猛烈批判，向广深推进的资产阶级改革成了当时斗争的焦点。广大中小资产阶级在经济上遭到排挤，政治上毫无权利可言，再加上西方资产阶级民权思想的引入和宣传，为日本国内自由民权运动的展开奠定了基础。一个正常的资本主义社会不能没有稳固的代议制，不能不使人民具有相当的政治权利。于是，政府的反对者们以广泛的农民起义

① 武寅：《近代日本政治体制研究》，北京：中国社会科学出版社，1997年版，第8页。

为背景，以西方资产阶级民权学说特别是天赋人权思想为依据，发起了一场资产阶级民主运动。

1.《渐次建立立宪政体之诏书》的颁布

1874年1月，板垣退助、后藤象二郎等人将“幸福安全社”改组为“爱国公党”，联名向明治政府递交“设立民选议院建议书”公然批判有司专制，主张人民参与政权，明确提出由民选代表组成立法机关，限制官僚专权，由此揭开资产阶级民主运动——自由民权运动的序幕。虽然板垣等所主张的给予人民以选举权并不是指的一般人民，而是指的士族和豪农豪商，建立民选议院也只是维护天皇制国家，但是第一次以政党形式宣布要求平等的纲领，主张设立民选议院作为人民参政的平台，具有重要意义。随后，为开展建立民选议院运动，以板垣退助、片冈健吉为代表的民权运动领导者创立“立志社”，宣扬天赋人权，以此作为创建议会，伸张民权的理论基础。并在此基础上，汇合各地政治结社代表，在大阪建立全国性结社——“爱国社”，在全国各地宣扬以基本人权为基础的民权论。① 随着自由民权运动的兴起以及“爱国社”在全国展开的舆论宣传，明治政府感觉到前所未有的压力，于1875年2月召开大阪会议，联合已经下野的板垣退助与木户孝允来加强对抗反政府运动的力量。并最终在政府内部达成妥协，于同年4月颁布《渐次建立立宪政体之诏书》，宣布设元老院以改善立法事务，为建立国会做准备，召开地方官会议以广公议，设置大审院加强司法权威，渐次建立国家立宪政体。②

2. 渐次立宪中立法机关的建立

《渐次建立立宪政体之诏书》的颁布促使明治政府再一次对太政官制

---

① 伊文成，马家骏主编：《明治维新史》，沈阳：辽宁教育出版社，1987年版，第572页。

② 项焱：《论明治宪法宪政模式选择的内在原因》，《法学评论》，2001年第6期，第144页。

进行改革，将正院撤销，建立元老院和大审院，分别作为立法机关、司法机关与行政机关平行。以往大权独占的太政官权力被肢解为立法、司法、行政三种分立的权力，这在明治时期政治改革历史上，具有里程碑式的意义。它第一次比较系统和明确地阐明政府对政体建设的构想与安排，清楚表明在历经对西方宪政制度详细考察了解之后，维新元勋清醒地认识到无论如何要走立宪政治的道路。但就元老院本身的性质而言，它只是作为国家“渐次立宪”的过渡组织，而并不具备正式议院的性质和功能。在职权范围上，元老院受到内阁（1873 年正院内部设立）、参事院的权力制约。按照三权分立下立法机构的职权设定，立法机构有提出议案并议决议案的权力，可是元老院不能提出自己的议案，只能就立法工作提出意见，经裁可后由内阁立案并下达元老院进行审议。从 1873 年正院内部改革颁布的《正院事务章程》可以看出，内阁的建立强化了参议的职权。参议作为内阁的议官，具体行使正院的立法特权。“凡立法事务为本院之特权，均由内阁议官议判。”① 内阁取代正院成为各项政策的最高决策者，元老院仍然只是内阁下面的一个法律咨询机构。元老院这种非权力性立法咨询机构的性质还表现在起草宪法工作上。1876 年 9 月，作为肩负近代政体建设重任的“立法机构”——元老院奉敕起草国宪，并成立“宪法调查局”专门负责此项工作。然而元老院于 1876 年和 1878 年两度起草宪法草案，并于 1880 年 12 月提交《国宪草案》，由于这些草案都是以英美自由宪政理念为主导制定的，遭到当权者的强烈反对，理由是它们和日本传统文化相差太远，因而连正式讨论都没有进行而被直接否定掉了。1881 年，明治政府在内阁之下设置参事院，作为执行内阁权力的核心机构，其具体职责就是“依内阁之命草定法律规则并参与审查”。② 它除了审查元老院议决的法案，

① 武寅：《论明治初期日本立法机构》，《世界历史》，1994 年第 5 期，第 88 页。
② 武寅：《论明治初期日本立法机构》，《世界历史》，1994 年第 5 期，第 91 页。

还有权审查和修改行政部门提出的法律规则案，并拥有对法律规则的解释权和答疑权。因此，可以说，这个在自由民权运动的冲击下打着建立独立立法机构并扩大立法之源旗号而建立起来的元老院，终究没有超出非权力性立法咨询机构的性质。

（二）自由民权运动与《开设国会敕谕》

1. 愈演愈烈的自由民权运动

大阪会议之后，明治政府着手进行有关立宪政体的准备工作，并设立政体调查委员会。但由于政府内部分裂问题，致使大久保、木户和板垣三者之间的合作解体，板垣辞去参议一职使得自由民权运动再次高涨。藩阀政府与反政府势力之间冲突更加激烈。1877 年 6 月，立志社代表片冈健吉再次提出设立民选议院建议书，猛烈抨击政府藩阀专制，指出专制政治的弊害，即国民只有义务而没有权利，中央过分集权而无地方政治之实，财政紊乱、税法苛烦，外交问题已然存在并毫无进展。因此主张只有通过设立民选议院，确立立宪政体之基础，使人民参与政权，才能消除专制之弊端。于是，他们提出“开设国会”、“减轻地税”、“修改不平等条约”三大纲领，把公选民会作为斗争的目标之一，并强调要依靠群众的力量实现自由民权主张。从 1878 年 9 月开始，重新建立起来的“爱国社”在大阪召开第一次大会，全国有 13 个县派代表参加。此后，又于 1979 年 3 月和 11 月召开第二次和第三次大会。从后两次大会的召开可以看出，随着民权运动的发展，豪农豪商在运动中的作用日益增强。1879 年 7 月由一个豪农议员起草的“开设国会恳请协议案”在《朝野新闻》上第一次被刊载出来，指出一个国家的人民，不能没有议论国家政治的权利，也不能不开设实际运用这种权力的国会。国会当有牵制地方施政、可否法案之权，并且能够议论政府和行政。这一协议案的提出，成为先前以士族为中心的民权运动转变为以地方豪农豪商为指导的民权运动的转折点。在爱国社第三次大会上，第一次有豪农政治结社代表参加，[1] 主张“同广大的公众一起”，向政府要求开设国会，并向日本各地发出呼吁开设国会的“告四方众人书”，此时民权运动遂上升为全国性的请愿运动。1880 年 3 月，爱国社在大阪召开第四次大会，来自全国两府 22 县的 114 名代表，身受 87 000 多同志的委托与会。会议将社名改为“国会期成同盟”，向政府递交请愿书，要求确立政治自由、开设国会、保障经济自由与发展、减轻地税以扩大资产阶级民主。愈演愈烈的国会请愿运动让明治政府感到恐慌，立即颁布《集会条例》对集会请愿进行镇压。政府高压政策之下各地的民权运动更加高涨，仅在 1880 年一年之内，各地向元老院提出的建议书就达 46 件，请愿书 12 件，签名者多达 14 万多人，遍及全国 34 个县。[2] 同年 11 月，“国会期成同盟”召开第二次大会，认为民选国会无需向政府请愿，应以实力进行争取，并决定下届大会召开时，提交各团体自己拟定的宪法草案。于是，从 1880 到 1882 年间，各地民权派团体纷纷拟定宪法草案，发表自己的主张，如 1880 年 1 月的《大日本国会法草案》、10 月的《大日本国宪法草案》、1981 年 3 月的《国宪意见》、5 月的《日本宪法预定案》等，大都倾向于立宪君主制的立场。[3] 至此，自由民权运动进入高潮，并以其深刻性和广泛性给政府造成巨大冲击，促使政府从 1879 年起，不得不一再商讨立宪对策，试图确立由其主导的立宪政治。

2. 摒弃英国式民主议会思想

开设议会以及制定宪法在广大民众的倡导和簇拥之下，终于成了摆在明治政府面前的一个亟待解决的执政命题。然而，从立法机构的一系列变革中，我们可以看出当“三权分立”的工具性色彩日渐消失之后，且政体变革

---

① 伊文成，马家骏主编：《明治维新史》，沈阳：辽宁教育出版社，1987 年版，第 579 页。

② 吴廷璆主编：《日本史》，天津：南开大学出版社，1994 年版，第 428 页。

③ 王振锁，徐万胜：《日本近现代政治史》，北京：世界知识出版社，2010 年版，第 55-56 页。

日益深入统治体制的内部时，统治层对由西方宪政文化培育出来的议会制度表现出强烈排斥。否定元老院起草的三个以英美自由宪政为主导的宪法草案就充分说明最高执政者对于西方议会制度的抵制。虽然元老院的宪法草案被拒，但开设议会已经成为明治政府必须的政治选择。只是对于究竟选择什么样的立宪政治，建立什么样的议会仍在争议和探索之中。由于立宪原则、内阁制与议会制是立宪政体一脉相承的三个主要组成部分，因此，有什么样的立宪原则与内阁制度，就会有与之相对应的议会制度。保守的、传统的、以天皇为最高权威的君主立宪制原则下，不可能不将行政大权委于天皇权威之下，不可能建立起纯粹的民选议院作为扩大民众参政的舞台，更不可能使内阁对议会负责而削弱天皇的权力。因此，大隈重信所提议的政党内阁制与民主议会制必然遭到恪守传统的藩阀政府的绝对反对。为了应付大隈和自由民权派攻势，明治政府决定接受井上毅所提出的建议，宣布十年后即 1890 年开设国会，并采取团结萨长官僚，分化大隈一派与自由主义党筹备会的联合，镇压自由民权运动。1881 年 10 月 12 日，政府决定罢免大隈重信及其一派官僚，史称明治十四年政变。大隈被强行排挤出政府标志着英国式自由主义和议会思想被统治层彻底淘汰。为分化和瓦解各自由民权派势力，明治政府主流派摊出最后王牌，于 1881 年 10 月发布开设国会的诏书，“兹以明治二十三年为期召集议员，开设国会，以遂朕之初志。”① 并警告民权主义者，如仍有故意急躁冒进，煽动事变者，以国法论处。以此来阻止急进派的集结，使改良派和革命派发生分裂。而正是改进党和自由党分道扬镳以及后来的对立斗争，使带有革命性质的自由民权运动走向失败。以明治十四年政变和颁布开设国会诏书为契机，立宪政治的推进有了实质性进展。1882 年 3 月，伊藤为首的“宪法考察团”奉天皇诏书赴欧洲各国考察宪

① 王振锁：《日本政治民主化进程研究》，上海：上海三联书店，2011 年版，第 48 页。

法。考察回国后，岩仓具视、井上毅和伊藤博文决定采用普鲁士型宪法的制宪方针。① 至此，政府开始进入实际制宪过程，由伊藤博文、井上毅、伊东巳代治、金子坚太郎等人秘密制定，而没有元老院的参与。从1886年6月开始起草宪法，七易其稿，于1888年4月完稿。审议决定这个宪法的，并非民主宪法议会，而是天皇的最高咨询机构——枢密院。枢密院共召开了24次会议，对宪法草案进行详细审议，并最终获得裁决通过。于1889年2月11日钦定公布《大日本帝国宪法》，规定了帝国议会的组成、职责及权限，创立君主制的议会政治。

三、帝国议会的建立及性质

（一）明治宪法关于帝国议会的规定

《明治帝国宪法》第三章关于帝国议会的条款共22条。规定：帝国议会由贵族院和众议院组成。贵族院议员由皇族、华族及敕任②议员担任，其中皇族议员是世袭终身制议员，华族议员和敕任议员任期为七年。而众议院作为帝国议会的民选部分，“依选举法所定，以公选之议员组织之。”③ 1889年颁布的《众议院议员选举法》明确规定，年满25岁的日本男性臣民，在制定选民名册之前已连续缴纳直接国税15日元以上满一年者，可享有选举权。④ 按照这一规定，当时日本国内有选举资格的只有45万人，仅占当时人口的1.1%。有被选举权的，只限于30岁以上与选民财产条件相同的男子。选举采取公开记名方式，议员任期为4年。⑤ 根据

① ［日］升味准之辅：《日本政治史》（第一册），董果良、郭洪茂译，北京：商务印书馆，1997年版，第202页。
② 敕任议员是指天皇任命的最高纳税人和特殊功勋者。
③ 杨孝臣：《日本政治现代化》，长春：东北师范大学出版社，1998年版，第349页。
④ 李海英：《日本国会选举》，北京：世界知识出版社，2009年版，第16-17页。
⑤ 伊文成，马家骏主编：《明治维新史》，沈阳：辽宁教育出版社，1987年版，第619页。

这一选举法，1890 年日本进行第一次众议院选举，在议员定额的 300 人中，地主议员占去一半以上，资产阶级和自由职业者议员只占议员总数的 21%，这反映出在帝国议会召开之初，地主在经济上比起资产阶级还占有一定的优势。在贵族院与众议院两院的地位和相互关系上，明治宪法规定，天皇召集帝国议会，有解散众议院之权，而贵族院则享有不被解散之特权。帝国议会作为立法机构，享有对立法及政府预算的决议权，尽管这些权限在事实上并不独立和完整。明治宪法中关于立法权的规定“凡法律，须经帝国议会之协助、赞同”；“天皇以帝国议会之协赞，行使立法权”；“两议院得议决政府提出之法律案，并得各自提出法律案”；天皇在紧急情况下发布的敕令“应于下次会期向帝国议会提出。若议会不予承认，政府应公布该敕令此后失其效力”。在明治宪法第六章会计的有关规定中，帝国议会还享有对政府财政的监督权。“新课租税及变更税率，以法律规定之”；“发行国债……须经帝国议会之协赞”；“国家岁入岁出，每年应以预算，经帝国议会之协赞”。①

（二）从属于天皇的帝国议会

与西方欧美国家民主议会制相比，明治宪法所建立的帝国议会并非国家权力中心，它始终处于从属于天皇政府的地位，帝国议会的权限，也并未囊括国家政治中重要事项的全部。② 议会的立法权，与西欧议会不同，是由天皇和议会共同承担的，彼此之间起到一种互相牵制的作用。天皇具有发布紧急敕令、独立命令的权限，在非常时期，还能代行议会的权限。作为体现日本民主政治诉求的重要机关——众议院，除受到由代表皇族、华族和敕选议员等非公选的特权身份层——贵族院的限制，还要受到天皇、枢密院、元老、重臣会议、参谋本部、海军军令部等能够左右国家政

---

① 杨孝臣：《日本政治现代化》，长春：东北师范大学出版社，1998 年版，第 347-351 页。

② 杨建顺：《日本国会》，北京：华夏出版社，2002 年版，第 4-5 页。

治之力量的制约。在众议院的选举资格上，不仅有财产资格限制，更是将妇女的选举权利排除在外。所以说帝国议会不能用近代西方议会政治结构中那种通过选举组成议会，再由议会多数组阁政府的套路来衡量，其决定因素始终是天皇制的。但是，从历史发展来看，帝国议会虽然受到种种的限制，但是它确确实实是具有“制约天皇政治机能的国民代议机关”①，使国家政策的制定在一定程度上受制于议会。帝国议会的设立是日本政治体制的突出变化，成为现代政治体制的重要组成部分，使成长壮大的资产阶级有了自己的舞台，通过宪法所赋予的权力来表达自己的要求，集中体现了宪法中的立宪主义原则，是日本政治现代化的重要标志。帝国议会的召开使日本近代政府制度的建立初具规模，政府组织机构更加完整、功能更加齐全，同时开启制度变迁的实质阶段，使日本成为近代化国家。

（三）帝国议会的性质与职能

制度形式与文化是相辅相成的，只有具备适当的政治文化背景，制度才能生成并指导和约束行为。日本的立宪文化有两个来源：一个是自由民权运动所提倡和宣传的民间立宪文化。社会契约论者在解释国家起源时，首先假设国家出现以前人类处于一种平等的自然状态，每个人都享有平等的天赋权利。为了克服自然威胁及防止人们之间互相侵害以维持自身生存，人们便订立契约，出让部分权利组成国家和政府。因此，国家和政府权力来自人民的授权，其目的是保障人民的自由、幸福和公共安全，国家和政府绝不能凌驾于个人之上。所以自由民权运动的目标在于改变日本政体和明治维新初期形成的有司专制，认为“政府之变革只是明治的第一次革新，而政体的变革才是第二次维新”②。他们要求“自由”“民权”“立宪”“开设国会”，迫使政府颁布明治宪法，推动君主立宪政体的建

---

① 杨建顺：《日本国会》，北京：华夏出版社，2002 年版，第 6 页。

② 王振锁：《日本政治民主化进程研究》，上海：上海三联书店，2011 年版，第 66 页。

立。另一个来自统治层对议会制度的认可，这种认可既受到自由民权运动的影响，又深深植根于维新派的认识中。伊藤博文等政府主流派在对欧洲立宪政治及议会进行全面考察之后，更加确定议会对立宪政治的意义。正如伊藤所一直强调的"既然召集国民代表，令其评议立法和租税等事，就必须开设国会，给人民以参政之权……若脱离此范围开设国会，则失去了立宪之要点"。① 帝国议会从酝酿之时起，就不再被定义为"立法咨询机关"，而是成为明治宪法体制整个权力体系中多元结构中的一极。

1．帝国议会的性质

从帝国议会的构成和运作来看，它基本具备近代西方国家资产阶级立法机构的形式和特点。在组织构成上，帝国议会采用贵族院和众议院两院制，贵族院虽然是上流社会利益的代表，但是"多额纳税议员"② 的参与必然促使帝国议会向着近代资产阶级立宪政治的方向前进。众议院议员的产生已开始采取近代民选议员的方式。虽然第一次国会选举时有选举权的人数占总人口比例才有大约 1.14%，但和 19 世纪中叶英国 3%的比率③相比并不算低。此后选举资格渐渐放开，议员人数也有所增加，选民总数激增，作为立宪政治主阵地的众议院的影响在逐渐扩大。根据 1890 年颁布的选举法，第一届众议院选举议员 300 人，其中 120 人为地主议员，约占议员总数的 40%，资产阶级和自由职业者议员 68 人，约占议员总是的 21%，其他为政府官吏、军人以及从事其他职业或无职业者，这反映出当时地主比资产阶级在经济上还占有一定的优势。但伴随着资本主义的发展，这种状况很快得到改变。1912 年，在众议院选举的 381 名议员中，

---

① 武寅：《近代日本政治体制研究》，北京：中国社会科学出版社，1997 年版，第 74 页。

② 多额纳税议员：指每一个道、府、县都要选出 15 名缴纳直接国税数额最多的人为代表，而后由这 15 名中经过互选产生 1 名正式的贵族院议员。从当选者的身份来看，他们多为农业、工商业、银行和矿业等领域的大资产者，而非贵族和特权阶层。

③ 武寅：《近代日本政治体制研究》，北京：中国社会科学出版社，1997 年版，第 76 页。

资产阶级议员的人数以超过地主议员，前者为170名，后者为80名。①

表4-6 第1次选举—第16次选举中议会内地主势力与资产阶级、无产阶级势力的力量对比②

选举次数	选举时间	地主势力						资产阶级与无产阶级势力						其他		合计	
		地主	商业	官吏	军人	市町村长	小计	工矿业	公司职员	银行职员	律师	自由职业	小计	无职业者	其他	小计	
1	1890.7	120	11	60	—	30	221	10	6	7	22	23	68	8	3	11	300
4	1894.9	185	15	7	—	—	207	7	11	5	24	19	66	21	6	27	300
7	1902.8	120	35	7	3	—	165	16	9	19	51	16	111	56	23	79	376
9	1904.3	132	35	—	1	—	168	12	14	16	57	16	115	73	23	96	379
11	1912.5	80	17	11	—	—	108	11	55	15	63	26	170	77	26	103	381
14	1920.5	93	36	30	—	—	159	27	89	7	68	39	230	65	10	75	464
15	1924.5	83	19	12	3	—	127	23	96	4	64	53	240	69	18	87	464
16	1928.2	76	9	41	4	—	130	10	92	5	69	60	236	65	35	100	466

从表4-6中可以看出，地主势力呈现下降趋势，而资产阶级和无产阶级势力逐渐增长。资产阶级与无产阶级势力的增长必然会使议会更加代表民意，借助宪法所赋予议会的权力将有利于资产阶级发展的方针、政策制度化、法律化，促进资本主义民主政治的发展。这一资产阶级逐渐掌控立法机关的过程及其实现，是日本政府制度区别于传统集权封建体制的关键，使带有浓郁传统色彩的明治宪法体制逐渐向现代宪政民主政治进行转变。造成资产阶级与无产阶级势力增长使政府制度向现代进行转变，是资产阶级逐渐发展壮大，并与政党相互借力发展，逐渐融合的结果。一方面，资产阶级为争取自身利益结为团体、组织，并逐渐发展为准政党。另一方面，政党试图通过吸收越来越多的资产阶级使其本身资产阶级化。政

① 伊文成，马家骏：《明治维新史》，沈阳：辽宁教育出版社，1987年版，第619页。
② 魏晓阳：《制度突破与文化变迁》，北京：北京大学出版社，2006年版，第92页。

党的资产阶级化带来两个后果，一是使政党的组成成分发生变化，二是使得政党组织结构发生变化。在前一方面，由对政党持比较开明态度的伊藤博文建立的政友会，就积极保持与资产阶级的关系，试图借助资产阶级的势力来扩大自己。所以，在“桂园提携时代”① 所形成的藩阀势力（桂内阁）与政友会交替执政中，桂内阁执政时，政友会向其妥协以确保顺利接替政权，政友会执政时，接受藩阀势力的支持，逐渐扩大势力，以巩固自己的政治地位。政友会较为稳固的政治地位，为吸引资产阶级支持和参政创造了条件，此时资本主义经济的发展，为政友会的资产阶级化奠定了物质基础。在后一方面，还以政友会为例，由于其内部资产阶级化的展开，原来由伊藤实施的总裁专制就显得格格不入，并最终由“平民”总裁原敬所取代。② 政府虽然通过解散议院的手段对其进行打击，但是无法阻止政党在历届众议院的多数地位，众议院最终成了政党发展政治势力的阵地。③

在运作形式上，帝国议会的运作严格按照《大日本帝国宪法》《议院法》《众议院议员选举法》《贵族院令》等较为完整的法律规范来运行。这些法律法令对于帝国议会的会期、两院议员的权利义务、选举标准等等都有着明确的规定。这就说明帝国议会已不是一个暂时的、附属性的机构，而是国家政府制度中占有重要地位和颇具立宪意义的正式组成部分。

2. 帝国议会的职能

在职权范围上，议会履行了宪法所赋予它的立法权和预算审议权，从而在一定程度上发挥监督和制衡政府的作用。这两项权力是帝国议会之所

---

① 桂园提携时代：对政党政治持开明态度的伊藤博文建立政友会，以期实现“改造藩阀政治”的目的，与以山县有朋为首的代表藩阀势力的保守派相互执政、互相提携的时代。从第一次桂内阁成立到大正初年 12 年时间里，山县派系第二代元老的桂太郎组阁三次，伊藤派系第二代元老的西园寺公望组阁两次，两人共主这 12 年的日本政坛。

② 林尚立：《政党政治与现代化》，上海：上海人民出版社，1998 年版，第 48 页。

③ 魏晓阳：《制度突破与文化变迁》，北京：北京大学出版社，2006 年版，第 93 页。

以存在，立宪政治之所以具有现实意义的根本所在。拥有立法权是帝国议会区别于以往非权力性咨询机构成为权力机关的关键，而对国家财政的审议权是议会干预政府乃至限制政府行为的最重要权力，成为衡量议会有无实权的标杆。明治宪法第 5 条规定“天皇以帝国议会之协赞，行使立法权”，第 37 条规定“凡法律，须经帝国议会之协赞”。“协赞”一词尽管不如宪法草案中所使用的“承认”一词更加能凸显帝国议会所掌握的立法大权，但根据制宪者权威性解释，“协赞”一词虽程度上减弱，但议会终究是具有立法权的，尽管是一种受到限制的立法权。这两条关于帝国议会协赞天皇行使立法权的规定相互吻合，使宪法体制中的议会可以运用任何一个名副其实的议会所具有的立法提案和议决权，从而使议会的立法权更加的完整。宪法上的这些规定，虽然在措辞上并非那么明确，但是它为帝国议会的运作及政府制度下其他机构的运作提供了一个基本的程序框架。对于一个组织来说，程序是至关重要的，它决定着组织运作的规范性和可操控性。正是这种程序的规定，使议会得以在法案的具体审议中，通过对法案的否决、修改，在相当程度上制约着行政机构。战前日本有 13 届内阁在 19 届议会上因为遭到议会否决而撤回法案，政府提出的某些重要法案也因议会的审核与辩争而被否决。① 因此，帝国议会在明治宪法预留的政治空间里，最大限度行使了法律所赋予的立法权。明治宪法第 62 条规定“新课租税及变更税率，以法律规定之”，“发行国债及订立预算外应归国库负担之契约，须经帝国议会之协赞”。第 64 条规定“国家岁入岁出，每年应以预算，经帝国议会之协赞”。如有超过预算之款项或预算外所生之支出时，须于日后请求帝国议会承认”。由于一切法律只有经帝国议会同意才能成立，因此议会对于国家的租税、税率、年度预算、国家重要收支计划都有

① 武寅：《近代日本政治体制研究》，北京：中国社会科学出版社，1997 年版，128-129 页。

很大的发言权。不经议会的同意，政府不能发行国债、缔结增加国库支出的各种契约以及随意增加预算外支出。对于议会来说，财政干预权是非常重要的，通过民选议院来限制和监督政府的财政预算，是切实保障三权分立，抑制行政权独大的根本手段。在制宪过程之初，就有着关于政府与议会在预算方面权限的纷争，井上毅曾经猛烈的抨击过对议会财政权的否定态度，他认为无财政权的议会等同于非立宪和专制主义。最终，在宪政思想的传播及专制所带来的执政危机之下，传统势力作出了有限的妥协与让步，议会制度最终被植入，并成为日本新政府制度中的一粒火种。

四、帝国议会的功能

帝国议会的建立是日本建立起近代政府制度的标志，尽管由于时代的局限性使其不同于资产阶级民主议会，但其作为立法机拥有立法权、预算审议权以及对政府的监督权是毋庸置疑的，与此同时，明治宪法还给予帝国议会以上奏权、决议权、质疑权、质询权等，使议会能在实际中发挥作用，成为监督和制约政府行为的国家权力机构。

（一）立法权

明治宪法第 38 条规定，“两议院议决政府所提之议案，并各得提出法案”。这表明帝国议会掌握的立法权表现在两个方面：一是提出议案，二是审议并通过包括政府所提出的议案在内的全部法律草案。由于一项议案只要 20 名议员署名就可向议院提出，所以议会提出的法案涉及的范围很广，既有对国家政治进程、经济发展与社会生活的建议，又有对政府施政方针、财政支出，内政外交的批评。前者如《保安条例废止法案》《新闻法》《众议院议员选举法改正案》等，后者如《内阁不信任议决案》、《官纪振肃上奏案》等。从表 3-3 所列数据可以看出，议会提出的法案虽然在数量上与政府相当，但成立率却很低，只占全部成立法案的 10%左右。因此，可以看出，议会在立法方面的作用主要体现在对议案的审议，并通过形式否决权、修正重要法案以及将许多重要法案上升为法律三个方面切实发挥作用。

第一，行使否决权。明治宪法明文规定，“一切法律，须经帝国议会之协赞”。所以那些最终能够成为法律的议案，都是经过议会协赞的议案，反过来说，政府提起的议案，不论多么重要，如果不经议会的协赞，也只能成为废案，而不能成为法律。议会对议案的否决权是其限制政府行为的最有力手段。日本立法史上不乏这样的事例，政府认可的重要法案历经多次反复提起和论争，经过议会的严厉审核与论辩，最终也没能通过，成为废案。如第二次松方内阁提出的《地租增征法案》，未经议会通过，由继任的伊藤内阁继续提出，此时由于甲午战争导致军需剧增，政府急需通过抬高地租来扩大财政收入，所以其法案计划将原来占地价 2.5%的地租提高到 3.7%。但由于议会中代表农民利益的议员占大多数，所以立即否决此案。尽管内阁一再动用延长会期、停会等手段，但都不能改变这一结果。随后，继任的山县内阁再次在议会上提出该法案，以 5 年为期勉强说服议会通过了该法案。5 年期满后，当政府再次试图要求议会再次通过该法案时，遭到了议会内部绝大多数议员的一致反对。无论政府方面怎样出面沟通、谈判，甚至下令解散议会，都未能取得成功，迫使政府不得不撤回法案。类似这样的议会否决案还有很多，致使 13 届内阁因此撤回法案近百件。第二，修正重要法案。在经议会审议通过的法案中，有许多在不同程度上被议会进行了修正。由政府提出通过的法案，17%经过议会的修正，由众议院与贵族院议员提出的法案中，有 20%左右都被本院修正过。一些被修正过之后的议案，已经与提案者最初的设想大大的不同。从对政府进行限制的方面来看，被修正议案的结果大多是更符合推进立宪政治发展的趋势，确实起到对政府的约束作用。第三，借助协赞权将许多重要法案上升为法律。更多代表民众利益的众议院，与代表统治阶级利益的内阁和贵族院在很多问题的看法上是不一致的，这就导致议会会从民众的利益出发去与政府抗争，最终修正甚至否决政府不利于民权的法案，与此同时，议会要想肯定一个有利于民权的重要法案，也不得不与政府进行艰辛的磋商和妥协。看看历经8届议会的不断抗争才终于获得通过的《普选法案》，就能很好地说明这一点。1919年由在野党宪政会提出的《普选法案》被执政的政友会内阁阻止，并断然解散议会。1922年宪政党借助国内日益高涨的普选呼声联合议会内其他几个政党再次提出该法案，仍然未能成功。直到1927年第50届议会，包括宪政党在内的护宪派执掌内阁时，才再次作为政府法案提出，并在与贵族院的艰难反复多次磋商之后，双方都有让步的情况下终于获得通过。

（二）预算审议权

明治宪法第64条规定，“国家岁入岁出每年应以预算经帝国议会之协赞”。如有超出预算之款项或预算外支出时，须于日后请求帝国议会承认。宪法所赋予的预算审议权，是议会牵制和制约行政权的最主要权力，在与各届内阁的“斗争”中屡屡发挥作用。从日本战前的帝国议会行使预算审议权的情况来看，对历届内阁提出的财政预算提案，帝国议会几乎都要做不同程度削减。如第一届议会削减了内阁预算案的11%，第二届削减了9.5%，第三届削减了追加预算额的33%。① 虽然削减的预算额不同，但每次都有所减少，虽然议会权力的运用的每次只表现在数字的减少上，但实质上却是议会对政府施政方针与内外政策的审议。因为政府预算经费的增减必然会影响到其具体政务的开展，而对政务的影响必然是对内阁施政的肯定或否定。所以，议会的预算审议权实际上把权力的范围从对预算的审核上无限扩大到对内阁政务的监督上。尽管依据明治宪法第67条与71条的规定，帝国议会的预算审议权受到政府的限制，但是在现实中议会得以

① ［日］大津淳一郎：《大日本宪政史》（第三卷），东京：宝文馆，1927年版，第725页。

依靠自己的力量进行抗争并取得一定的成效。

明治宪法第 67 条规定，“凡是基于宪法大权已既定之岁出，及由法律之结果或法律上属于政府义务之岁出，非经政府同意，帝国议会不得废除或削减之”。从文本上来看，这是宪法赋予政府经费使用方面的特殊权力，是对议会预算审议权的制约。“既定之岁出”是指根据天皇大权的支出，包括行政各部官制与陆军编制所需费用、文武官员的薪俸、履行对外条约所需费用，这些费用是预算提出前既定的，是国家存在之必须经费，不能经由议会随意削减，否则便是违宪。可是，这在议会看来，并不认为是违宪的。因为明治宪法第 67 条只是笼统规定在议定某些预算时要经过政府同意，但至于以何种形式征求以及征求同意的具体含义都没有规定，所以只能根据实际情况由双方协商。这就给议会通过此条款在实际中制约内阁提供了契机，当然，这也成为历届议会中在预算上争论最激烈的问题。例如在第一届议会中，双方争论的焦点就是岁出总额高达 8332 万日元的预算案。政府在施政报告中提出扩充陆军和海军以保卫“主权线”和“利益线”，所以必须扩大政府支出。而对于新成立的议会来说，多年参政的企盼终于实现，一定要借助这个平台表达民党的意愿。于是以“节约政费”、“修养民力”为口号，大刀阔斧地对预算进行削减，不但将原来的预算削减了 10%，还对官制改革的具体方案，如官厅、机构的合并与撤销，各级官员的薪俸标准等等，都作出具体的规定。以致政府方面惊呼，议会凭借对预算审议的权力掌握了行政大权。对此，政府表明坚决不能同意，而且显示出宁愿解散议会而不予妥协的强硬态度。同时，议会内部民党方面也坚决不予让步。后来，由于双方都很看重首次议会在国内外带来的影响以及显示日本人运用宪政能力，在各方的积极奔走和相互协调下，最终以削减政府 7.3%的预算和约定实行行政内部整理而通过了预案。由于议会坚持不懈的努力，使其在颇受争议的宪法第 67 条问题上首先争得了发言权，并在制约内阁的关键问题上树立了榜样，向世人证明议会的预算审议权在切实地发挥着作用。这也显示出国会的权力比原来设想的要大得多。

明治宪法第 71 条规定，“当帝国议会对预算未能议定或预算未能成立时，政府得以实施上年度之预算”。这一规定的设置，是出于削弱议会审议权的目的。根据这一规定，政府在新的预算被议会否决的情况下，可以按照上一年度的预算继续实施，从而将议会对其的限制降至最小。但是，这个在起草宪法之时就作为藩阀元老对付未来国会预算审议权的所谓“王牌”在后来被证明是毫无用处的。由于经济迅速增长，政府每一年的预算都有所增加，仅仅根据上一年的预算来支配当年是远远不够的，就不得不向议会提交新的财政预算。国会中的政客们就利用手中对预算的控制权，向寡头执政者攫取一部分的政治实权。① 这就充分说明明治宪法体制下的帝国议会不再是一个让民党发泄情绪或发表议论的活动场所，而是能够对政府施政起到约束作用的权力机关，这不仅是近代政府制度的实然状态，也是资本主义进一步发展和成熟的应然状态。

（三）对政府的监督权

在实行代议制的国家里，尽管政府不一定都是由议会产生，但是“严密监督政府的每项工作，并对所见到的一切进行议论，乃是代议机构的天职”。② 在日本明治宪法体制下，虽然宪法无明文规定议会对政府的监督作用，但是宪法赋予帝国议会的各种职能足以让其在现实中发挥这种功能。比如前面已经论述过的立法权和预算审议权。由于议会可以通过预算审议权监督政府，就迫使政府不得不履行其自我标榜的纲纪和职责。而且随着经济和社会的发展，政府机构不断膨胀，但政府必须考虑议会在预算问题上施加的压力，尽可能地将这种膨胀压缩在财力允许的范围内。除了这些，议会还

① 张经建：《日本权力制衡机制的演进》，南京：南京大学出版社，2010 年版，第 160 页。

② ［美］威尔逊：《国会政体：美国政治研究》，熊希龄、吕德本译，北京：商务印书馆，1986 年版，第 167 页。

有对政府的建议权、对天皇的上奏权以及对民众请愿书的受理权，这些权力的行使同样可以实现对内阁的监督。建议权和上奏权可以使议会在所有领域对政府行为提出弹劾，从第 4 届议会首次对内阁不信任案上奏起，以各种理由和名目提出弹劾内阁的案件多达 44 件。① 这些案件中有针对内阁具体行为的，也有针对具体官员的，弹劾的范围从内阁失政到官员违纪，几乎涉及内政外交的各个方面。比如在第 24 届议会时，议会在《内阁不信任决议案》中就经济政策方面弹劾内阁，说政府制定过于庞大的计划以致如今难以实行，违背其不增税的诺言，给国民造成严重的负担，不负责任到了无以复加的程度。② 不仅如此，议会对内阁的监督更多地体现在对内阁成员的弹劾上。从数量上来看，在上述的 44 件弹劾案中，有 8 件都是直接针对国务大臣的上奏案和议决案，在这 44 件之外，还有 6 件是指明弹劾某阁僚的议决案。因为内阁总理大臣作为内阁的领导者，所以针对总理大臣的弹劾一般与对该届内阁的弹劾相关联。在 8 件针对国务大臣的弹劾案中就有 7 件是针对总理大臣的。由于内务大臣掌握着地方行政组织和警察等要害权力，被视为内阁中重要的阁僚。所以上述案件中也有不少是专门针对内务大臣的。例如第 5 届议会上弹劾农商务大臣和农商务次官，抨击他们接受馈赠，给商贾以方便，并从中牟利的行为；在第 14 届议会上弹劾内务大臣，批判它滥用职权，干涉选举，与政商勾结等等。

议会对政府的监督作用在一定程度上约束了政府的行为，主要表现在行政改革和人事监督两方面。在行政改革方面，几乎所有的内阁都有所行动，制定官制改革方案、裁减官吏、节约行政经费、进行财政改革，整理税制，压缩各级官吏的俸禄等。就伊藤在第 5 届议会之后开展的行政整顿

① ［日］内阁制度百年史编纂委员会：《内阁制度百年史》下卷，东京：大藏省印刷局，1985 年版，第 731-734 页。

② ［日］古屋哲夫等编：《日本议会史录》第 2 卷，东京：第一法规出版社，1990 年版，第 236 页。

中，就淘汰冗官3272人，节约行政经费越170万日元。[①] 在人事监督方面，一些被弹劾的官员都得到应有的惩处，或被迫辞职，或被免职，或被送交法庭制裁。所以我们可以说，议会的监督权在明治宪法体制下是客观存在的，但是，由于缺乏宪法的有力保护，这种限制是非常有限的。

第三节　比较视域下清末立法机构改革困境

根据孟德斯鸠三权分立的设想，将立法权交予议会，由人民选举组成的议会来制定国家法律，行政机构负责法律的执行，司法机构负责审判和救济，只有这样，才能避免权力的集中与滥用，才能从根本上限制权力。这一分权理论的践行将会从根本上改变前近代时期王权专制的人治模式，将传统王权所具有的生杀予夺的任意权力限制在法律的范围之内。自亚里士多德最早论述过“法治”对比“人治”所具有的稳定性、正确性之后，在西方法律思想中，“法律高于政治这种思想一直被广泛讲述并经常得到承认”。[②] 近代中国和日本建立君主立宪制政府制度的过程是结合本国传统对西方三权分立思想的临摹和改造，但却走向不同的制度演化路径。晚清政府虽然在宪政改革中创新了很多具体政治制度设施，但这些制度设施在实践中大多扭曲变形或虚有其表，使宪政改革归于失败。而宪政改革中最为重要的议会的建立，也因为对权力的崇拜与传统等级制观念的影响而未能实现。

一、中央集权与国家权力再配置

清代以中央集权为特征的专制统治本身就是一种精英政治，它只需要

---

① ［日］大津淳一郎：《大日本宪政史》第4卷，东京原书房，1969年版，第26页。

② 伯尔曼：《法律与革命》，贺卫方等译，中国大百科全书出版社，1996年版，第11页。

始终保持一个质优量少的管理阶层，政治统治便能够顺利运作。① 而要进入这个管理阶层，对于大多数人而言，唯一正途就是科举。科举之制，自隋而肇始，唐宋之时完备，明清承之而盛极，至清光绪三十年废止已存有1300余年之久。科举之存在，对传统中国具有很重要的意义。它将传统中国的统治模式、社会结构与文化传统紧紧地联系在一起，通过共同的价值体系——儒学，“把整个中国维持在一种社会分层而又能够垂直流动的动态平衡状态”，② 并很好地维持和巩固了皇权。作为最高统治者的皇帝，通过公开考试而向天下选拔贤能之人，天下贤人皆为我所用。那些原本来自各个社会阶层的精英被纳入统治层，无不基于皇帝的权力，他们从政服官自然也是为皇权服务。③ 这种有着严苛录取比例④的为官制度保证了官僚队伍整体较高的政治、文化素养，也确保了清代帝国专制皇权的延续。从根本上来说，政治权力的作用是实现并保障政治权力主体的利益。马克思曾指出“资产阶级最初建立国家权力就是为保卫自己的财产关系。”⑤ 同样，在帝国时代，只要出现国家和阶级，就必然会有统治阶级和被统治阶级，就必然伴随着政治权力的运作与配置。

（一）国家权力再配置困难重重

中国封建社会后期，政治权力的行使不仅意味着对全体臣民的统治，还意味着对统治阶级私人利益的保障与政治秩序的规范，进而维持整个封建统治体系的稳定。在清朝君主专制集权体制下，对权力的角逐和争夺会

---

① 王德昭：《清代科举制度研究》，北京：中华书局，1984年版，第68页。
② 徐爽：《旧王朝与新制度》，北京：法律出版社，2010年版，第30-31页。
③ 王德昭：《清代科举制度研究》，北京：中华书局，1984年版，第82页。
④ 据《科举时代历朝录取进士数在总人口中所占比重》一表显示清嘉庆二十五年进士录取比例仅为0.000031%，参见何怀宏：《选举社会及其终结——秦汉至晚清历史的一种社会学阐释》，北京：生活·读书·新知三联书店，第349页。
⑤ 中共中央马克思恩格斯列宁斯大林著作编译局编：《马克思恩格斯选集》（第1卷），北京：人民出版社，1972年版，第171页。

更加激烈，因为这种争夺不仅限于皇室内部，中枢决策集团，也扩展到地方政府和民间团体。在封建社会，政治权力主体和客体是绝对分裂的，这表现在政治权力主体地位的绝对化和超稳定以及政治权力体系的封闭性。① 在整个社会系统中，一些人始终垄断政治权力的主体资格，而将另外一部分人完全排斥在权力之外。为了维护和保障某一特定群体的政治统治地位，统治阶级会从经济、文化等不同角度对这种权力秩序进行建构与完善。他们通过社会伦理道德和法律的约束限制作用，将阶级和阶层固定化，保证权力的世袭和政治地位的代际复制。

在前面的分析中已经论及清政府在仿行立宪下建立近代政府制度的动机在于维护传统君主集权统治，其宪政改革以日本为楷模亦是为了像日本保持天皇大权那样维护皇权，确保君主对政府的控制。但是中日两国皇权是并不相同的，认识到这一点至关重要。中国的皇帝与日本的天皇不同，中国的皇帝并不只具有象征性的最高权威，而是一个拥有绝对政治权力的统治者，所以当这种权力遭到三权分立“瓜分”时，它面临的是实实在在的权力分割以及既得利益者争夺权力的倾轧，这是中国清末宪政改革失败的重点所在，亦是统治者缺少改革诚意的注解。这些推行宪政改革的基本原则决定了改革者对拥有绝对权力的向往和崇拜，进行改革只是在晚清飘摇政局中挽救自我的权宜之计，而并非建设现代化社会结构的总体构想。诚如亨廷顿所言，传统君主所领导的现代化的主观动因在于遏制革命。② 因此尽管清政府也制定出现代化的改革计划，但他们却不能坚持下去，因为部族统治让他们意识到，“他们正在使自己、家庭和他的朋友失去享有的传统地位，……正在发动一场必然会摧毁这些地位基

① 江德兴：《马克思社会化理论与政治权力的演变》，北京：社会科学文献出版社，2005 年版，第 24-25 页。

② ［美］塞缪尔・亨廷顿：《变化社会中的政治秩序》，李盛平等译，北京：华夏出版社，1988 年版，第 152 页。

础的变革。”[①] 也就是说，统治者对于权力的固守与以建立议会为核心的宪政改革背道而驰。政治改革的目的是重塑国家与社会关系，重新配置国家权力。建立议会是为了限制君主权力，即通过民众的政治参与建立民众与政府之间的政治平衡，在确保政府权威性基础上保障公民的权利与自由。“一个集合体的权力存在于每个组成部分之中，而不仅仅存在于统治阶层，”[②] 这是立宪政治的精髓所在，也是历史对中国政治提出的要求。而中国近代之前的社会是君主专制的政治统治，君主无所不有，君权无所不包，“事无大小皆决于上”。君权具有任意性，不受约束，这种任意性体现在君权的行使过程中“既无法律又无规章，由单独一个人按照一己的意志与反复无常的心情领导一切”。[③] 尽管随着官僚制度的发展，这种权力逐渐受到来自官僚集团一定程度的限制，但是这种任意性权力始终没有得到任何法律上的约束与规范。

中央政府这种强有力使人们迷信强大统一权力的作用，把强大统一权力作为解除困厄和应对艰难的最有效的诉求。这种思想不光存在于种田人的头脑中，还广泛地附着在诸多社会精英的心里。正如托克维尔所说：“当大革命前的长期困惑开始发生作用时，形形色色有关社会和政府的新体系破门而出。这些改革家们提出的目标虽然不同，他们的手段却始终一致，他们想借中央政府之手来摧毁一切，并按照他们自己设计的新方案，再造一切；在他们看来，能够完成这种任务的，唯有

① ［美］布莱克：《现代化的动力——一个比较史的研究》，景跃进、张静译，杭州：浙江人民出版社，1989 年版，第 57 页。

② 《国外中国近代史研究》（第 27 辑），北京：中国社会科学院出版社，1995 年版，第 4 页。

③ 孟德斯鸠：《论法的精神》（上册），张雁深译，北京：商务印书馆，1988 年版，第 8 页。

中央政府。”① 这种看法一方面让人们忘却了其他解决问题的其他途经，容易用一种暴政替代另一种暴政，另一方面这种对凭借一种力量解决一切问题的方法的迷恋，容易产生一气呵成的热情。②

（二）中央集权与扩大政治参与的内在张力

宪政要求政治体系必须具有沟通、容纳新的社会阶层与社会势力的意愿和能力，这就要求政治体系必须逐渐向民众开放，扩大社会成员的政治参与。③ 尽管清廷在仿行宪政的上谕中就有“大权统于朝廷，庶政公诸舆论”的规定，意味着臣民可以在一定程度上参与政治，但是由于皇权专制政府制度的存在且始终处于优势地位，使得国家与社会始终处于对抗状态，而无法予以协调。从西方国家近代化历史来看，建立近代国家存在着两个基本面向，一个是中央政府的集权，另一个是政治参与的扩大，即民主的“分权”，这两个层面在很大程度上是相冲突的。欧美等西方国家之所以能够跨越现代化的种种障碍，就在于他们实现了两者的平衡与共存，无论哪一方都未能绝对地、长久地占有优势地位。④ 事实上，也正是由于中央集权与政治参与的相对平衡，才使国家与社会之间出现良性互动的可能。很多国家近代发展的历史都能够证明，对于正在迈向近代的国家而言，如何处理国家权力与社会权利以及公共舆论界的关系，如何应对、引导民众的政治参与诉求，控制社会运动的发展，是一个国家保持政权稳定并有所发展的关键所在。

---

① ［法］托克维尔：《旧制度与大革命》，冯棠译，北京：商务印书馆，1992年版，第109页。

② 宫欣旺：《体制的悲剧——读托克维尔〈旧制度与大革命〉》，《兰州学刊》，2007年第6期，第109页。

③ 高旺：《晚清中国的政治转型》，北京：中国社会科学出版社，2003年版，第136页。

④ 贾恩弗朗哥·波齐：《国家：本质、发展与前景》，陈饶译，上海：上海人民出版社，2007年版，第77页。

亨廷顿曾经指出，判定一个国家是不是现代化国家，要看其人民能否通过大规模的政治组合参与政治并被政治所影响。这是现代化国家区别于传统国家的最重要标志。① 纵观清末扩大政治参与的过程，由于商人和新式知识分子群体崛起，政治社团普遍建立和媒体舆论相对自由，通过选举、组织社团与政党、政治表达、政治对抗、政治接触等方式，在短时期内确是呈现了一派壮观景象。但由于清政府面对大众政治参与的爆发形势，不但没有因势利导，积极协调和疏通，使大众政治参与更加制度化、有序化和规范化，而是担心其统治不保，竭力将政治权力集中于少数满洲贵族手中，使统治基础更加薄弱，终至众叛亲离。由于清廷与民众之间没有建立一种有效的沟通和协商机制，双方就很难达成妥协共存。两者愈演愈烈的权力争斗在互不相让的心理支配下，只能造成一种零和博弈的结果。发展政治学家认为，面对现代化初期的政治参与浪潮，政府必须具有很强的政治控制能力，并且能够发展各种法律和制度使参与制度化。晚清中国政府之所以未能平衡好“集权”与“分权”的关系，不仅仅是因为此时清政府自主性低，对国家和社会的控制能力不足，更是由于皇权专制的惯性思维使其无意分权而治。

二、立宪派的先天缺陷与准备不足

作为活跃在20世纪初中国政治舞台上，试图通过政治变革挽救国家危亡并努力推进社会前进的政治力量，立宪派在推动清末政治改革和推翻清政府腐朽统治的革命中，都发挥了非常重要的作用。它从戊戌时期的维新派演化而来，同当时孙中山领导的革命派一样，为中国的存亡而殚精竭虑。他们高举爱国主义大旗，认为当下最重要的任务是救亡图存。通过学

① ［美］塞缪尔·亨廷顿：《变化社会中的政治秩序》，李盛平，杨玉生译，北京：华夏出版社，1988年版，第36-37页。

习和传播资产阶级政治、社会、法律观念，他们认识到，要想彻底摆脱中国传统落后，任人欺凌的局面，必须改变腐朽的封建专制统治制度。但是，与革命派不同的是，立宪派认为专制政体是可以而且应当通过和平改革手段来推翻的，因为他们大部分是从统治阶级中分化出来的，与传统有着千丝万缕的关系，甚至他们现有的权势、地位恰恰是来自专制政体所赐。他们不像革命派那样反对清王朝的统治，我们不能因此将他们视为反动政治力量，因为他们确实心系国家安危，一心一意想要推进君主立宪政治，事实上也确实推动了清末政治改革，但是并未实现其和平立宪的夙愿，相反却促成了他们最初并不赞成的暴力革命。究其原因，还要从立宪派的软弱性说起。

（一）软弱的立宪派

从历史事实来看，革命派能够成为当时推动变革的绝对力量，是因为他们更有优势。这种优势体现在与传统统治力量的根本对立以及对旧统治秩序进行完全颠覆的决心，以致他们可以向传统发起更猛烈的进攻和更深层次的扫荡，这正是变革传统社会所必须突破的。革命派的坚决恰恰从反面揭示出立宪派的软弱性。立宪派低估了传统与既得利益结合所带来的巨大阻力，天真地以为可以通过上书请愿的方式达成政治改良的目的，到头来终被残酷的现实打破幻想。回顾1910年立宪派三次大规模国会请愿运动的艰辛过程与失败结果，就完全证明了这一点。立宪派的这种软弱性体现在两个方面，一是组织形式的松散性，一是斗争手段的妥协性。从三次国会请愿运动的组织情况来看，由于社会中层组织发育不良，使请愿运动具有较强的自发性色彩，导致社会运动参加者的行事方式往往会基于他们自己长期养成的习惯和本能，缺乏组织性和规范性。这使得清末的国会请愿运动、保路运动等民众运动呈现出较强的非理性和情绪化特征。充满激情的演说、痛哭流涕的听众、割臂刺指、血谏朝廷等等非理性行为不仅不利于改革推进，反而会起到相反效果。斗争手段的妥协性表现在立宪派所进行的请愿活动始终没有超出“臣对君”的纲常伦理准则。这不仅从根本上揭示出立宪派与革命派之不同，而且也揭示出立宪派软弱性的根源。他们奔走相告，集结呐喊，为的是国会早一天建立，实现人民参政的愿望，但是不论采取什么样的手段，集会也好，上书也罢，他们始终遵循“君君臣臣”的伦理纲常。如立宪派首领张謇在宣统元年所作《送十六省议员诣阙上书序》中就叮咛代表请愿要“秩然秉礼，输诚而请”，即要求大家要作合乎礼制法体的文明请愿。在后来开展的国会请愿运动中，立宪代表们除上书请愿之外，还向亲贵大臣进行哀求，遍谒当道权重大臣，请求速开国会，立陈速开国会之理由，人民热切盼望之心情，甚至痛哭流涕以试图打动握有重权的亲贵们。立宪派以为他们如此尊君守礼，就可以用哀求得到一个御赐的国会，进而消弭和抵制革命，使中国的问题迎刃而解。但是事实一次又一次打碎立宪派和平变革之梦，致使他们倒向革命派，为辛亥革命的爆发积聚核心力量。

造成立宪派软弱性的原因很多，既有传统儒家文化思想的影响，又有当时社会客观条件的限制，但其深层次原因是等级制思想的影响。尽管在整个历史上，日本一直是个等级森严的阶级社会，但是与中国传统等级制有着本质的不同。这不仅可以阐明中国近代立宪派软弱性的根源，也可以解释中日两国近代发展分野的原因。所谓等级，是指依照社会政治地位的高低进行划分并被法律确认的不同社会集团。在中国古代，等级的划分最初是依据血缘，后来与官僚制相结合，逐渐加入道德、才能等因素。但是不论等级划分的依据如何变化，其以法律、权威以及文化灌输等方式否认平等，强调身份差别、地位高低，保护等级特权的特征没有丝毫改变。等级划分经过数千年来逐渐固定下来并成为人与人之间交往的准则，深深地沁入人们的思想，形成所谓的传统等级观念。此一传统等级观念有两个要点：一是人与人之间是分等级的而非平等的。二是“每个人都应按其所归属的等级行事，各安其分，各尽其职，享有相应权利，并履行应尽义务"。① 传统等级观念的形成是在自然经济占主导地位，商品经济不发达，平等交换不存在的经济条件下产生的对等级制度的直观反映。在人类前近代社会中，等级制度的存在是一种普遍现象，并表现为一定的人身依附性。人们从一出生开始就被纳入一定的等级，接受一定的等级教育，其行为、思想乃至前途等无一不受等级制度的影响。再加上统治者出于集权统治的需要，鼓励并扩大等级理论的阐发和应用，使等级理论更加全面化和系统化。这种产生于奴隶社会并在封建社会中逐渐完善，反映等级制度，并为思想家所论证和发展、为法律所强化的传统等级观念，渐渐成为人们的一种认知方式、思维方式乃至行为准则，成为传统政治文化的重要内容之一。

（二）等级制观念影响

这种等级观念根深蒂固，具有惊人的生命力。且不说当代中国已不存在奴隶或封建生产方式，也已不存在等级制度，法律亦不再肯定等级制度，但是由于中国的生产力水平还不够高，意识的演进具有滞后性等因素使传统等级观念并未完全消失，对当代中国民主社会的建构和发展有着一定负面影响。在这种传统等级制度中，人与人之间的等级性还表现为一种人身依附关系，即上级可以决定下属的前程命运，下属则把个人前程命运寄托在上级身上的一种不正常的上下级关系。从立宪派对统治者以君臣之礼相待，将个人权利的实现寄托在掌权者手中，寄希望于统治者主动听从劝告御赐一个国会来实现变革就是一种典型的传统等级制观念在作祟。立宪派中多数人虽然是受过新式教育、具有开明思想之人，但是上千年来积累的等级观念已经渗透进他们的思想和内心，已经深深影响到他们的行为

① 程同顺，杨文彬：《传统等级观念与当代中国政治发展》，《云南行政学院学报》，2002 年第 3 期，第 9 页。

方式。“当一个社会运动缺少最基本的组织性时，决定运动发展的是普遍存在于大众头脑中的基于某一社会文化传统的一些基本解读方式，而非引导运动的积极分子的话语和行动。”[①] 他们在纲常伦理的范围内，采用传统“上书”和“谏”等方式，践行传统等级制观念，却试图建立一种新的政府制度来适应近代社会的转型，结果只能是失败和徒劳的。

需要说明的是，日本虽然也有等级制，但是其在天皇制下所带来的结果却是完全不同的。等级制一直是日本有文字以来生活中的准则，虽然明治政府从法律上取消等级制度，但事实上却大量保存了这一制度，使等级观念根深蒂固地渗透到日本人的生活之中。但是，与中国不同的是，日本封建时代的等级制度是以世袭为基础的，有着严格的不可逾越的身份等级制度。他们不可能像中国各阶层那样通过科举实现阶层间流动。也正是这样的等级制度及在此基础上生长的等级观念使各个阶层固化，使每个阶层“各得其所，各安其分”，并不畅通的阶层流动渠道使每个人满足于自身现状，并在阶层范围内努力做好自己的本职工作，这一等级制观念带来的结果便是近代日本社会秩序的相对稳定。从明治维新启蒙思想家福泽谕吉与清末革命家陈天华在论述国家与国民关系上所产生的分歧可以看出，日中两国当时在政府与国民之间关系和地位上观念的差异。虽然两人都将国家比喻为公司，但福泽认为，公司经理（即政府）对职员（即国民）具有绝对的领导权，当两者意见相左时，职员必须绝对遵守国法，服从经理的意见。而陈天华则认为，公司经理（即皇帝）如果胡作非为损害公司（即国家）利益时，股东（即国民）就必须对其进行弹劾，他主张人民有反叛权。[②] 这从一个侧面反映出等级制在不同社会环境中的不同作用。明治维

① 赵鼎新：《社会与政治运动讲义》，北京：社会科学文献出版社，2006 年版，第 228 页。

② 张中秋：《中国法律形象的一面——外国人眼中的中国法》，北京：法律出版社，2002 年版，第 318 页。

新的成功是源于统治者将这种等级制的最高等级集中于天皇，树立天皇的绝对权威，并在天皇名义之下展开各项改革。而中国等级之间的流动性使社会中有一定知识、家庭背景或是财产的个人都跃跃欲试地向高层聚集，以仕途之路为出人头地之捷径，这就必然带来更多的社会动荡。

第五章　司法体制改革与近代司法独立

在西方国家建立法制社会的进程中，司法独立作为夺取政权的手段由资产阶级启蒙思想家首先提出并阐发。在封建社会中，“国王作为国家的最高统治者，既是立法者，又是行政首脑，同时也是最高审判官。同样的，领主作为每个封地的首领，也有权主持法庭……更有甚者，连教会也有司法管辖权。”① 在这种全能型统治方式之下，司法审判不可避免地带有人治的色彩，以统治者主观意识为主导的司法审判并不能保证其公正性，亦不能保障人的基本权利。因此，在推翻封建专制统治建立资产阶级政权的斗争中，法国启蒙思想家孟德斯鸠提出，实行“三权分立”以保障人的权利与自由。具体而言，是将国家权力划分为立法、行政和司法三项权力，分别交给三个相互独立、相互制约的国家机关去行使。因为，如果司法权不与立法权和行政权相分立，人们的自由就无法保障；如果司法权与立法权混为一谈，即法官就是立法者，立法者就是法官，则不可避免地擅用专断权力对公民的生命和自由造成威胁；如果司法权与行政权合为一体，则法官便握有压迫者的力量。② 所以，近代国家建立必须实现司法权独立，这样才能保障资产阶级所要求的权利和自由。孟德斯鸠的分权思想不仅深刻影响了西方试图建立资产阶级国家的政治法律改革，而且也深刻影响和改变了十九世纪中叶被迫走向现代化的中日两国。

---

① 刘敏：《司法独立：法制现代化的一个重要标志》，《南京师范大学学报》（社会科学版），1997 年第 2 期，第 40 页。

② ［法］孟德斯鸠：《论法的精神》（上册），张雁深译，北京：商务印书馆，1961 年版，第 157 页。

第一节 清末司法改革

司法独立是西方民主宪政的基本标志之一，晚清司法改革是在预备立宪大背景中进行的现代化转型。孟德斯鸠在其经典著作——《论法的精神》中首次提出著名的“三权分立”理论，将原来属于君主个人的统治权划分行政权、立法权和司法权，由三个不相隶属又相互制衡的机构分别掌握，以保障公民的权利和自由。这一学说后来逐渐成为近代西方各国构建政治法律制度的有效指南，并根据各自的国情在实践中进行了相应的调适与变通。清末中国风起云涌之势唤醒了民众对政治变革的热情，“三权分立”学说得以在中国广泛传播开来，并逐渐从民间舆论扩展到官方意识形态。发轫于晚清新政的司法改革直接肇始于中西司法冲突，其更深层的渊源在于东西两种异质文明相遇的机缘。① 尽管晚清司法改革所进行的中西比较是寻找彼此同一性和差异性的过程，但就文明的碰撞、交流乃至融合，强调差异或许是人类行为和思维方式的自然倾向。况且中国法传统的应有之义与西方法本质不同。在这个与西方比较进而学习的过程中，同属中华法系的日本因在综合国力上取得实质性进步使其成为晚清中国政治变革效法的对象。同样是东方儒家文化圈内的集权国家，同样是被迫与西方法制精神进行交锋，相比于维新之后日本司法独立制度的建成，清末司法独立制度的建立过程则是另外一种景象。

一、维护王权之制的权宜之策

1906 年清廷宣布预备立宪之后，便开始着手集中制定新律，编撰法

① 王人博：《中国法制现代化的历史》，北京：知识产权出版社，2010 年版，第 37 页。

典，并开始大量引进和继受西方法律进行司法制度改革。就主观方面来说，这不仅是因为清政府在国际交往中遇到重重障碍，深感“九州外之国林立矣，不有法以维之，其何以国”，[①] 更是由于清政府面临严重危机而不得不寻找济世存真之良方的迫切愿望。

（一）革新弊政

司法独立观念在清末从一种社会思潮逐渐发展为被统治高层所认可的政治理念，虽然是缘于大量西方法学译著出现、西方政治法律知识传入以及出国考察、留学人员的增多等原因，但“当时官方对于这种发源并形成于西方的‘三权分立’及司法独立的理解，仍是来自现实的逼迫以及基于自身的体认”。[②] 面临司法主权的丧失和西方司法文明的“入侵”，清政府传统司法制度的有效性受到致命威胁，动摇了人们一直以来形成的传统司法观念，进而开始质疑整个传统司法制度及其合理性。那些因出国考察、留学而有机会亲身经历西方司法制度先进性的官员、学生，因与洋人打交道而目睹西法审判的国内普通官员，势必会拿西方司法制度与中国传统司法制度进行比较。对两种完全不同的司法制度的经历和感悟，无疑有助于他们借鉴和引入西方司法理念和制度模式，来审视和改进晚清现有的司法体制。

光绪三十二年（1906 年）八月，修订法律大臣沈家本上奏《奏进呈刑律草案折》，阐述修订新刑律的理由。他认为领事裁判权丧失、国际地位不平等都是因为缺少完备法律，遭到国际社会的排斥。如果说沈家本作为统治阶层的一分子过多得将修律归因于中外交涉的需要，那么庆亲王奕劻所上的《厘定中央各衙门官制缮单进呈折》则是从国内旧法体系积弊已深，无法适应新的价值观念所促成的社会关系的角度来说明必要性。他揭示中国长

① 姚琦：《近代中日两国法制现代化之比较》，《广西社会科学》，2007 年第 1 期，第 71 页。

② 韩秀桃：《近代中国对司法独立的价值追求与现实依归》，《中国法学》，2003 年第 4 期，第 165 页。

期以来专制集权政治体制带来的积弊：如果行政官同时执掌立法权，就很有可能会出现“藉行政之名义，创为不平之法律”。倘若行政官同时握有司法权，则很可能会出现行政长官根据自己的意志“变更一定之法律”。而假如司法官同时握有立法权，则极易会出现将听断之便得制定为严苛之律法，而妨害人民之生命权利。[①] 其实，对于行政权监理司法权的弊害，身在曹刑多年的沈家本也有着深刻体会。他认为行政司法不分的弊害有四点：首先是州县任职者多是来自科举与捐纳，由于没有学习过法律知识，面对地方千头万绪的繁杂琐事而不知从何下手。即使遇上负责尽职的州县官，但是由于没有相关的专业知识，也没有专业人员的配备，由本已政事缠身的行政官员来兼顾司法，也确实让人心有余而力不足。其次是做司法官比做行政官要难，行政官无法胜任或无暇胜任的审判大权就落于胥吏书幕之手，为奸胥劣幕因缘作弊大开方便之门。再次是本来为了慎重起见而对刑狱判罚实行的勘转之制，但由于地方官担心解审，所以很多案件并未报至刑部导致下情无法上达。最后是中国因并无完备的司法制度而授外国人以口实，被攫取领事裁判权，侵犯到中国的司法权，贻害无穷。[②] 因此，沈家本提出，时至今日，司法独立为我国刻不容缓之要图。因此只有实行司法改革，确立司法独立制度，才能改变中国传统行政司法一体化而产生的弊端。

（二）加强中央集权

戊戌变法虽然以失败告终，但是它所倡导的立宪思想第一次从理论上和实践上对传统君主专制统治模式提出质疑和挑战，并深深启发了清末乱世中迷茫徘徊的知识分子，逐渐形成晚清强烈要求推进立宪变革的社会思潮，为司法独立思想的勃兴与制度建构提供不同于传统的社会氛围。变革的依据和标准都是西方的，因为传统已经不足为凭，另类的世界尽管还很

---

① 故宫博物院明清档案部：《庆亲王奕劻等奏厘定中央各衙门官制缮单进呈折》，收入《清末筹备立宪档案史料》上，北京：中华书局，1979 年版，第 463 页。

② 李贵连：《沈家本传》，北京：法律出版社，2000 年版，第 242-243 页。

陌生，但现实的威胁已经不容统治者深思熟虑，更何况放眼东隅日本小国天皇制下西化的成功，给了急于扭转被动局面的清廷无尽的安慰和幻想。就司法独立的作用而言，从始至终，清政府都没有把它看成是建立近代政府制度，实现分权和制衡的手段，相反只是一种维护其统治下摆脱危机的手段。因为晚清虽然未出现严重的政治分裂局面，但是“内轻外重”统治局面是咸丰以后各个皇帝一直想要解决又无力克服的一个大问题，而预备立宪背景下的司法改革为消除这块“心病”提供了可能。“内轻外重”是指中央与地方权势分配的轻重关系，内指的是中央，外则指地方。19 世纪 60 年代以后，清政府中央集权之势日衰，而地方行政之权日重。道光帝时，地方督抚把持地方军事、财政、行政和司法大权，出现与中央对峙的局面，甚至“西人尝谓，中国二十一省，无异二十一小国”。① 实际上早在实行清末新政以前，清政府就进行过加强中央集权的努力，在军事上整顿绿营恢复旧制，订立厘金章程欲集税权于中央，但响应者寥寥无几，多数省份并不遵照执行。因此，这次“预备立宪”给清廷收回地方大权提供了机会。

在中央与地方的这场权力角逐中，始终贯穿着满汉之间的矛盾。清政府加强中央集权的目的是维护满族贵族统治，而在当时与中央形成分权对峙的地方督抚多是汉族官员。中央与地方的权势分配实质上是满族贵族与汉族大员之间的权力分配关系。在清王朝生死存亡的关键时刻，统治者为了使王朝统治延续下去，必然要协调与汉族官员之间的矛盾。所以说，他们此时的改革，也可以被看成是一种“自救”行为。在他们看来，清政府是满族人的政权，中国的统治者是满族人，但是，掌管地方大权的督抚绝大部分是由汉人担任，这就违背了清廷统治者在设置国家机构员缺时“以满制汉”的政治策略与初衷，也预示着满洲贵族的固有权力与利益正在逐渐丧失。照

---

① 李鼎楚：《“变法”与“斗法”：解读清末地方司法独立制度构建中的权力争斗》，《湘潭大学学报》（哲学社会科学版），2010 年第 6 期，第 126 页。

这样下去，即使立宪能够挽救国家于危亡，但那时权力已经不再属于满人，皇亲贵戚所享有的特权也将荡然无存，那么试问他们为什么还要立宪，立宪对于他们还有多大的意义呢？在清统治者看来，立宪非中央集权不可，必须保证皇权的永固。从后来满族贵族对官制改革的建议上来看，他们对于改革地方官制，实行地方司法独立制度表现得尤为热衷。端方、载泽、奕劻等能够左右立宪方向的核心人物纷纷上奏慈禧，要求实现地方司法的独立，使各省执法司、各级裁判所独立于地方行政，收归中央统一运行。时下愈演愈烈的宪政风潮以及整个社会对立宪的向往正好给了统治者限制地方权力，实现中央集权一个借口。他们打着三权分立的旗号，以宪政拥护者的形象推行地方司法独立改革，从而可以冠冕堂皇地收回地方司法权。

（三）收回领事裁判权

领事裁判权指的是一国通过其驻外领事，对处于另一国领土内的本国国民根据其本国法律行使司法管辖权，并根据其本国法律进行审判的制度。① 这是一种治外法权，是对国家属地优越权的例外或侵犯。在中国沦为半殖民地半封建社会之后，西方列强借口清朝法律过于严苛，而要求领事裁判权。他们认为中国的法制不完备，审判案件时经常采用严刑拷打来逼供。遇有犯人逃脱或死亡的，采取连坐之制，滥杀无辜。而且，中国的审判官，多无法律知识，道义之心浅薄，甚至接受贿赂，徇私枉法。而西方法律优于清律，所以需要以西方法律治之。其实质是想要以此来保护西方人在中国的传教、经商等各项利益。西方各国取得在中国的领事裁判权，是中西方司法冲突的直接表现和结果，它从一个侧面表征西方的强势和中国的屈辱。因为中国的官员和法律不能管辖享有领事裁判权国家的侨民及其与他国人的争讼，更不能制裁他们在华的犯罪。② 所以说领事裁判

① 王人博：《中国法制现代化的历史》，北京：知识产权出版社，2010 年版，第 39 页。
② 朱勇主编：《中国法制史》，北京：法律出版社，1999 年版，第 497 页。

权实质上是外国裁判权。对于中国来说，是中国领土内属于他国的裁判权；对于享有领事裁判权的国家来说，则是行使于其领土之外的裁判制度。[①] 列强们通过不平等条约攫取领事裁判权，并在此基础上形成领事裁判权体系，对清王朝的统治及人民产生巨大危害。首先，因为各国行使领事裁判权必须适应自己的法律，这就使得若干套法律体系在中国同时适用，导致对中国人实际上的司法拒绝。其次，随着国际法观念的传入和民族独立意识的增强，官员们认识到这种对司法权的侵犯严重破坏中国的主权。他们认为，一个拥有主权的国家就会拥有法权，法权是国家主权的象征。外国人到他国去，应该受到他国法律的管辖和审判。可是自从中国向西方国家开放之后，被迫同意各国领事按其本国法律自行管辖和审判其民，已是破坏法权之举，后来逐渐变为以彼法治华民，严重削弱我国的法权以致破坏我国主权。对于清朝统治者来说，司法权的破坏更主要还在于妨碍政府处理教案和镇压反对派。庚子事变之时，清政府曾经试图借助农民运动的力量收回列强在华的特权，结果迫使慈禧太后西逃躲难，险些倾覆江山社稷。既然武力上毫无优势可言，惟有参照列强的标准，按国际接轨的方式改良本国法律以争取列强的承认就成为清政府的唯一选择。[②] 清政府统治者及其主要官员此时已经深刻认识到，积极改革中国传统司法制度以迎合西方并不能从根本上收回领事裁判权，因为这只是西方国家侵略中国所使用的一个借口而已，但他们仍然寄希望于通过主动改革来尽力挽回逐渐丧失的国家主权。

在法律秩序的构建方面，要求司法必须具有一定的统一性，否则不但无法形成这种秩序，甚至还会走向相反的方向。[③] 这一规律可以解释为什么领事裁判权的设立会导致中国法律失序，因为它破坏了中国司法的统一

---

① 王健主编：《西学东渐——外国人与中国法的近代变革》，北京：中国政法大学出版社，2001 年版，第 307 页。

② 李启成：《领事裁判权制度与晚清司法改革之肇端》，《比较法研究》，2003 年第 4 期，第 27 页。

③ 韩秀桃：《司法独立与近代中国》，北京：清华大学出版社，2003 年版，第 79-80 页。

性。对于存在于该国的法院系统，如果不是由该国政府和民众予以设立和控制，且实施着与该国法律在内容和理念上大不相同的法律，就会遭到该国政府和人民的质疑。① 他们会质疑外国的法律本身是否正当，法律运用是否得当，法律作出的判决是否有效等等。由于中国清末内忧外患的社会危机日益严重，导致司法缺乏必要的统一性，带来法律失序。同时，这种法律危机又加深了社会危机，形成真正的“法律与秩序危机”。②

二、清末司法机关的近代转型

晚清中国建立司法独立制度的尝试，最主要体现在大理院的创设与独立审判制度的确立。在此之前，既没有专门进行审判的独立机关，也没有与之相对应的诉讼、审判原则，而且民刑不分，政出多头，审级繁多。负责中央司法事务的刑部、大理寺和都察院组成的“三法司”中，虽然规定刑部掌管刑罚的政令，握有司法权力，但是在其进行审判活动时，要受到大理寺和都察院的监督与牵制。对于刑部的审判结果，大理寺有权复审驳回，都察院可以稽查纠核。这样一种制度安排，是清代中央集权专制政治体制的应有之义。在君主集权专制的政府制度内，是不可能将司法大权委以某个机关的，因为这种体制始终要保持皇权的绝对控制力。所以，刑部仅有对判处较轻刑罚的案件有决定权，不仅如此，还要将判决发送大理寺进行复核，并接受都察院的稽查。如果认为刑部的审理有失当的地方，大理寺有权要求驳回重审，如果认为审理存在严重错误，都察院有权进行弹劾。③ 从表面来看，这种制度设计是为追求司法的准确性和公正性，但实

① 王健：《西法东渐——外国人与中国法的近代变迁》，北京：中国政法大学出版社，2001 年版，第 329-330 页。

② ［美］诺内特，塞尔兹尼克：《转变中的法律与社会——迈向回应型法》，张志铭译，北京：中国政法大学出版社，1994 年版，第 8 页。

③ 春杨：《论清末中国司法体制的转型及其历史启示》，《政法论丛》，2005 年第 2 期，第 24 页。

际上是为了维护君主的专制统治。由于中国传统解纷机制是一种自发自止的行为习惯，具有历史的惯性，所以要想改变这些传统行为习惯，必须借助外来危机以及种种刺激予以推进，才能构建起新的法律制度和机制。对于晚清中国来说，这一改变既包括照搬国外现存模式的过程，也有根据国内博弈状况进行妥协的过程。

1906年11月6日，清廷颁布谕旨宣布新官制规定，改刑部为法部，专任司法行政。改大理寺为大理院，专任司法审判，① 这道谕旨从体制上宣告行政官监理司法事务制度的灭亡。分立后的大理院大体上经历两个发展阶段，第一阶段到1908年“九年筹备事宜”颁布为止，主要按照西方“三权分立”的模式，制定相关审判组织法，以及人员的配备、经费的筹措和司法权限的划分等。第二阶段直到辛亥革命爆发为止，重在筹建地方各级审判机关，并制定相配套的规章制度和实施细则。

（一）大理院的设置与组织章程

构建近代司法独立制度伊始，由于京师乃变法改制的中枢要地，对地方司法改革起着榜样和示范作用，而且大理院的成立是司法独立之象征而为中外所瞩目，所以，大理院在详尽考察日本裁判所制度的基础上并结合中国旧制实际，很快拟定出《大理院审判编制法》对京师各级审判机关的建立予以规定。此法共5节45条，对司法独立的建立、大理院的设置与章程以及审判的基本制度等作出初步规定。该编制法第一次对司法独立进行明确表述，规定大理院以及大理院所辖的各审判厅司在进行司法裁判之时，不受行政权力的干涉，以确保国家司法独立大权，保护人民身体和财产。打破中国传统重刑事轻民事，民刑一体的审判机制将民事和刑事案件分开，要求各审判厅局均分为民事和刑事两类审判事。规定在各级审判厅

① 故宫博物院明清档案部：《裁定奕劻等核拟中央各衙门官制谕》，收入《清末筹备立宪档案史料》上，北京：中华书局，1979年版，第471页。

内设检察厅。检察官于刑事有公诉之责，并监视判决之后正当施行。与此同时，初步拟定大理院的设置和组织章程，规定大理院对法律拥有解释权，对全国审判衙门起约束作用。按照《大理院审判编制法》规定的京师各级审判机关组织制度，大理院在京直辖京师高等审判厅、京师城内外地方审判厅以及京师分区城谳局，四级三审制初现端倪。京师各级审判厅局管辖范围如表 5-1 所示。1910 年 2 月，我国第一部全国性法院组织法《法院编制法》出炉，这部较为系统全面的各级审判机关组织法，与先后出台的《法官任用考试暂行章程》《司法区域划分暂行章程》等一并实施，使整个审判组织法更趋完备。

表 5-1　京师各级审判厅局管辖范围

大理院	终审案件
	官犯及国事犯
	各直省之京控
	京师高等审判厅不服之上控
	重罪案件（与宗人府会审）
京师高等审判厅	地方审判厅第一审判决不服之控诉
	城谳局判决经过第二审之上告
地方审判厅	第一审案件：除城谳局及上级审判权限以外之民诉；不属城谳局权限及大理院特别权限之刑诉
	第二审案件：对于城谳局已判决不服之民事控诉；对于城谳局已判决之刑事控诉
城谳局	民事：二百两以下之诉讼，田土疆界、占据、雇佣调之诉讼，旅人与客店及饮食店主人间、旅人与运送人之间所起之诉讼
	刑事：违警罪不服者，罚金十五两以下者、枷号者，妇女折赎在四十两以下者，徒罪无关人命者

（二）地方各级审判厅的筹建与相关规章制度

1907 年，法部根据《天津府属审判厅试办章程》与修律大臣沈家本呈奏的《法院编制法》（草案），制定《各级审判厅试办章程》，直到1909年始获实施。该章程确认四级三审制的审判机关组织制度，将民刑案件相区分，规定较完备的起诉制度，并细化检察官职权，为已经成立或在建的新式审判机关审理案件提供依据。在相关组织法规渐趋具体化和体系化背景下，各省各级审判厅的筹备工作亦先后展开。但同中央一级行政、立法分立的过程一样，地方审判厅的独立也必然受制于地方官制改革的基本原则。早在中央颁布地方官制改革之前，直隶总督袁世凯就在直隶试办独立审判机关。他在天津的府、县、城乡分别设置高等审判厅、地方审判厅以及乡谳局，[①] 择取法政学校毕业者、对法律素有专研者及原府县发审员，经考试后录用为办事人员。并制定《天津府属审判厅试办章程》《天津府属试办审判厅员弁职守》，始开清末地方试行独立审判之路。为稳妥起见，奕劻等人上《续订各直省官制情形折》，提出从东三省入手，并率先在直隶、江苏两省试办地方审判厅，其余各省由督抚斟酌办理。1907年，东三省司法独立工作开始实施，时任东三省总督徐世昌计划在省城设立高等审判厅，在奉天府设立地方审判厅一厅，在承德、兴仁（后改为抚顺）两县地方按巡警区域设初级审判厅六厅，并要求每个审判厅附设检察厅。[②] 但初级检察厅由于缺少合格法律人才以及资金上的困难，检察官由各巡警局的巡警官兼任。1908年清政府颁布《大纲》之后，紧接着颁布《议院未开以前逐年筹备事宜缮具清单》规定建立全国审判机构的年限和顺序。从1909年开始筹办各省省城与商埠各级审判厅，到1910年一律成立。1911年筹办省府、厅、州、县各级审判厅，到1913年一律成立。1913年开始筹办乡镇初级审判厅，到1915年全部成立。尽管这一计划是如此缺乏可操作性，各省在筹办审判厅时也遇到了很多难以解决的困难，但无论怎

① 迟云飞：《晚清预备立宪与司法"独立"》，《首都师范大学学报》（社会科学版），2007年第3期，第4页。

② 朱寿朋：《光绪朝东华录》，北京：中华书局，1958年版，第5826-5829页。

样，各省督抚们大多行动了起来。广西、山东、浙江、四川等省设立审判厅筹办处专门负责审判厅的筹办。为催促各省的筹办进程，1910年宪政编查馆派人分赴各省考察审判厅筹办情况。虽说各地情况各异，进度也不尽相同，但基本上都按照《逐年筹备清单事宜》的要求依次建立。可是整个地方司法系统的建立也仅止于此。因为，1911年辛亥革命并未给清王朝更多的时间，司法未能独立，清已亡。

三、司法改革中的权限之争

在清末的立宪改革过程中，清政府所追求的并非真正的西方近代资产阶级所宣扬的“三权分立”，而是君主集权下的权力制衡。从晚清政府建立司法独立体系的过程来看，虽然仿照西方“三权分立”体系建立起独立的司法审判机构，但是并未赋予它实质性的审判权与检察权。因为清廷之所以推进变法修律是为了加强中央的专制集权，他所策划的是一场君主集权之下的行政、立法、司法三分，这种情境下以设置大理院为标志的司法权的独立只是徒有虚表。但即便如此，每个部门为了各自的权益，围绕着司法权限的划分展开了一场激烈的斗争。

（一）司法权限的重新划分

清代官制继承于明朝，“刑部受天下之刑”，大理寺掌复核、驳正之权。到了清末，刑部主要行使司法审判之权，并兼理狱政、司法官员考核等职务，是皇权专制体制下最高审判机关。大理寺是最高复核机关，对刑部判决进行监督和驳正，本与司法审判事务无关。1906年中央颁布厘定官制谕，对官制进行改革，将刑部改为法部，掌管司法行政权，成为最高司法行政管理机关；将大理寺改为大理院，执掌司法审判权，成为最高司法审判机关；并规定法部对大理院行使监督权。改革上谕颁布之后，法部和大理院在原先刑部和大理寺的旧班底上进行了改革。由于“三权分立”、司法独立、审判独立等全新原则的确立，法部与大理院的内部机构设置及执掌与过去截然不同。尤其是大理院，从机构设置来看，完全成为专门的审判机关。大理院内部分刑、民两科，民科下设四个法庭，分别掌特交及国事案、宗室及官犯案、不服京师高等审判厅以及各省直高等审判厅判决之院控案件。法部由原有的“十八清吏司”改为由承政厅与参政厅领导的审录司、制勘司、编制司、恤宥司等八司及收发所。司法行政权与司法审判权虽然在组织结构上已经分立，但由于清政府的这一设计本身对于法部与大理院之间关系并未有详细规定，使得本已由于角色转换而带来的权利厘定不明更加混乱。除了刑部与大理寺在向法部与大理院转型过程中自身的巨大变化之外，法部与大理院之间的权限争夺也愈演愈烈。新官制标榜以司法独立为目标，却赋予法部过于宽泛的权限，这使得“白手起家”的大理院为实现审判独立而不得不与法部进行权力争夺。同时对于法部来说，由原来掌握审判大权的刑部转变为纯粹进行司法行政管理的法部之后，不仅失掉原来掌握的司法审判权，而且在政府制度中的地位也远不如从前。将司法大权拱手让给在“三权分立”国家架构中颇有地位的大理院，法部自然是十分不情愿的。因此，部院从设立伊始关系就非常紧张，因为制度设计本身存在矛盾以致在现实中无法操作，表现为部院之间的矛盾与冲突。从构建司法独立制度的要求来看，其实质是部院之间权力的重新划分。由于审判权独立的要求以及地位的重要性，法部与大理院之间呈现出此消彼长的对立关系，所以势必剑拔弩张，针锋相对。

（二）部院之争

为了在这场权力拉锯战中争取主动权，大理院上奏《大理院审判编制法》，欲建立直辖各审判厅局的京师审判系统，直接管辖京师的各级审判机构，试图将属于法部的司法行政权纳为己有。同时法部也不甘示弱，即刻奏准《法部官制》，提出将法部对于重罪、死罪案件的复核权更进一步发展为对大理院审理案件的驳审权，专横得涉足司法审判事务。两个部门都为扩大自身权限而向对方专有领域扩展，使部院之间的矛盾进一步升级。1907 年 5 月，法部侍郎以总核官制王大臣所制定的法部权限过于笼统和抽象为由，呈递了一个划分法部与大理院权责范围的“司法权限清单”，提出必须使每一级审判机构独立行使其权力，才能确保执法的刚正不阿，同时，审判机构必须接受法部的层层监督，只有这样才能防止大理院的专断。[①] 并据此拟定了法部的 12 条权限，其主要内容有：一、大理院自定死刑之案，须送法部核定，并由法部宣告死刑行令；遣军、流徙之件，咨送法部报备。二、在设立高等、地方审判厅之后，其判处死罪的案件分别报送法部与大理院。由大理院进行复核，之后再报法部核定，最后由法部拟稿与大理院一起上奏。遣军、流徙以下之件，由法部办理。三、各级检察厅与审判厅皆受法部之监督，其推丞、推事请简请补皆须会同法部具奏。四、各级审判厅的官制、分管区域及设立处所之事宜皆由法部主稿会同大理院具奏。从这些内容可以看出，法部既不想失去其原来掌握的司法审判权，如对重案要案及秋审、朝审大典的复核权，又想将司法行政权，如区划权、任免权、执行权等牢牢掌握在手中。不仅可以干涉各级审判机关人员编制与辖区划分，而且可以通过对大理院判决的复核权影响审判，大理院作为全国最高审判机关可谓名不副实。

在法部提出上述权限 6 日后，大理院亦有所行动，上奏厘定司法权限专折。强调法部是主管司法行政事务的部门，不能也不应该涉足司法审判事务。由于司法独立是日后中国宪政之始基，而审判独立又是司法独立应有之义，于内作为指导各省建立地方独立审判机构的准则，于外则关系到各国之观瞻。所以，针对法部提出的 12 条“司法权限清单”中的第 1、6、7、9 条，大理院提出修改意见：一、认为其第一条要求将大理院审定的死

---

① 李俊：《试析清末部院司法权限之争》，《江汉论坛》，2001 年第 8 期。

刑案件交法部复核，并不符合“法部不能干涉裁判权”的国际通例，与司法独立的目标相悖。二、针对其第六条，对于送入大理院援律驳正的各级审判厅及奉旨速议之件，添入大理院会同具奏。三、针对其第七条，认为对于外省死罪案件法部要求大理院 10 日内向法部咨覆的时限太短，应该延长至 20 日。四、针对其第九条，大理院之推承、推事与检察各官，仍由大理院自主请简奏补，不需与法部会商。① 其实从沈家本的上奏可以看出，大理院已经在审判权问题上对法部作出一定让步，因为从各国审判制度的规定来看，大审院作为一国最高审判机关，判决的案件中惟有将死罪案件送交司法大臣执行。如果认为此死罪案件确实罪有可恕，则可由司法大臣奏请减免罪行，但并无驳审之权。这不仅表明在司法独立进程中，法部始终占有优势并能从多个方面对大理院进行牵制，而且也暗示出清政府对于改革是缺乏诚意和另有所图的。

清廷对部院之间的争吵甚为光火，于是降旨大理院，令其与法部会同妥议，和衷协办，不许再各执一词。很快，深感不安的部院呈上《遵旨和衷妥议部院权限折》，折衷双方提出的司法权限，修改四条，新增一条，大致内容包括：大理院自定之死刑案件，经法部复核后，由部院会同具奏；对于速议之件，大理院有驳正之权，驳正之后由部院具奏；对于大理院将判处死罪的案件咨覆法部的时限由 10 日改为 20 日，并增加“经院驳正后再行缮折到部，由部院共同上奏”的条款；大理院内部推丞、推事、附设之检察厅丞等各官的任命与补任，均由法部与大理院会商。新增加第 13 条，规定外省奉到部文后，应将死罪案件分别送报法部和大理院，听候大理院覆判，法部核定。对于没有奉到部文先已交法部审核的，由法部照常办理。

随着这一折衷方案的公布，“部院之争”暂时结束，由此划分的司法

---

① 韩秀桃：《司法独立与近代中国》，北京：清华大学出版社，2003 年版，第 122 页。

权限被写进1909年宪政编查馆奏进的《法院编制法》草案。随着《法院编制法》的正式颁行及后来一些附属章程的出台，大理院及各级审判厅的司法权限已基本定型。从部院之争的内容来看，无疑是行政权和审判权的归属与范围问题。行政权主要包括人事权、行政区划权以及对司法警察的指挥和调度权，司法审判权是对刑民案件的审理和判决权。大理院为筹建最高审判机关，急需大批法律专业人才，未与法部就此事充分协商便从法部奏调一批专业人员，从而引起双方人才之争；在法部看来，大理院任命审判官员、筹建各级审判厅以及划分司法区域等行为严重侵犯其专有的司法行政权。而在大理院看来，这些是建立审判机关必不可少的工作。就审判权而言，本应完全属于大理院，但法部要求对死刑案行使复核权从而监督大理院。对于这一要求，大理院以其违反独立审判原则本来是不接受的，但由于考虑到新旧司法体制衔接过渡的特殊情况，同意法部对一些重案及死刑案的复核权，而只要求对于经其复核的案件大理院有与法部相同的署名权。[①] 从部院双方和衷会商的结果来看，两者之间的权限划分仍然一团模糊。双方对于重罪、死刑案件管辖、复核权的争夺，使得一些大案、要案的审判不得不受并无实际意义的程序运作之累。这些程序只是为了满足部院之间权力争夺的需要，而于案件的审理与当事人来说并无益处可言。部院之间的折中方案既不利于案件的顺利、快速解决，也不利于当事人的利益。对于亟须推进的司法独立改革来说，根据折衷权限的规定，大理院并不能独立进行审判，并在人事、经费等方面受到法部的牵制。部院之争结束后，由于地方司法改革的推进，反过来促进了中央的司法改革。1907年底，在法部上奏的《开办京师各级审判厅情形折》中可以看出，法部已经开始全面担负起筹备京师各级审判厅的职责，并独自对人事权、区域划分权和案件移交等事宜做出安排。这也意味着大理院已完全从司法行政事务中退出。

① 张从容：《晚清中央司法机关的近代转型》，《政法论坛》，2004年第1期，第60页。

而法部从审判领域中退出则经历了较长时间和颇多挣扎，直至《法院编制法》颁布时，才得以取消法部对大理院判决案件的复核权，使司法独立在形式上向前迈进了一大步。

（三）司法未能独立

1910年《法院编制法》的颁布，虽然使司法独立从理论上向前迈进了一大步，可是此时的“独立”亦并非西方资产阶级所宣扬的司法独立，而是皇帝集最高立法、司法和行政权力于一身的司法独立，可正是这一点，才是应该改革的核心。当然，也正是没有进行这样的改革，司法独立才不可能实现。对于清廷最高统治者来说，不论是大理院的设官、分职，还是法部的重组、削权，都并未考虑到法制建设的实际需要，而是利用皇权的至高权威，以传统统治平衡术来化解矛盾，将一场本应对中国近代司法改革产生深远影响的部院之争消弭于无形。尽管《法院编制法》的颁行已经对部院权限作了尽可能清晰的划分，但是由于旧制度的惯性以及司法独立改革的复杂性，“部分宗室案件仍然由宗人府自行办理，蒙古死罪案件仍然由理藩院参与审理，而秋审和朝审也仍由法部来办理”。① 1910年初，由于诉讼律仍在编订之中，各种案件的审理尤其是死罪案件的审理缺乏审判依据，所以宪政编查馆奏定《死罪施行详细办法》。这一办法以司法独立为目标，对部院在司法活动中的分工合作做了明确规定，使他们共同担负起司法独立的重任。当然，这一场司法独立改革始终是为了维护统治者的集权统治，尽管改革的推进已经使这一目标发生不可逆转的偏离，皇帝掌握的一些终审权已经成为一种形式，但是这个形式是司法改革不可冲破的底线。在前面论述日本近代司法独立时已经提到，司法独立的核心要义是独立审判机构的建立以及法官能够独立进行审判而不受到行政的干涉，

① 张从容：《晚清中央司法机关的近代转型》，《政法论坛》，2004年第1期，第62页。

尽管大理院以及省一级司法机构已经建立起来，但是审判并未独立，它始终受到法部及地方督抚的干涉，而所有这些部门又终将受到皇权的制约与控制。从这个意义上来说，清末中国司法独立制度未能完整地建构起来，它只是确立了司法独立的原则，即由受过专业法律知识训练的职业法官而不是行政官员来审理案件的原则。

在人类追求制度变迁的进程中，制度的现代化由于其本身的惯性，往往会呈现出时间上的延续性和空间上的关联性。带有近代色彩的司法独立制度传入中国以后，亦呈现出这样的特征。在清末权威失控与地方割据的交互影响之下，新式的司法审判制度既有着若干近代化的进步倾向，同时又无法摆脱传统的束缚。而且由于时间过于仓促，无法根据纷繁复杂的社会现状作出调试，新制度呈现出“因陋就简，有名无实”、“行体虽具，精神尚虚”的特征就不足为奇了。① 在国家权力进行重新配置的当口，部门对于权力的得失比任何时候都要敏感，双方为了争夺权力，就必然在立法上存在矛盾与冲突。这时候就需要有一个坚定推进司法独立改革的政府来调和这些矛盾。而清政府非但没有进一步厘清权力关系，调和部院之间冲突，反而用平衡术催生了毫无意义的“折衷方案”。清廷实现中央集权的企图与司法独立是根本相悖的，它是司法改革难以推进的最重要原因。

第二节　明治时期司法改革

前近代日本的法律，由于借鉴中国隋唐法律而具有鲜明的东方色彩，到了19世纪中叶，由于外来文明的巨大冲击，迫使其国内展开一场全面的制度变迁，从政治、经济到社会、文化，统统打上资本主义的烙印，这就

① 韩秀桃：《司法独立与近代中国》，北京：清华大学出版社，2003年版，第280页。

是开启日本近代化之旅的“明治维新”。1898年颁布的《大日本帝国宪法》标志着日本成为一个近代君主立宪制国家，它作为明治时期政治与法律制度改革的产物，为日本后来现代化改革提供了基本制度保障和法律基础。在日本古代法律体系中，司法权是行政权中的一部分，各级行政机关同时也是审判机关，行政长官也是审判官，没有专门的审判机构和审判官。明治宪法的实施使日本建立起相对独立的司法机构。随后，在从1890年明治宪法生效到1907年刑法典颁布不到20年时间里，日本“先后制定和颁布宪法、民法、商法、刑法、刑事诉讼法、裁判所构成法等法典，形成较为完善的司法制度和法律体系”。① 明治政府在明治改革初期政局处于一片混乱之时就迫不及待地着手进行近代法律改革，是希望通过司法改革“成为与列强相处的独立国家”。② 这是日本法制近代化不同于中国晚清司法独立改革的最重要一点。日本法的近代化，从一开始就是以抛弃过去的法律传统，全面继受西洋法与西洋法律文化为主要目标的。③

一、资产阶级发展亟需法制保障

公元17世纪，当西方列强利用日益先进的航海技术，以圣经加洋枪以及不平等贸易为手段在东方施行殖民掠夺政策之时，日本当时的统治者德川幕府为维护其统治，而实行锁国政策，切断日本人与外国人的绝大部分联系。这一与世隔绝的对外政策严重阻碍了资本主义生产关系的发展，使日本成为一个封闭的封建专制国家。到了幕府末年，腐朽的封建统治已无力应对整个社会动荡不止的局面。就在幕府危机日益加深之时，欧美列强

① 姚琦：《近代中日两国法制现代化之比较》，《广西社会科学》，2007年第1期，第74页。

② 王建平：《中日两国近代法律改革比较研究》，《湖南社会科学》，2003年第1期，第52页。

③ 华夏、赵立新、真田芳宪：《日本的法律继受与法律文化变迁》，北京：中国政法大学出版社，第6页。

再次到来，并用武力迫使日本开国，使其面临沦为西方列强半殖民地的危险。正是在这样的外在压力下以及由此带来的日本国内民族意识的觉醒，将司法制度改革提上日本近代化变革的首要日程。

（一）日本殖民地化危机

日本司法制度建立的重要外在诱因来自西方挑战的巨大压力。正如日本著名法社会学家川岛武宜所指出的："明治宪法下的法典事业编撰首先是一种政治手段，以此要求列强废除在安政条约中让日本签订的屈辱性治外法权制度。"① 同样，司法制度的建构也出于同编撰法典相类似的目的，其创立的动因亦难以摆脱强烈的功利化色彩。自1853年美国首次要求日本开国并与之签订第一个不平等条约——《神奈川条约》之后，俄国、英国、荷兰、法国等国也相继如此。这些不平等条约要求日本开放多个港口通商，剥夺关税自主权和领事裁判权，严重侵害了其国家主权。所以，为了避免重蹈高杉晋作所说"上海虽属支那，但也可谓属英法国"覆辙，"修约"（修改不平等条约）成为日本开国后乃至维新政权建立后的头等大事。在时任外相井上馨与英国公使就恢复日本自主关税进行谈判时，英国公使提议以"允许英国人在日本定居，并赋予自由营业的特权"为交换，但被日本方面要求必须服从日本的法律，公使以日本并无法律进行反驳。② 这就迫使明治政府开始审慎地考虑"立法"事宜。日本自大化革新加入中华法系，以刑为核心的成文法与以习惯法调整民事领域使日本古代法律和中国一样，③ 都只是刑罚的一种表现，而并不能成为调整社会秩序的准则。因此，当遭遇西方文明强势入侵之后，对于背负近代化使命改变国家命运的明治政府来说，如果想取得与列强平等的国际地位，就必须取消不平等条约。但是，要修改条约，必须首先促使当时西方世界认识到日

① 魏晓阳：《制度突破与文化变迁》，北京：北京大学出版社，2006年版，第52页。
② 宫泽俊义：《日本宪政史の研究》，东京：岩波书店，1984年版，第127页。
③ 何勤华等：《法律发达史》，上海：上海人民出版社，1999年版，第298页。

本是属于“文明人地域”① 的国家。基于这样的反思，明治政府把“国家体制近代化”作为这一事业的突破口，而国家体制近代化的前提是必须模仿西方法律进行法典编撰并建立近代司法制度。

从上面的分析可以看出，西方列强的外在压力是促使日本司法制度建立的主要因素，尤其是修改不平等条约的急切心情是建立西方式司法制度的直接动因，但从日本近代司法体制建立的过程来看，日本国内民族意识的觉醒和嬗变，也是推动其司法独立的重要内在力量。

（二）近代民族意识觉醒

在明治政府“文明开化”“殖产兴业”“富国强兵”三大政策的推动下，日本社会发生翻天覆地的变化。近代统一货币制的建立，现代工业的发展，生产方式的转变，民族工商业的崛起使日本经济发展迅猛，资本市场快速膨胀，并逐渐融入国际贸易交往之中。在“求智识于世界”的方针指导下，西方国家意识、三权分立思想、现代法律意识、人权观念等先进学说被引入日本，并在普及初等教育的基础上唤起了整个国家的民族意识。在国家和民族危机面前，发愤图强，避免丧权辱国，建立独立与文明之国家成为包括统治层在内的所有国民的共识。

就当时国内统治层来说，推翻幕府封建统治夺取政权，就是为了建立仿效欧美各国先进制度的现代化国家。所以以立法、司法、行政三权分立为标志的现代政治体制，必须被体现在新政府设置之中，作为巩固统治、“振兴皇基大业”的重要手段。变封建主义为资本主义改革的最大特点，就是要建立资本主义法制。改革的最终落脚点要在法律的规定上，否则，没有被制度化和法律化的改革政策和措施是不能发挥实际作用的。从政府

① 英国国际法学家罗利马从所谓的国家承认的观点出发，将地球上的人类划分为三个同心地域（concentric zones or spheres），即文明人地域（civilized humanity）、野蛮人地域（barbarous humanity）以及未开化人地域（savage humanity）。

最初颁布《政体书》设立刑法官就可以看出它已从形式上认可司法独立制度。新政府的太政官体制将司法权赋予刑法官，使之成为与立法、行政权相并列的，隶属于太政官的一极权力。虽然后来藩阀政府专制使得行政权一权独大，但掌握司法权力的刑法官一直存在。其实，明治政府很早就开始注意到法制建设对于资产阶级政权的重要性。

1870 年 10 月，政府内部开始酝酿改革，时任司法卿的江藤新平建议进行刑法改革，他认为"（与万国）并立之根本在于富强，富强之根本在于国民之安宁，国民安宁之根本在于国民之地位……严婚姻、出生、死亡之法，定继承、赠送遗产之法，严动产与不动产之借贷、买卖、共有之法，定私有、代有、共有之法，而听讼始得敏正。加之，国法精祥，刑法公正，断狱始得清明。此之谓国民之地位也。于是，民心安宁，财用流通，国民乃深信政府，乃保全其权利，以至各立久远之目的，图宏大之事业。"① 于翌年在司法省下逐渐建立法院体系，并公布《司法职务定制》。法院体系的建立并不代表司法行政和审判的完全分立。在中央，作为司法行政机关的司法省仍行使着最高法院的职能，在地方，除府县法院外，府县的行政机关也执行着法院的功能。② 出现这一结果的原因是政府内部对于司法独立观念存在着西化与传统的尖锐矛盾。与政府所持的传统统治方式不同，一些官员倡导仿效欧美先进政治制度。后来这些官员因为政见不同而被迫下野，遂成为自由民权运动的组织者，领导开展了席卷全国的轰轰烈烈的自由民权运动。他们以建立近代议会和司法独立制度为目标，在广大民众的支持下，给藩阀政权以猛烈冲击。出于对政权稳固的担忧，大久保利通被迫在大阪会议上同意建立大审院以固审判之基础，并随后被写进诏书，从而获得最高的政治保障。虽然说自由民权运动得到广大民众的支持和响应

---

① ［日］信夫清三郎：《日本政治史》（第二卷），周启乾，吕万和，熊达云译，上海：上海译文出版社，1988 年版，第 276 页。

② 魏晓阳：《制度突破与文化变迁》，北京：北京大学出版社，2006 年版，第 55 页。

是民族意识在民间扩散与动员的结果，但是从当时日本所处的国际和国内环境来看，进行近代化的政治、社会和文化条件都还不成熟，因此，从这一意义上来看，日本的近代化并不是国民内发的自主运动，而是在统治阶级和政府主导下发生的“自上而下的运动”，① 这就必须仰赖统治层对于近代化的追求和决心。尽管日本近代的司法独立改革充满曲折，偶尔也会受到来自不同层面的质疑和阻挠，甚至需要国民力量的监督与推动，但是从整个司法改革的过程来看，其演进方向始终是朝着司法独立的方向演进的。当然，这也与司法独立制度本身给统治层执政造成的威胁并不大的原因有关。

二、司法改革与大审院建立

在法制现代化中，司法独立具有特殊的地位和作用，“司法独立乃是法治的真谛”，标志着一个国家法制现代化的程度。法制现代化包括法制价值、法制内容、法制功能的现代化，在未付诸实践之前只能停留在法律文本上，只能通过司法活动环节来实现。因为独立的司法制度可以在实际运作中制止权力滥用和侵害权利行为。因此明治政府法制改革的第一步，就是司法制度改革，即司法权与行政权的分离。在德川统治时期，日本实行的是封建集权制统治，其特点是：将军总揽行政权和司法权，凭借其政治权力进行超经济的剥削和超法制的统治。分封的大名在各藩亦照此方式统治地方，使臣民只知道忠于领主，而不知有所谓统一“民族”或“国家”。这与欧洲很多国家在近代民族国家形成之前的情形非常相像。欧洲“开明专制”时期，普鲁士、奥地利等国的开明君主为建立中央集权国家而进行的一系列改革中，都把编撰统一法典作为根本，将司法权与行政权

① 华夏、赵立新、真田芳宪：《日本的法律继受与法律文化变迁》，北京：中国政法大学出版社，第6页。

分离，把司法权集中到中央，行政权纳入近代行政体系，以剥夺领主的政治权力。这样做“意味着只靠身份制即能行使权力的那种统治方式的否定，也意味着靠身份制决不能行使权力的那种统治方式的创立”。①

（一）江藤新平的司法改革

明治维新开始之后，日本在建立资产阶级国家的背景下开始创建新的司法制度。近代日本司法改革是从1870年司法省设立开始的。这一年，日本政府废藩置县，在中央设立司法省作为司法机关，专职司法行政权，此后，在仿效西方各国司法制度的基础上对司法省进行多次改革，逐步建立起日本近代司法体系。1871年4月，江藤新平就任司法卿，他明确表示：“司法权独立乃国家独立之要素。帝国今日之急务在于确立司法权独立的基础，完善法治国家之组织。确立司法权独立之基础，完善法治国家之组织，正是为了贯彻修改条约之目的。而且，要贯彻修约之目的，其最急迫者，莫过于即令不完备也要尽速编撰法典，设立法院，尊重人权，使海外各国认识我作为独立国家之真正价值。”② 5月，他首先提出设置府县法院的方针，并制定暂行章程《司法事务》，由此开始司法行政与审判相分离的过程。在江藤的努力推动下，9月5日，司法省公布《司法职务定制》，设立法院、检事院和明法寮，将分散于各地的审判权集中于司法省，并规定审判机关的审级，为日本近代司法权独立奠定基础。③ 根据《司法职务定制》的规定，时任司法卿江藤新平开始对司法制度进行改革。他将裁判所分为五类，即临时裁判所、司法省裁判所、司法省裁判分所、府县裁判

① ［日］信夫清三郎：《日本政治史》，（第二卷），周启乾，吕万和，熊达云译，上海：上海译文出版社，1988年版，第280页。

② ［日］原口清：《日本近代国家的形成》，东京：岩波书店，1968年版，第98页。

③ 高智华：《日本司法制度的历史、现状和特点》，《法制现代化研究》，2009年年刊，第226页。

所和区裁判所。[1] 临时裁判所是临时设置的，不定期开设，主要审理涉及国家大案和法官犯罪。司法省裁判所是最高级的审判所，负责审判对府县审判不服的案件、府县审判所审理困难的案件等。司法省裁判分所是司法裁判所的临时派出机关，其权限同司法省裁判所。府县裁判所在各府县设立，主要负责审理一般的民事和处于流刑以下的民事案件。区裁判所作为最低地方一级审判机关，主要审理较轻的民事和刑事案件。设立专门的法官和检察官，使德川时期审判机关兼有搜查和起诉职能的情形转变为检察机关专门负责搜查和起诉，法官专职负责审判，实现了搜查、起诉和审判分离的第一步。同时规定高级检察官和法官的任免权归正院和司法卿，低级检察官和法官的任免权由司法卿负责。对于其任用资格，由于采用自由任用制和司法省行政官可兼任检事（较高级别的检察官）的规定，就使得一般的行政官员也可以就任法官和检察官。在司法省与裁判所关系上，根据《定制》规定，裁判所由司法省管辖，司法省对裁判事务具有管辖权，且司法卿兼任司法省裁判所所长。各级裁判所之间具有同行政机关一样的上下级隶属关系，下级裁判所在审判案件时要受到上级审判所的监督与指挥。从这几项改革可以看出，尽管已经有专门的审判机关，但法官独立行使其职权的体制还没有形成。设立府县裁判所的计划进展并不顺利，遭到掌管府县裁判权的地方官以及负责地方事务的大藏省的反对，他们要求修改司法省裁判所的设置计划，所以在江藤就任的两年多时间，只建立了16 个府县裁判所。[2] 尽管成就并不大，但是这一富有司法独立导向的司法改革为日本近代司法制度的创立奠定了基础。

① 东京大学史料编撰所：《维新史》（第五卷），东京：吉川弘文馆，1981 年版，第 793 页。

② 自华夏、赵立新、真田芳宪：《日本的法律继受与法律文化变迁》，北京：中国政法大学出版社，第 93 页。

（二）建立大审院

在自由民权运动的推动下，1874 年大阪会议在元老院、大审院的设置以及重新开设地方官会议的问题上达成一致意见。此后作为国家机构改革中的重要一环，政府开始对司法机构进行改革，设立大审院是其中最重要的一项内容。大阪会议最终达成妥协："为谋司法权之独立，固审判之基础，设立大审院。"[①] 大阪会议妥协案达成本身是持先进意识的反藩阀势力同专制政府作斗争的结果。这些在野的前政府高官认识到藩阀专制独裁统治绝对不是帮助日本迈进现代国家的良药，只有实行权力的分立，开设国会，实现司法独立才是建立独立文明国家之路。他们争取自由与民权的主张与民众的愿望一拍即合，一场声势浩大的自由民权运动应运而生，并最终成为影响统治层决策的重要力量。倒幕运动之后借助天皇权威组成明治政府的下级武士本身就缺乏政治统治权威，这场席卷全国的民间反政府力量又使其面临着巨大的执政危机。这就迫使奉行保守专制、反对司法独立的政府不得不转变态度。大阪会议之后，政府于正院设立政体调查局，伊藤博文、大久保利通、木户孝允与板垣退助被任命为政体调查委员。他们四人联合起草《渐次建立立宪政体的诏书》，将大阪会议的合意写进诏书。[②] 1875 年 4 月 14 日，天皇发布《渐次建立立宪政体的诏书》，宣布设立大审院以固司法之基。将司法权独立写进诏书，为日本建立独立和完善的司法制度提供最高政治保障。同年 5 月，大审院成立，主要职责是保证全国的司法统一。大审院成立之后，颁布《大审院诸裁判所职制章程司法省检事职制章程》《控诉上告程序》《裁判事务须知》等一系列公告，逐步建立大审院、上等裁判所、府县裁判所、区裁判所四级审判体系，将高等法院与地方法院置于统一的审判体系中，实现司法行政机

---

① 魏晓阳：《制度突破与文化变迁》，北京：北京大学出版社，2006 年版，第 55 页。

② 林茂，辻清明：《日本内阁史录》（第一卷），东京：第一法规出版株式会社，1981 年版，第 57 页。

关与审判机关分离，从而标志着日本司法制度体系化开始迈出第一步，日本法律史上第一个独立的司法制度得以成立。① 司法省作为司法行政机关，与作为审判机构的裁判所相分离，司法卿不再参与审判，地方官兼任司法官的制度被废除，并禁止行政官担任法官职务。② 司法权与行政权完全交融的局面也被打破，开始朝向司法完全独立的方向演进。

此时的司法行政权与审判权虽然正式分立，但是行政权对审判权所拥有的绝对优势还在很多方面体现出来。譬如说，作为司法行政机关的司法省仍保留着对法律的解释和运用之权，从而实际影响着审判事务；法官的独立审判权受到上级裁判所的监督和指挥，离独立审判还有一定距离；法官的身份并未有明确规定予以保障，任命权也归正院和司法卿。可以看出，司法卿不仅间接影响着司法权，同时还掌握着对法官的人事权。然而司法省本身是属于内阁中的一个部门，其工作和职权必然受制于内阁总理大臣，这就使得司法权的独立由于当时行政权的膨胀很难真正落实。

由于自由民权运动的深入和政党的兴起，1885 年政府完全取消太政官制，建立起近代责任内阁制度。内阁制的建立无疑具有划时代意义，进一步推动独立司法制度的发展。翌年，《裁判所官制》作为与内阁制相对应的司法制度改革而颁布，它对法官、检察官的录用方法、任用资格以及对他们的身份保障与司法行政的监督都作了比较详细的规定。尤其强调法官的职能和社会地位，使审判工作的独立性有了一定保障。并以法律形式对法官身份予以保证，“法官如果不受到刑事审判或惩戒审判，不得违背其意令其辞官或接受惩罚。”③ 同年颁布的《司法省官制》虽然保留着其对各裁判所的监督权，但是剥夺了司法大臣对法官的任免权。④ 内阁制期间关

① 魏晓阳：《制度突破与文化变迁》，北京：北京大学出版社，2006 年版，第 56 页。
② 崔林林等：《外国法制史》，北京：北京大学出版社，2004 年版，第 314 页。
③ 龚刃韧：《现代日本司法透视》，北京：世界知识出版社，1993 年版，第 14 页。
④ 魏晓阳：《制度突破与文化变迁》，北京：北京大学出版社，2006 年版，第 56 页。

于法院的组织形式仍是按照1882年开始实施的《治罪法》中第二编关于“法院的构成及其权限”的规定运行着。《治罪法》将日本的法院分为大审院、控诉裁判所（原来的上等审判所）、初审裁判所（原来的地方裁判所）和治安裁判所（原来的区裁判所）四级。高等法院根据司法卿的奏请开设，主要审判国事罪、对皇族的犯罪等。其审判为一审终审制，不许上诉。大审院主要审判上告、再审的诉讼以及关于审判管辖的诉讼。控诉裁判所主要审理轻罪以及对初审裁判判决不服的上诉案件。初审裁判所一般审理轻罪案件，治安裁判所审理违警罪。①《治罪法》废除了以前上级法院对下级法院的审判监督之权，从而使法院的审判权获得某种实质性的独立地位。② 审判制度和法官官制的不断完善，使日本的司法独立向初具规模。到了1889年明治宪法颁布时，以宪法的形式正式承认司法权从行政权母体中分离出来，同时赋予法官一定的身份保障，规定他们除非受到惩戒或有刑法规定不得被免职。还规定法院有权进行刑事和民事审判，且审判可以公开举行。明治宪法的颁布使得近代资本主义国家分权原则在日本得以确立，司法权由法院行使，与掌握立法权的帝国议会和掌握行政权的内阁处于平行地位，并对其进行制约。宪法明确规定，司法权由法院以天皇的名义依法行使，法官非被判刑或受惩戒之处分之理由外，职务不得被罢免。③ 这就使得法院在对立法和行政部门工作人员追究法律责任时可不受到干涉。当然，此时司法机关的制约能力与现代的司法独立相比还不完善，它既不能拥有对立法机关所通过法律的违宪审查权，也不能处理行政诉讼案件，司法大臣作为行政官员仍享有对法院和法官的司法行政权。这

---

① 张经建：《日本权力制衡机制的演进》，南京：南京大学出版社，2010年版，第92页。

② 张经建：《日本权力制衡机制的演进》，南京：南京大学出版社，2010年版，第92页。

③ ［日］伊藤博文：《日本帝国宪法义解》，北京：中国法制出版社，2011年版，第36-37页。

是因为核心统治阶层并未完全放弃保守传统文化意识。然而，明治宪法最重要的意义就在于它提供了一种新的制度体系，这种新制度的实践有可能在某种程度上改变社会资源的分布并释放被长期压抑的社会力量，最终使原来体制外团体获得新兴利益集团的支持而进入现行体制。在明治末年政治改革的推行过程中，建立司法独立制度的尝试为被压抑的社会力量提供了释放的渠道，被“压迫”的司法长官试图在宪法体制背景下将寻求司法独立这一制度性资源作为突破口。①

三、司法独立制度体系建立

从 1872 年就任司法卿的江藤新平进行司法改革开始，到 1889 年明治宪法颁布以国家最高法律形式确立司法权的分立为止，日本逐步建立起独立的司法审判制度。独立审判机构的建立以及法官是否可以独立依法办案是司法权独立的核心和关键，而这一点在当时日本是实现了的，所以我们认为在明治宪法体制下，司法权已经与立法权和行政权分立且司法权已经独立这一点是毋庸置疑的。②

（一）明治宪法对司法权的规定

明治宪法对司法方面的规定共有 5 条：第 57 条，司法权由法院以天皇的名义依法行使。法院之构成，由法律规定之；第 58 条，法官应由具有法律规定之资格者担任。法官如非被判刑或受惩戒处分之理由外，其职务不得被罢免。惩戒之条规，由法律规定之；第 59 条，法院之审讯及判决应对外公开，但有碍秩序稳定或社会风俗之虞者，可依法律或法院之决议，停止公开审讯；第 60 条，专门法院管辖之案件，应适用于专门法律之规定；

① 魏晓阳：《明治宪法对近代日本法律意识的突破及其局限》，《华东政法大学学报》，2012 年第 4 期，第 67 页。

② 张经建：《日本权力制衡机制的演进》，南京：南京大学出版社，2010 年版，第 170 页。

第61条，因行政官厅之违法处罚而使权利受到侵害之诉讼，当归属依法律规定另行设立之行政法院审理，不在司法法院受理范围之内。① 从宪法的规定可以看出，尽管法院是以天皇的名义审判案件，对行政诉讼案和特别案件不具有管辖权，但司法权还是根据宪法从行政机关中独立出来，司法机关业已成为与立法机关和行政机关在法律上、形式上完全平行的部门，这表明日本在司法建设上面有了实质性进步。尽管司法权之上还有天皇这个无所不包的最高统治实体，但是司法权的行使专由法院来代理，这具有从天皇处独立出来承担责任的意思。就像行政大权名义上也是由天皇总揽，但实际上掌握在内阁手中一样。而且，掌握司法权的法院，只按照法律来行使职责，不受政府的监督干涉。司法权与行政权分立以及司法审判权与司法行政权分离充分说明以独立审判制为核心的司法独立制度在近代日本的建立。因为“司法独立有三个重要原则：一是对法官的任命必须尽量减少政治方面的考虑；二是被任命为法官者，只限于品行优良的人，且必须保障其任期的持久；三是法官的升迁只需考虑其法律方面的卓越性。”② 从明治宪法文本上看，其对法官的任命和规定基本上与这三个原则相一致。在伊藤博文对明治宪法的义解中更是清楚阐明道：“专门之学识及经验，乃成为法官之要件。且臣民将其权利财产托付于法官者，实际上乃认同其法律上之正当资格也”……“如欲确保法官审判之公正，即须不干涉其权威，确保其不羁之地位，使其不受势位得失与政论冷热之束缚。故法官除被判刑或受惩戒处分外，不得随意罢免，其职务为终身所有。”③ 这就使得法官能够独立依法办案，不受干扰和不怕干扰。与此同

---

① ［日］伊藤博文：《日本帝国宪法义解》，牛仲君译，北京：中国法制出版社，2011年版，第36-39页。

② ［日］张经建：《日本权力制衡机制的演进》，南京：南京大学出版社，2010年版，第164页。

③ ［日］伊藤博文：《日本帝国宪法义解》，牛仲君译，北京：中国法制出版社，2011年版，第37-38页。

时，法院被赋予法令审查权。它是宪法赋予司法法院的一种特殊权力，不仅能够就法令的形式进行审查，还能就其内容是否与上位法及宪法相符进行审查，这种权力的赋予为后来违宪审查制开辟先河。[①] 这种法令审查权具体包括：一、法律的审查。主要审查有关法律是否存在、形成法律的要素是否完备、成立法律的要见是否齐全、已制定出的法律是否公布等等；二、命令的审查。主要审查命令是否存在、天皇的命令是否经天皇裁可及国务大臣的副署、行政官厅的命令有无必要的事实、已制定的命令是否公布等。[②]

（二）司法独立的法律保障与实施

在明治政府看来，审判制度的整顿和健全，无论是为了司法权的独立还是为了修改不平等条约和废除治外法权，都是重要的亟待解决的问题。[③] 因此，1890 年日本又颁布《裁判所构成法》《民事诉讼法》《刑事诉讼法》《行政审判法》等法律。至此，日本近代司法制度体系得以确立。《裁判所构成法》肯定并继承了裁判所官制中有关司法独立的规定，同时作出进一步补充和完善，使其更加完整和具体。根据它的规定，法院由区法院、地方法院、控诉院、大审院四级。其中区法院为基层法院，审理较轻的民、刑案件，由一名判事主持审判。地方法院、控诉院作为中级和高级法院，除了受理所辖案件外，还受理对不服其下级法院判决的上诉案件，审判均采取合议制。大审院是最高审判机关，除受理上告、再抗告案件，作为终审外，还享有对重大犯罪案件的一审终审权，审判原则采取 7 人合议制。法官可以终身任职，除根据刑法宣告和惩戒宣告外，不得给予转官、停滞、减俸、免职等处分。其中第 74 条和 75 条还规定只有法官或律师从事

---

① 冷罗生：《日本现代审判制度》，北京：中国政法大学出版社，2003 年版，第 16 页。

② 张经建：《日本权力制衡机制的演进》，南京：南京大学出版社，2010 年版，第 164 页。

③ ［日］安冈昭男：《日本近代史》，林和生、李心纯译，北京：中国社会科学出版社，1996 年版，第 311 页。

一定年限的工作后，才有可能被增补为上诉法院或大审院的法官。这就将行政官员任意进入高院并对司法权进行干涉的道路封堵，从而进一步保障司法权独立。同时，法律还规定实行审检合一制，在各级法院设置检事局，负责侦查犯罪、提起公诉和监督判决执行。检事直接从属于检事长，不干预判事的审判。从明治宪法和《裁判所构成法》的规定可以看出，此时的司法制度具有如下特点：一、大审院作为普通法院，虽然是最高审判机构，但只负责普通的民事、刑事审判，行政审判由行政法院负责，涉及军事、皇族内部事宜的由特别法院负责；二、普通法院原则上实行四级三审制；三、在法官设置上废除判事补，只保留判事，并保障法官的身份；四、法官由政府任命，并受到司法大臣（掌有司法行政权）的监督，并不是完全的独立。

对于司法权与立法、行政权的分立以及司法独立问题，很多学者认为，明治宪法体制下司法并不是完全独立的。司法独立是司法机构和权力的地位问题，应当在人事、财政等方面独立于政府，可是此时却并非如此。而且伊藤博文在日本帝国宪法义解中也提到，“司法权作为行政权之一支派，均应属于君主统揽……司法不过为广义上行政之一部分。”① 从当时的现实来看，司法独立制度确实还存在很多不完善的地方，例如根据《裁判所构成法》的规定，法官由政府任命，司法大臣掌握司法行政权和监督权，并且具有规定有关法院规则和训令的权限。而且，地方法院及其以上的院长对其所属法院内的法官也有监督权。导致法官受到层层司法行政监督。根宪法第 60 条和 61 条的规定，属于日本普通法院司法权的范围，只限于一般的民事和刑事案件，受案范围很小。行政案件、皇族犯法、军人犯法都由专门的法院或组织来处理。但是此时的司法制度是已经开始独

① ［日］伊藤博文：《日本帝国宪法义解》，牛仲君译，北京：中国法制出版社，2011 年版，第 37 页。

立并逐渐走向成熟。因为司法独立的核心在于法官制度的确立和完善，而发展法官制度的措施包括法官专家化、保障法官身份、弹劾惩戒法官程序的严格化等等。① 这其中最重要的是法官专家化的培养，因为，在司法走向独立的过程中，现代法律家的培养是消解传统法精神和权力的中坚力量，而且可以有效地履行职责，保证司法独立的推进。所以，让我们看看日本明治之后对法官和检察官的培养。日本在向现代法制过渡的明治末年，就非常重视提高法官和检察官的素质，并将其通过专业的法律资格考试来选任。从 1889 年起，只有大学毕业、法律考试合格且经过三年的实务研习才能就任法官职务。在一般情况下，法官是终身的，不得被免职。这样的制度规定使一个现代意义上的法律职业群体诞生了，并在现实中推动着司法独立。②

明治宪法以国家最高法律的形式确立起三权分立的政府制度，设立大审院专职审判，通过立法规定审判机关的设置与运行规则，并保障法官的地位与专业化程度。由于司法独立的实质是将司法权从行政权中独立出来，所以这个过程不是一蹴而就的，而是需要怀有现代司法公正理念的法律家长期不懈的努力的。对于司法改革前就很强大的行政权，尽管在改革之后依旧掌握法官的人事任命权和对审判机关监督权，但宪法、裁判所构成法以及逐渐完善的刑法、民法及其诉讼法所建立的近代司法体系，使审判机构有了独立的依据和法律保障，从而可以在有限的范围内与行政权展开“斗争”，以捍卫司法独立。由于宪法规定，“司法权以天皇的名义由法院依法行使”，所以任何审判都是“天皇的审判”，使行政权无法干涉。同时，“法官只要不犯罪或受处分就不得被免职”的宪法条款也给予法官以

① 王德志：《以保障法官独立为核心推进司法改革》，《法商研究》，1999 年第 1 期，第 113-114 页。

② 季卫东：《法律职业的定位——日本改造权力结构的实践》，《中国社会科学》，1994 年第 2 期，第 71 页。

勇气来对抗军部或行政方面的干涉。从“大津事件”判决过程中，就可以看到，行政权对司法权的惯常压制，司法权对行政权的反压制，理直气壮行使这些原则的法官出现在当时日本的法院，迈出了独立且只按照法律来进行司法审判的第一步。

1891年5月，俄国皇太子尼古拉亲王访问日本，在大津市被国粹主义者津田三藏刺伤。随后明治天皇即刻派出御医，后来又亲赴慰问尼古拉皇太子。同时，日本政府也通过外交渠道向俄国官方道歉，允诺按照两国约定严惩凶手。因为日俄关系多年来一直紧张微妙，行刺案发生后，两国关系降到了冰点，战争一触即发。日本内阁以案件牵涉日俄外交关系，且两国早有密约为由，主张凶手必须重判不可。政府内部对津田的行为怒不可遏，上任伊始就遭受如此打击的松方内阁以及山县有朋等幕后元勋考虑通过处死津田来平息俄国的愤怒。可是，事实是，尼古拉太子虽然伤势严重但仍保全了性命，如果按照“杀人罪”来判处津田死刑是很困难的，因为会与法律规定相悖。此时日本政府要求按照《刑法》第116条，“加害或欲加害天皇皇后皇太子者处以死刑”的条款“扩大解释”到外国皇室以能够判处死刑。新任大审院院长儿岛惟谦则以司法是独立的，不受政府指使为由，就法言法，多次拒绝政府的压力和要求，坚持认为此案只能按照普通杀人未遂案来判。面对元老院和内阁的施压，他鼓励法官道：“既然法无明文规定，就不能草率判处死刑。应该坚持原则，拒绝向政治压力屈服。诸君，捍卫司法独立，舍我其谁?”① 在重重压力下，事发16天之后，主审此案的堤正已裁判长毅然下判：被告津田三藏犯下刑法第292条谋杀未遂罪，判处无期徒刑。他们“没有屈服于这种政治压力，力争维护司法权的独立”，“胸怀‘日本是一个法治的国家’这样的自豪感，本着独

① 俞飞：《决定日本司法独立的刺杀案》，《文史博览》，2012年第2期，第15页。

立精神而做了他们认为非常正确的事情。"① 儿岛惟谦以"勇气"和"睿智"捍卫了司法独立，在日本的百年法院史中犹如一盏明灯，发出耀眼的光芒。②

在20世纪初的日本，立法和行政部门都发生过多起受贿案，饱受人民诟病，但法官渎职现象却鲜有发生。所以，日本法院被著名法学者兼子一认为是政治机构中是最可信任的。当然，此时各级法院在人事上还受政府影响，司法大臣作为行政官员还对法官享有监督权等问题还确实存在，更加合理化与民主化司法制度是第二次世界大战结束后才得以建立起来的。

第三节 比较视域下清末司法改革困境

一、司法改革的理论预设缺乏实践基础

（一）司法独立与保护个体权利

晚清司法独立改革是在建立君主立宪政体的大背景下开展起来的，实现行政权与司法权分立，实际上就是在新制度中重新分配权力的过程。在经典宪政理论中，立宪内在的要求司法独立，而独立的司法又在客观上支撑立宪，如同一个无缺口的封闭圆。但是这一解释并不能证明各国各具特点的宪政过程，因为不管是宪政发展的历史还是司法独立的过程，都是一个动态的、历史的发展过程。正如维尔曾经指出，西方制度史发展到十九世纪后期，就是政府逐渐演化为立法、司法、行政三个重要分支的

① ［日］吉田茂：《激荡百年史——我们的果断措施和奇迹般的转变》，西安：陕西师范大学出版社，2005年版，第28页。

② ［日］山本祐司：《最高裁物语》，孙占坤，祁玫译，北京：北京大学出版社，2005年版，第8页。

历史。① 在资产阶级诞生之初，他们通过分权的做法来限制和反对王权，同贵族阶级进行斗争与妥协，以建立和维护资产阶级君主立宪制。西方资产阶级革命胜利后，各个国家所建立的“三权分立”政治制度，是与以生产资料私有制为基础的经济生活所导致的利益多元化状况相适应的。由于资产阶级内部存在着多种政治派别与利益团体，为维护自己的利益与协调内部冲突，就需要通过分权与制衡方式来限制彼此，防止某个阶层或集团专权。随着资产阶级政党的出现，三权分立框架内的权力制约实质上成为政党之间的斗争。他们代表着不同阶层和团体，并试图通过掌握国家政权为自己谋取利益。为了防止对权力的滥用，资产阶级思想家和政治家倡导分权与制衡，并以此来推进民主与法治国家的建立。因此，“三权分立”的实现要具备两个条件，一是有一个强大的资产阶级存在，二是资产阶级需要夺取政治统治权。只有实现这两个条件，“三权分立”才能成为近代资产阶级国家政治制度的理论依据和组织形式。作为制度的司法独立，也只有在这个历经斗争与妥协的过程中，才从一种制度的实践变成一种理论的构建。也就是说，“三权分立”是历经自发的经验积累和演进过程得到结果，而不是一种预设的概念。

纵观日本明治维新的历史，我们就能为日本建立起近代司法独立制度提供注解。幕府统治末年，领导倒幕运动的改革派多是出身于日本西南沿海地区强藩中的下级武士。这些强藩由于地理位置的优势在同西方资本主义国家的接触中广受影响，商品经济比较发达，资本主义萌芽生长较快。那些接受西方先进知识而眼界开阔、思想开明的改革派武士，于内不堪幕府的腐朽统治，于外目睹中国鸦片战争后的悲惨民族遭遇，因而立志于推倒幕府统治，向西方资本主义学习以臻富强独立之境域。这样，就形成以

① ［英］维尔：《宪政与分权》，苏力译，北京：生活·读书·新知三联书店，1997 年版，第 321 页。

下级武士为首，包括乡士、豪农、豪商以及町人①在内的资本主义推动力量，成为倒幕运动的主体。他们是冲击、破坏和瓦解幕藩封建统治的基础力量，是相当于资产阶级并代表着资本主义精神的基础力量。② 正是这一有着资产阶级革命性质的倒幕运动使日本开创了明治维新的伟业。到了19世纪80年代，新政权领导的资产阶级改革已经取得一定进展，在明治政府内部，对于设计一种永久性制度使这么多年的改革成效巩固并保持下来达成一种共识，但对于具体政治体制的选择，仍有不同的意见。使政府最终决定真正践行“三权分立”，并设立独立审判机构与民选议会的是逐渐成长并壮大的资产阶级。在野士族不满萨长藩阀的有司专制，留恋昔日的特权并不满改革对其利益的伤害，中小资产阶级不满政府偏袒大资产阶级的经济政策，中小地主阶层不满政府高额的税收。这些种种的不满在西方自由、平等、民权等思想的影响下，演变成带有资产阶级性质的自由民权运动，他们通过向政府递交建议书、结社、建党、组织报社媒体等方式进行广泛的宣传，要求取得参政权。而就此时政府而言，其立宪意图尽管早已有之，但直到此时，在成熟的资产阶级要求政治权利的呼声中，才真正得以提上日程并付诸实践。说到底，其司法的独立、议会的建立是资产阶级权利斗争的结果，其目的是要实现政治体制本身的改良。

（二）理论嫁接导致实践困局

与西方和日本的司法独立过程比较，清末中国的司法独立改革是在清末政权朝不保夕的乱世下的一种选择，它带有强烈的“理论建构主义”倾向，与西方国家“经验演进”型不同。它先将一种理论引入、认可，再将此种理论应用于实践之中。

---

① 乡士：在野的武士；豪农：新兴地主富农；豪商：新兴商业高利贷及工场手工业资本家；町人：商人。

② 张经建：《日本权力制衡机制的演进》，南京：南京大学出版社，2010年版，第95页。

早期改良派马建忠曾在写给李鸿章的信中就赞赏过“三权分立”，认为其将定法、执法及审法之权分而任之，不集权责于一身，亦保障权不相侵，因此“其政事纲举目张，灿然可观”。① 仿行立宪之后，“三权分立”成了朝野官员争相议论、上奏的新主张。如端方在考察西方国家政治制度之后，就极力宣扬“三权分立”的好处，并赞扬其司法权独立于行政之外，不受行政官吏之干涉的做法，以此催促立宪。有些官员从中国传统行政兼理司法所带来的积弊为切入点，认为只有实行司法改革，才能改变中国长期以来行政司法不分带来的弊病。也有一些官员从收回领事裁判权，尽力挽回不断被蚕食的国家主权为目的指出进行司法改革的必要性。所以，官员们在对新司法制度进行设计时，不论是司法改革的指导思想，官制改革的具体规划，还是审判机构的设立都贯彻“三权分立”思路。但是到具体实践层面，如何抽离行政机关原先承担的审判职能，划分司法行政与司法审判之间的权限，协调行政机关与审判机关之间的关系，才是司法改革所要真正予以面对的问题。

此时的“三权分立”作为一种思想观念，是一种无形资本，这种无形资本的共享性和延展性能够带来一种观念上的共识，而涉及具体利益的政治权力则是一种有形资本，这种有形资本往往是有限的，难以共享的，因而具有排他性。② 这就不难解释清末司法独立的展开在思想上更容易达成一致，而一旦落实到对政治权力资源的配置上，便会矛盾重重。重新配置权力，必然会带来部门之间的冲突和争斗，但是这个博弈过程不可能产生一种均衡的对抗，因为行政权以及其背后的皇权，始终是占上风和无法超越的。由于君主专制在理论上的合法性，各级官吏无论怎样争夺权力都无法使自己成为独立的政治力量。政治斗争的生命力在于政治力量的组织性

---

① 肖军：《晚清司法改革的困境及启示》，《社科纵横》，2008 年第 3 期，第 90 页。

② 李鼎楚：《“变法”与“斗法”：解读清末地方司法独立制度构建中的权力争斗》，《湘潭大学学报》（哲学社会科学版），2010 年第 6 期，第 125 页。

和斗争过程中的理性妥协，[①] 有效率的法律并不是产生于某个政治领袖或神秘人物的头脑，而是产生于集团之间或组成集团的个人之间相互讨价还价、妥协与调整的过程。[②] 因此，清末司法独立实践推进的过程中，尽管也曾出现部院之间对权限的争夺，但是由于在国家力量一元化结构中缺乏独立而成熟政治组织就政治改良“讨价还价”，因此这种体制内的权限争斗，不可能成为变革专制体制的动力。

二、封建传统法律意识坚不可摧

历史的起点即人类认识的起点，也即事物发展的逻辑起点。晚清最后十年，是中国政治制度、法律制度、文化以及社会心理发生巨大变化的十年，预备立宪过程中司法独立改革是这个巨变中的重要一环。因为相较于“三权分立”中立法权、行政权的分立，司法权的分立无论是从形式上还是实质上，确实付诸了实践。作为官制改革之关键内容而创设的大理院实现了行政与司法的基本分立，对当时中国社会而言，其现实意义远不及其形式价值。从制度上而言，确有开展的司法改革，成为清末宪政改革中的标志性突破，蔚然成为一种制度的新生，从而被寄托着无尽的希望；从观念上而言，司法独立的品性一直被机械的仿制或者理想化的构建而淹没，以至于它充其量是一种旧制度的陪衬。从实践上而言，新制度的设立是有其名而无其实的，这些制度从来没有获得实质性发展，它的开创性典型地体现在官制改革以及改革中诸多近代化制度的创设和实施上。

面对繁杂而又混乱的社会秩序，新政的发起者所关注的是如何建立一个能在制度层面仿造西方“三权分立”理论的政治框架，以期能迅速整合庞大帝国已经过时的国家机器、日益枯竭的社会资源和朝不保夕的政治权

---

① 屈永华：《中国法律现代化的路径分析》，北京：北京大学出版社，2011 年版，第 224 页。

② 谢鹏程：《基本法律价值》，济南：山东人民出版社，2000 年版，第 155 页。

威。而这与西方资产阶级通过在经济上获得权利与主动性来要求政治上的权力是完全不同的。资产阶级在经济上的胜利要求政治上的保障，所以他们提出分权，使原来绝对君主权力受到限制，并保持权力之间的制衡。尽管这一过程在欧洲和亚洲不尽相同，但是现代民族国家的建立改变了君主独揽大权的体制，建立起一种分权与制衡的框架，用来推进和保障现代化的发展。这个过程是使行政从立法和司法权力中退出的过程，是政府掌握的行政权缩小的过程。将立法权赋予多数，是为了保障多数人的权利和利益，将司法权进行独立，是为了赋予人民以自由，三权相互制衡是为了构建制度化、程序化与效率化的政府制度，使之能够领导和推动国家走上现代化发展之路。以司法独立为核心的近代司法制度的建立，通过构建受到控制的权力机关对公民自由予以确认。同时，这种承认并保证自由的政治制度，以有限的政治权力为民族国家的进一步现代化提供制度上的保障。①

与之不同的是，晚清一系列改革目的是挽救日益没落的清王朝，而不是为了从传统政治向现代政治转变；是为了维持满族贵族的专制统治，而不是为了建立一种新的民主政治过程。清末改革的集权倾向与西方“三权分立”在本质上是根本矛盾的，统治者维持封建统治的愿望在司法独立改革中更是表现地淋漓尽致。而且，从某种意义上讲，司法独立改革是清政府的主动行为，② 这样一来可以将地方司法权力收归中央，以遏制日益膨胀的督抚权力，二来可以缓解民间愈演愈烈的国会请愿运动。清末改革本已是离弦之箭，不得已而为之，可清统治者又怕大权旁落，便规定“大权统于朝廷，庶政公诸舆论”的改革方针。它一方面对民主政治标志之物——议会防之又防，另一方面则通过法部来监督和制约大理院的审判。正是出于这种集权的需要，中国的三权分立设计摒弃了孟德斯鸠的司法权

---

① 杜飞进：《论法治政府与现代化》，《求索》，2006 年第 8 期，第 55 页。

② 迟云飞：《晚清预备立宪与司法“独立”》，《首都师范大学学报》（社会科学版），2007 年第 3 期，第 3 页。

即审判权的原则，而将司法之权专属法部，以大理院任审判，法部监督之。也就是说由法部掌管司法事务，并行使司法行政权，大理院“独立”行使审判权，并接受法部的监督，以防止其专权。因为根据《法部职掌节略》对法部职权的规定，法部既有司法行政权，即管理刑、民事牢狱，监督各级审判机关及其所属司职局，调度警察等权力，又有司法审判权，即对全国死刑、重刑案件的复核权，办理秋、朝审及恩赦事务，以及将这些案件上奏皇上定夺的权力。这一设计使掌握审判权的大理院受到法部的监督，而法部则直接向皇帝负责，这样一来，“就法部而言，审判权并没有与行政权实现彻底的分立，就大理院与法部的关系而言，由于法部掌握重案、死刑案的复核权，大理院的审判独立根本无法实现”。①

司法独立改革开创晚清制度变革之先，在当时新旧交织的多元化社会环境中，“先”的内容是有，但是能够维持和推动它的环境却始终不曾存在，因为，分权和司法独立的前提是以维护皇权统治为基础的。在清末修律所留下的法律制度背后，暗含的仍然是旧有制度所留下的种种调整的痕迹，以及一种延续了几千年而形成的传统习惯及习惯支配下的社会秩序。由于新政中司法改革是在构建“三权分立”君主立宪制政体下展开的，统治者过分注重政体形式的建立，单纯追求制度化优势而忽视其内在的运作机制和实践价值，使得形式上看似完善的法治框架背后，仍然是传统法律精神在起着支配作用。即已经设置独立的审判机构，使行政与司法相分离，具备西方法制的样式，但实际上仍然是皇权通过司法行政权来控制和监督审判。法律的形式和法律的内在精神在法制近代化的过程中，从一开始就呈现出了一种背离的现象。② 以至于清末颁布的那些法律，虽然可以提供维护秩序的诸多便利工具，但是因为缺乏社会认同基础的制度体系，

---

① 张从容：《晚清官员的司法独立观》，《比较法研究》，2003 年第 4 期，第 11 页。

② 韩秀桃：《司法独立与近代中国》，北京：清华大学出版社，2003 年版，第 145 页。

远远没有完成设计者的目标。清末修律站在一种对现存社会秩序进行维持而非创造一种新秩序的角度，这种企图固守旧秩序的“压制型法”,① 在依靠认同为基础的稳定性方面，是远不能胜任的。

相比较而言，日本的司法独立尽管也经历过明治初期行政权独大的集权过程，但是到了1878年，随着日本熬过了新秩序诞生的剧痛以及资产阶级改革取得基本成效，西欧“三权分立”和自由民权思想已被时人所熟知。与此同时，在野士族也开始重新思考时势，认识到只有动员起多数民众一道同专制势力进行斗争，促进立宪政体的建立，才是打破萨长藩阀对政治独裁的唯一途径。② 在带有资产阶级性质的自由民权运动推动下，从最初就抱着建立近代独立、文明国家的明治领导人，最终践行了其最初的立宪和法制思想。明治二年颁布的《政体书》被视为明治初年的宪法，将实行立法、行政、司法三权分立的政策昭告天下，这表明明治政府实行立宪政治的意图和思路。尽管此时所倡导的立宪与民众参政，并不是真正赋予人民以权利，而只是安抚与缓和民意，以加强中央集权，但是，从其后政体建设过程中多数高官提出的宪政和法治建设的意见中可以看出，除了极端保守和落后的幕藩势力外，绝大多数政府官员都认识到实行立宪与分权制衡的重要性。岩仓具视从制度建设与国家长治久安的关系出发，论述日本应该实行法治的必要性。江藤新平上书的《会际会议议案》指出，国家与国家交往适用公法，政府与其国民交往适用国法，民与其国民交往适用民法，这是国家盛衰富强的关键，建议迅速制定宪法与设立议会。③ 之后，富有立宪思想的木户孝允，甚至连较为保守的大久保利通，都阐述过

① ［美］诺内特、塞尔兹尼克：《转变中的法律与社会——迈向回应型法》，张志铭译，北京：中国政法大学出版社，1994年版，第58页。

② 李文：《武士阶级与日本的近代化》，石家庄：河北人民出版社，2003年版，第187页。

③ 肖传国：《近代西方文化与日本明治宪法》，北京：社会科学文献出版社，2007年版，第7页。

君主专制不可取，立宪关系国家兴亡的大事。在反藩阀势力努力下，1875年明治政府发布《建立立宪政体诏书》，再一次表明建立立宪政体的决心，并更加明确规定立宪的具体设想和做法，设置最高审判机构——大审院，使司法行政与审判分离，并进一步向立宪政体下的司法独立演进。正是这一致力于建立近代独立、文明、富强国家的资本主义精神使日本司法独立改革乃至整个近代化过程朝着自由、民主的国际政治发展总体趋势演进。正如马克斯·韦伯所明确指出的："近代资本主义扩展的动力首先并不适用于资本主义活动的资本额来源问题，更重要的是资本主义精神的发展问题。不管在什么地方，只要资本主义精神出现并表现出来，它就会创造出自己的资本和货币供给来作为达到自身目的的手段。"①

① ［德］马克斯·韦伯：《新教伦理与资本主义精神》，于晓，陈维刚译，北京：三联书店，1987年版，第49页。

第六章　政府变革对国家近代化转型的重要影响

现代化发展进程要求理性法律约束下的合法性政府，制度性、条理性、效率性和科学性是这种政府制度的特征。传统型帝国尽管也有其合法性，但是当它遭遇强权时，显得那么不堪一击，原因正是政府组织能力和经济绩效太差。① 所以说一个国家要想获得持久的发展，在拥有一个合法政权的前提下，良好制度安排所导致的有效政府能力和经济绩效是关键所在。近代政府制度与现代化的相关性正是体现在近代政府制度对现代化发展因素的支撑及促进作用，即从农业社会向工业社会转变过程中，政府制度现代化是促进整个国家现代化的关键所在。日本经过明治维新之后，所发展起来的一套较为完整和规范的政府制度，为经济 、政治、文化、社会各方面的近代化转型和发展提供组织动力、规范形式与制度保障。资本主义经济萌芽使人与人之间关系从“身份过渡到契约”，经济市场化趋向使资产阶级要求政府通过法制保护个人权利与自由，保障法律面前人人平等，限制特权阶级对经济和正常生活的干涉，并根据法律而不是当权者的意志来调解权利主体之间及其与权力主体之间的纠纷，进而实现契约的刚性化与制度化。一个独立的、专业化的近代行政体制，为行政效率的提高提供了组织与制度保障，技术官僚的引进与培养使政府的决策和行为更具科学化和理性化。正是这样的制度结构也只有这样的制度结构，才能保障经济的市场化，政治的法制化与管理的效率化。

---

① 杨光斌：《制度变迁与国家治理》，北京：人民出版社，2006 年版，第 36 页。

第一节　降低制度变迁成本

政府制度的近代化是政府现代化或政府制度发展的一个方面，也是社会现代化或制度发展的一个重要组成部分，它不仅涉及政府自身体系回应来自外部或内部压力所作的调整，而且包含制度变革所引发的社会子系统之间交易成本的问题。在中日政府面临近代化压力的时候，不得不对政府制度进行变革，对政府构成、政治参与和权力分配做出积极调整，而且通过制度建设来保障政府制度分化的制度化以及政府制度分化制度的有限性。① 也就是要使政府权力的运行在受到一定制度保障的同时也受到一定的制约。对于从传统集权统治向近代立宪君主制过渡的国家来说，建立新制度的成本必然是巨大的。因为在制度变迁的过程中，由于每个制度的设立与废弃都将改变原来的利益格局，这就必然遭到旧制度中既得利益者的反对，从而有意阻挠对其不利的变革。同时，新旧制度交替的时代是一个利益不断冲突和妥协的时代，由于新制度不够完善，使得旧制度在很多方面仍然发挥着主要的作用，旧制度不但不会主动让位于新制度，而且会阻碍新制度的发展。这两种阻力构成制度变迁的摩擦成本。制度变迁有两种形式——渐进式变迁和激进式变迁，在这两种形式中，体制外变革所实现的彻底的完全的鼎新不但会支付巨大的成本，甚至会带来社会的倒退，导致旧结构的再造，其收益则与预期不符；而体制内变革既有着有序、稳定和交易成本低的优势，又因其有限、渐进未触及既得利益者的利益而阻力较小。从中日两国近代制度变迁的过程来看，两国皆是从体制内寻求富国图强之路，中国从洋务运动到戊戌变法，日本的明治维新，但结果却截然不同，日本通过明治维新最终走上发展资产阶级的道路，而中国却诉诸辛

---

① 蒋建昌：《制度发展与政府现代化》，《探索与争鸣》，1998 年第 7 期，第 30 页。

亥革命推翻了清政权。究其原因，是两国行政政治体制转型之后对制度成本的不同影响导致不同的结果。如果想要更进一步探析中日行政政治体制对制度成本的影响，就不妨先来看看影响制度成本的主要因素。影响制度成本的因素很多，但总的来说，可以概括为以下三个方面。①

一、环境因素对制度成本的影响

对于想要进行制度变迁的国家来说，变革之初所具有的社会环境决定了其进行制度变革的成本。对于同处于封建社会发展末期的中日两国来说，当时的社会环境有很多相似之处，譬如说权力的集权化色彩、经济的农业生产方式、文化的传统性以及社会的群体化，人情和风俗习惯在一定程度上可以代替法律。这就使得国家的制度成本相对较高。当两国面临外来压力的时候，便开始走上以制度变革为基础的社会变革，尽管清末中国对社会变革的认识经历了一个长期而艰难的过程。类似于欧洲在分封的基础上建立起近代国家，日本将军集权的分封制也为其建立近代集权国家提供了方便，并最终建立起君主立宪政体，以宪法来限制权力，实现立法权、行政权和司法权的分立与制衡。这一政府制度的建立，尽管还有着浓厚的传统色彩，但是这种分化的权力以及结构确立并保障了资本主义经济的发展和完善，法律法规、政策措施的健全与实施，资产阶级有理有序的参政与社会的逐渐成熟。各项制度建立与完善的过程，大大降低其制度成本的消耗。而且维新派坚定的近代化改革指向以及总体上从传统向现代的过渡减少了制度变迁过程中新旧制度同时存在所带来的摩擦成本，从而使资本主义进入快速发展时期。中国清末的情况并不如日本那样顺利，虽然在晚清最后十年也开始行动起来进行立宪改革，建立立法、行政、司法三

---

① 张广利，陈丰：《制度成本的研究缘起、内涵及其影响因素》，《浙江大学学报》，2010年第2期，第114-116页。

分的权力结构体系，但其加强君主集权统治的目标使这一切努力都枉然，改革最终被革命所取代。因为政治权力的集中排斥分权，并终将反作用于经济的发展，阻碍经济的市场化和规模化。专制的部族统治集团、庞大的满汉官僚阶层以及受益于传统政治的社会精英们尽管都或多或少地认识到中国当时面临的内忧外患，但是他们进行改革的前提是维护既得利益，这无疑是中国近代化的最大阻力，也是中国进行制度变迁需要克服的最大成本。清廷师法日本建立起来的政府制度从根本上维护了封建统治的人治秩序，并在与日益开化并呼吁变革的民间进行的对抗中不得不付出巨大的成本，最终因为体制内变革成本的无穷大而被迫转向体制外变革。

二、利益博弈对制度成本的影响

制度制定的过程实质上是利益博弈的过程，它通过制定出一系列规则，来对社会生活的不同个体进行约束。制度制定的参与者包括个体和组织，他们组成制度的制定者、执行者和承受者，在利益的驱动下不可避免地进行着种种博弈。这种博弈不仅发生在三者之间，而且也存在于他们各自内部。博弈本身有着恰当和不恰当之分，恰当的利益博弈是不同的利益主体在合理范围内进行的博弈，有利于制度成本的减少，反之，则会增加制度成本。

要想达成恰当的利益博弈，就需要制度的制定者、执行者、承受者在制定、执行、接受制度的过程中，既要克服来自他们本身利益与社会利益的冲突，也要协调好三者之间的关系，切实发挥各自对制度制定的影响。对于制度的制定者——政府来说，其本身也是一个利益主体，有着自身的利益追求，所以在博弈的过程中就很有可能首先支持那些有利于维护其统治地位的团体和要求，而不是做出普惠的制度安排。这就要求政府以管理者的姿态超然于各利益团体，保持其自身的公正性，创造多种合法表达和参政渠道，为不同利益主体的利益表达提供便捷，并在此基础上建立利益博弈的合理规则，协调各方的利益诉求，保障利益博弈的公平、有序，形成恰当的利益博弈，减少制度成本。对于制度的执行者来说，其工作职责是保证制度的贯彻和实施，但是他们作为理性经济人，同样有着最大化自身利益的冲动，在与制度相关方的博弈中会通过职能便利为本部门谋取利益。所以，制度执行者必须受到一定的监督，以保证制度的顺利有效执行，防止制度外利益的攫取。而作为制度承受者的民众，一般处于相对弱势的地位，尤其是在前近代社会，政治上的专制统治使制度承受者毫无话语权，极易导致其利益受损。这种情况下的利益博弈通常会以暴动、起义甚至革命的形式出现，所消耗的制度变迁成本是巨大的。随着社会的进步，人民的权利意识渐渐觉醒，必然会通过特定的手段来影响制度制定的过程，以减少对其利益的损害，并通过有限的参政渠道，加入利益博弈，为自己争取话语权。其实，不同利益主体间的博弈过程就是各个利益主体在维护自身利益的同时关照其他主体利益的实现的过程。它要求建立起近代行政政治体制，以划定权力运作的范围，限制权力执掌者和执行者为了自己的利益而侵害公共利益，赋予人民基本权利，让人民自由表达利益诉求，并最大限度地协调和满足人民的利益。只有这样，才能使各方的利益博弈达致均衡，减少制度运行的成本。日本经过明治维新之后建立起的近代政府制度实现了压缩制度成本对政府的要求，即政府不再能够根据其自身的利益需求而为所欲为的制定政策、方针、措施，而不得不考虑其政策是否能够通过议会的审议，在一定程度上代表了广大资产阶级利益的议会通过掌握立法权获得了话语权，从而可以主动地参与利益博弈维护自身权利。而中国清末的政治改革始终在维护统治阶级的利益，面对日益觉醒且势力渐渐壮大的新兴资产阶级，它不得不付出巨大的制度维护成本，来消除对其政权的威胁。而庞大的既得利益集团所产生的阻力加大了制度变革的成本，同时，长达70年的艰难近代变革经历已将制度变迁带来的预期收益消磨殆尽。因为根据斯塔尔—鲁宾斯坦模型所揭示的时间贴现因子对博弈的意义而言，在其他条件相同的情况下，对参与者而言，达成协议所需要的时间越长，蛋糕就会做的越小。[①] 在这种制度成本趋于无穷大，而“蛋糕”趋于无穷小的时候，革命——这种激进的政治变革方式，亦展现出其全盘否定的优势。

三、非正式制度对制度成本的影响

非正式制度是指人们在长期交往过程中形成的价值观念、道德习俗、意识形态等方面的总和，其中意识形态占主导地位，它不仅是当时社会经济发展状况在政治层面的反映，而且对整个社会的发展具有指导作用。从制度演变的过程来看，一般是先有习俗、道德，然后才渐渐将好的制度法制化，形成正式的法律法规，所以非正式制度是正式制度形成的前提和基础。尽管在现实生活中，非正式制度并不能像正式制度那样发挥强制性约束作用，但它作为社会运行不可或缺的重要组成部分对经济、政治、文化和社会产生间接的规范和指导作用。由于制度的制定、执行、监督、变迁必然是在现有风俗习惯、道德规范的背景下展开的，不可能不受到它们的影响。也就是说非正式制度影响着正式制度的形成成本、执行成本、监督成本和变迁成本。而且非正式制度通过内在的影响人的行为从而对制度的实施机制发挥一定的影响，进而影响到制度成本的高低。

非正式制度是间接地、无形地影响制度成本的，其影响表现出个人或团体的“自律”行为。由于非正式制度本身的特点，它对制度成本的影响呈现出两面性：一方面，某些非正式制度的实施可以提高人们遵守正式规则的自觉性，提高正式制度实施的绩效；另一方面，由于非正式制度变迁比较缓慢，就很可能阻碍制度变迁，形成制度创新的路径依赖，使制度变

① ［美］安德鲁·肖特：《社会制度的经济理论》，陆铭，陈钊译，上海：上海财经大学出版社，2003 年版，序 35 页。

迁停滞。在社会转型的过程中，非正式制度对制度成本的负面影响更加常见，尤其是本文分析的中日两国近代化的过程，刚刚脱胎于传统农业社会的两国人民，在价值观念、意识形态等方面都还带有传统的烙印，再加上当时生产力水平低下，社会文明开化程度低，使社会成员本能的排斥新制度。这可以解释中国自第一次鸦片战争被打开国门之后经过20年才开始收起其“拒斥”的态度开始缓慢的近代改革，亦可以说明日本在1853年遭到佩里叩关，但直到1860年代才开始掀起倒幕的高潮，实行近代化变革。外力的推动迫使中日两个闭关锁国的国家开始认识到西方的强大，在他们或被迫或主动的寻求近代化发展的路径中，日本“求智识于世界”的价值观念使其在移植西方国家先进制度、法律、管理方面获得了成功，并最终将宪政的理念带入日本、深入民众，并通过发展资本主义经济带来社会阶层的分化、利益的重构以及社会权力的转移，并最终建立起君主立宪政体、相对健全的权力分立结构以及较为完善的法律体系，从而培养出与工业社会发展相适应的价值观念、伦理道德以及意识形态，为正式制度的建立和实施提供必备的社会和心理基础。其传统非正式制度中的某些因素支持了制度变迁，正式制度建立起来以后又强化了非正式制度中对制度变迁起积极作用的因素，同化了不利于制度变迁的消极因素，减少了制度变迁的成本。中国清代“华夷”之辨的价值观念成为其维护传统的最初理由，但西方文明的渐渐传入并在很多方面表现出强烈优势使清政府的这种无视成为不可能。尽管它也在最后时机意图借政治改革挽救危亡，但其维护传统的本质将非正式制度中不利于制度变革的因素发挥得淋漓尽致，不但无法为新的正式制度的建立提供支持，更无法培养出适应近代社会发展的非正式制度。例如一成不变的君主专制，并不利于民主意识、平等意识的培养；关系、潜规则的长期存在，弱化了正式制度尤其是法律制度的刚性，并助长机会主义行为，大大增加制度的社会成本和心理成本。

第二节　强化行政责任

一、建立责任政府

明治维新之初，日本通过创设太政官制来加强新政权统治，尽管太政官制后来一度发展成藩阀专制，但是这是日本历史上第一次从形式上将立法、司法、行政三权分而治之，形成一种不同于幕府专制的全新政权构想。从行政权演化的角度看，太政官制新就新在权力的统一体有史以来首次被打破，在古老的东方专制体制内第一次引入分权制衡统治机制，行政权开始试图从统治权中分化出来。维新的使命决定了这个新政权不可能是任何形式的专制，而只能是分权与制衡。之后太政官制几经改革，最终于1885年设立责任内阁制。虽然它不同于英国责任内阁制，但它的确立使日本有了接近于近代资产阶级民主制国家的行政机关，这一点是毋庸置疑的。追溯英国责任内阁制的历史使我们得知，英国最初的内阁只是国王的顾问班子，后来随着宪法性惯例以及一系列新规定使内阁的责任渐渐明确起来。由于政党制度的发展促使议会至上原则的确立，内阁对议会负责更加明确，至此内阁发展到一个较高层次的阶段，即责任内阁阶段。① 可见，英国责任内阁制强调政府对议会负责。但是根据明治宪法规定，“各国务大臣辅弼天皇，向天皇负责”，寥寥几句虽然既未出现“内阁”或“责任内阁”的字眼，也未区分总理大臣和各省大臣的区别，但是却道出了日本内阁制的特点，即既要排除受制于议会的那种内阁制，又要排除内阁内部的共同责任制。这样就使得内阁有可能对议会采取超然主义的立场，从而不利于立法权对行政权的监督和制约。这些当然是日本近代政府制度改革

① 阎照祥：《英国政治制度史》，北京：人民出版社，1999年版，第294页。

所具有的不彻底性，但是从明治维新宪政改革的制度结构来看，日本近代责任内阁制的建立使幕府时代的集权专制以及明治初期的有司专制发生本质变化，原来无处不在的行政权受到相当的削弱和约束。首先，由于三权分立的具体实施，内阁权力缩小并更加具体化，从最初在明治维新中行使国家统治大权到明治宪法实施后仅行使行政权。① 此时立法权由帝国议会协赞，司法权由大审院行使，国务大臣所辅弼的只有行政权。行政权不仅从形式上而且在事实上同立法等权力系统相分离。“各国务大臣入则参赞内阁，作为最高的行政机关，出则担当各部事务，并任其责”，② 国家所有大政方针皆是出于内阁并由各部实施。其具体职能包括提出法律议案，编制国家年度预算以及执掌中央到地方各级行政事务。其次，这样的制度设计实现了三权之间的分离、平等与制衡。一方面帝国议会可以通过立法、预算审议和监督等宪法手段对内阁进行有效制约；另一方面司法权的分立保证审判机关可以独立行使审判而不受行政权干涉。明治宪法体系下的立法权、行政权和司法权既不是上下主次关系，也不是包含与被包含的关系，而一种是平等并列关系。三个机构都是天皇统治下国家事务的承担者，它们之间已经有着虽然并不鲜明但是明确的界限。在这种背景下，行政权失去了昔日至高无上、无所不管的传统资格，成为授权有限但又职责分明的若干权力集团之一。与这种行政权与统治权的分化形成鲜明对比的是清末“皇族内阁”的建立。从形式上看，它是在原军机处班底上换了个名字，从实质上看，它仍然是无所不包的统治权的延续。

二、扩大政府职能

西方列强强势入侵给中国和日本带来一个完全不同的资本主义世界，

---

① 张经建：《日本权力制衡机制的演进》，南京：南京大学出版社，2010 年版，第 162 页。

② ［日］清水伸：《明治宪法制定史》下卷，东京：原书房，1973 年版，第 558 页。

其先进器物文明首先从武力上征服两国统治者，于是遂发出“中体西用”与“东洋道德西洋艺”的近代化方式。随着中日两国与西方交往频繁，越来越多的行政事务和社会管理事务需要政府来处理和解决。在封建制社会里，自给自足的自然经济条件决定了当时政府制度发育的简单化和功能分化的不完善性。李约瑟在对此提出的迷思研究中，详细考察了当时中国的社会、思想和经济结构。他认为中国（集权专制）国家机器存在的必要性主要在于两个方面：第一方面是负责整个地区的国防；第二方面是负责公共工程的建造和维修。尤其是后者，成为中国政府存在的必须功能。政府建设宏大的水利工程，目的是能够在洪峰到来时拦蓄大河之水，并引水灌溉；开凿四通八达的运河系统，将税粮运至谷仓及京师。① 这和魏夫特所提出的“东方专制主义”中对政府“治水”的强调一样，除了凸显出当时中国集权专制政治体制之外，而且也从侧面显现出前近代时期政府职能的单一化。到了19世纪下半叶，中日两国都出现不同程度的资本主义经济发展，商品经济取代自然经济，社会经济活动范围越来越广，这就要求政府提供一个公平的竞争场所和法治环境，为资本主义经济进一步发展营造一个良好的社会环境和发展条件。面对国家工业、交通、运输、商业、教育、外交等蓬勃发展的需要，大量复杂的社会职能进入政府职能领域，而这时传统政府制度由于无法胜任新的国家管理需求，不得不从集中走向分散。正如鸦片战争之后总理各国事务衙门的建立，不仅是为了应对与西方国家打交道的外交需求，同时也是顺应中国现代化起步的要求，统领洋务运动的开展，所以亦被称为“洋务内阁”。1861年1月，奕䜣上《统筹洋务全局酌拟章程六条》，以“近年各路军机络绎，外国事务，头绪纷繁”为由，请求建立总理各国事务衙门，以有效地办理洋务和外交事务。在总理衙门设立之后，随着军事、教育、工业等各方面近代化的开展，越来越多的管理事务涌现出来，总理衙门的职掌范围也

---

① 杨光斌：《制度变迁与国家治理》，北京：人民出版社，2006年版，第134页。

越来越广，后来渐渐发展到只要涉及近代化的事务皆由总理衙门经营。“它不仅是中国历史上第一个对外交涉的正式中央组织，也成为西方文明进入中国的要道，并在实际中总揽整个洋务事宜，俨然成为一个庞大的、职能广泛的‘洋务内阁’”。① 到了清末新政十年，由于清政府被迫走上立宪道路，官制改革和行政机构调整也作为立宪应有之义被提上日程。从清政府官制改革的目的来看，尽管有着被迫之嫌且功利性色彩浓厚，但从后来法部、邮传部、巡警部、商部、学部的建立来看，诚然也是出于近代社会发展所衍生出的各项公共事业对政府的要求。

尽管不同于中国的近代化结果，但日本在明治政权建立之初，同样也经历国官制改革和行政机构调整。明治政权建立之初，摆在统治者面前的是一个领土分裂、经济凋敝、民不聊生、权力分散的社会，要想从根本上改变这种四分五裂的状况，政府必须实行中央集权，才能为日本资本主义发展奠定基础。与此同时，国家制定出“内治”为先的发展策略，并提出“殖产兴业”政策，发展资本主义经济。在这一发展方针的指导下，明治政府开始实施内政改革。由于各项经济政策的落实以及近代工业的发展，原来的行政机构划分已经不能满足近代工业发展的职能需求，因此，随着太政官制一次又一次的改革，其所属的二级行政机构由最初的五个改为六个，后来扩充至八个，到责任内阁制开始实施之时又增加到十个。现代社会的发展向政府提出了高效的要求，而组织高效运作的内部条件是系统内部各部分之间的分工与合作、牵制与平衡。就拿掌管经济事务的行政管理部门来看，最初“会计官“是一个囊括经济建设和管理职能的主要部门，随着“殖产兴业”政策的全面推开，迫使政府加快行政机构的建设和职能分化，在改“会计官”为“大藏省”的基础上，新成立工部省，以“劝奖

① 姜良芹：《总理衙门与中国现代化的启动》，《学习与探索》，1999 年第 2 期，第 132 页。

百工”为宗旨，主要负责学习欧美国家的先进工业技术和生产方式。其下属部门共九寮一司，包括工学寮、矿山寮、铁道寮、电信寮、造船寮、制铁寮等等，所管辖的事务越来越多，行政权力所涉及的范围越来越广，并在“大久保政权”形成之后，二级行政机构中的内务省、大藏省和工部省逐渐成为明治政府的核心权力部门。三省职权根据经济发展需要进行分工，大藏省负责“殖产兴业”以及产业革命资金的筹集与调控，内务省负责劝农、畜牧和农产品加工，工部省负责铁路、矿山、机械制造业等。从上述对中日两国近代化之初行政机构数量猛增的描述可以看出，随着社会发展，社会资源总量呈大规模增长，围绕社会资源配置问题所展开的社会事务管理权力也在扩张。社会越发展，管理社会事务的权力也就越膨胀，在此情况下，混沌一体的政府权力结构形式是无法满足各项事业发展需要的，农业社会下分工有限，效率低下的行政结构，已无法适应近代经济发展所需的高效运转和协调管理，因此就需要有一个功能齐全、结构完整而合理的政府来承担此项重任。①

三、提高政府效率

近代行政的演变是在公共权力的合目的性与公共权力的有效性之间所作的一种选择和制度安排。根据纯粹理性所进行的“三权分立”设计规定由立法机关表达公共意志为国家法律，行政机关重视保证法律的实现，超越法律的行为由司法机关予以矫正。由于执行法律对任何政府来说都是根本性的，因此，必须赋予行政机关以强有力的实权以保障其执行力。所以，近代行政建立的是一种统治关系，构造的是管理——被管理结构，遵循命令——服从系统。② 这不仅是立宪政体下“三权分立”体制对行政权

① 姜大谦：《政府理论概要》，银川：宁夏人民出版社，2005年版，第24页。

② 汪习根主编：《权力的法治规约——政治文明法治化研究》，武汉：武汉大学出版社，2009年版，第156页。

的要求，更是近代国家形成之初百废待兴局面的要求。与此同时，近代市场对行政管理提出理性化要求，“既尽可能快捷地、又精确地、明晰地、持续地完成职务工作”。① 在立宪政体三权相分的结构模式下，较之立法权和司法权，行政权是内涵最为丰富的权力。从中日两国行政权与另外两权分立的过程来看，人们一方面用种种方式对行政权施加限制，以防止其被滥用，另一方面，又不得不想尽办法，为行政权的高效运作创造条件。如何通过法治模式在行政权的有效性与效率性之间保持适当平衡成为当时政府官制改革和行政机构建设的指导原则。为了有效解决新政权中行政系统的建构，明治政权的领导人在对西方各国进行详尽考察后，决定按照德意志立宪君主制模式设计政权体系。立宪的目的是制约政府以防止各种形式的掠夺或侵权行为，而“三权分立”下近代行政系统的建立则在政府的组成和管理过程中引入竞争机制和硬性约束机制，使行政效率得以大大提高。

1885 年明治政府废除具有传统色彩的太政官制，基本实现了宫中（朝廷）与政府的分立，使行政权独立出来，独自承担各项行政事务，并对天皇负责。新内阁成立数日后，明治政府向各大臣通告《政纲五章》，作为各省整顿的方针。其主要精神：一是“明官守”，规定各省的局、课组织、权限、定员、管理等级；二是“选叙之事”，通过考试选取官吏，决定官吏资格的制度；三是“省繁文”，强调事务的简捷与能力化；四是“节冗费”，强调人事、行政费用的合理与节约，建立会计制度；五是“严格纪律”，叙述官吏的作风与纲纪。这是明治政府建立以来，首次明确提出政府政纲和对官吏的要求。从日本责任内阁体制的建立以及一系列规定内阁职权、官制、政纲的基本法规可以看出，新内阁已经成为与朝廷分立的行

① ［德］马克斯·韦伯：《经济与社会》（下卷），林荣远译，北京：商务印书馆，1997 年版，第 296 页。

政机构，在处理具体事务时不再受到来自皇权的干涉，尽管它仍需对天皇负责，但在实际操作过程中已然占据执行的实权。官制组织与权限的明确规定保证行政执行的权责统一以及管理的有序和有效；官吏考试选拔制度的确立使大批技术官僚进入政府管理体系，保证行政执行专业化，为行政效率的提高和管理的科学化奠定基础；强调行政程序的简化与行政费用的节约大大降低政府成本。在公共经济学看来，政府效率是政府成本与政府收益之间的对比。① 政府成本的降低就有可能带来政府效率的提高。而“严格纪律”的规定对官吏提出了要求，对可能产生的腐败予以制止。

近代行政权的独立以及行政体系的建立使国家行政事务从根本上摆脱皇权制约，不再惟“上”（君主）而是惟“实”（社会发展的需要），不再惟君主私利而是惟民众公利。正是这种皇权的“撤退”使个人从前近代封建集权专制中解放出来，在近代资本主义经济发展中寻求对个体的尊重，实现自我价值，并最终在法制保障下实现竞争的有序化。这些价值的实现恰恰成为提供效率的社会基础。因为效率的社会基础包括：第一，个性的解放，个人是一切社会组织的基础和单元。一个社会组织的能量是其中每个个人能量的集合。个人能量与社会组织能量的关系可以用一个公式来表示：社会组织的能量 = 个人能量总和 * 组织形式。因此，在现代社会组织中，解放人的个性，充分发挥个人的积极性、主动性和创造性，往往是提高效率的关键。在一个个人的自主性、积极性和创造性能够得到充分发挥的社会共同体中，效率会持续地、高速地增长。相反，在一个过度强调一致性的社会共同体内，效率的增长是间断性的、缓慢的甚至是停滞的。第二，和谐的人际关系。人际关系的状况与交易成本直接相关。对于个人来说，衡量其和谐与否的基本标准是，个人在其中是否受到承认和尊重。只有得到基本的承认和尊重，个人的创造性和能动性才能得到发挥，并形成

---

① 唐天伟：《政府效率测度》，北京：经济管理出版社，2009 年版，第 18 页。

一种现实力量。第三，竞争的秩序——契约。资本主义社会之所以能够高速发展，根本原因在于它初步实现了“从身份到契约”的转变，把大部分社会关系契约化，并用法制对其进行保护。契约是各方在平等基础上自愿达成的协议，本身就体现帕累托效率，是良性竞争的最佳表现形式。它不仅使社会共同体获得前所未有的自组织能力即协调能力，而且有力地激发每个人的个性。①

专业化的分工、技术官僚的引进以及行政机构法律法规的健全进一步保障行政系统的科学化和效率化。不论是在微观领域还是在宏观领域，专业化分工对于提供个人与组织的效率是非常显著的。亚当·斯密曾对此做过专门论述，他认为分工带来的高效具有普遍性，对整个社会生产率的提高有着巨大的推动作用。而技术官僚引入带来的直接后果便是决策的科学化，这对于一个亟待推进各项发展的国家来说是极端重要的。在中日近代化历史上，都有着对经世官僚和技术人才的需求，而且两国也通过西式教育的引进培养出一批具有新思想和新技术的经世人才，唯一不同的是对于这些人才的任用。明治政府将这些技术官僚吸纳进现行体制，使他们在国家各项具体事务中发挥自己的特长，以制度化的规范来对其进行监督和管理，从而保障官僚制的科学精神。而在晚清，虽然当时的社会环境为行政官僚向技术官僚转型提供了基础，一些官员的个人素质也有很大提高，但这些技术官僚始终是作为皇权进行专制统治的工具，他们对社会发展和建设的任何想法都要受到君权的制约和过滤。最典型的是洋务运动时期朝中对于是否修建铁路的争吵便是这一统治模式最佳诠释。而日本在 1870 到 1885 年的十几年时间里，在铁路、航运、电信事业方面都取得了很大进展，大大推进资本主义工商业的发展。在近代行政法规的制定方面，日本伴随着责任内阁制的建立与发展，逐步颁布《各省官制通则》《文官任用

① 谢鹏程：《基本法律价值》，济南：山东人民出版社，2000 年版，第 152-153 页。

令》《文官分限令》《文官惩戒令》等法规，进一步规范一般官吏选拔、任用及奖惩制度，形成比较完备的近代官僚制法规体系，使公务人员职位的取得摆脱人身依附，建立在契约基础上，保障官僚制的科学精神。

第三节　孕育立宪文化

一、建立近代议会

议会作为资产阶级革命的产物，是近现代民主制度的象征，也是近现代政治文明的重要组成部分。议会最初的释义是召集人民开会议事，后来随着近代资本主义民主的发展，它作为扩大资产阶级民主的重要载体在西欧诸国纷纷建立，并逐渐在世界范围内扩展开来。① 在对议会概念的界定中，很多学者根据解释的侧重不同，提出了不同的看法。有的强调议会是代议机构，有的侧重强调议会的立法功能，也有学者认为议会是国家的权力机关等等。具体到对中日近代立宪政体建立过程中立法、行政、司法三权相分的考察，议会的立法功能应该是本文研究的侧重。前近代中日两国专制政体集立法、行政、司法大权于一体的权治统治模式到了近代社会，在传统经济瓦解以及域外宪政之制的影响下，议会的建立肩负起了推翻绝对君主专制政治的使命。近代以来，资产阶级的需求不断扩大，他们不满绝对王权对个人权利的压迫，将矛头对准君主专制的国家制度，要求建立代表资产阶级的代议机关，保护资产阶级利益。在反对强大君主制政治斗争的同时，不断扩张、延伸议会的权力和权限，其最终结果就是以议会政治取代君主专制统治，由议会而非君主掌握立法权。实质上，议会政治是

① 张睿丽：《议会政治与近代中国政治变迁》，北京：中国社会科学出版社，2009 年版，第 33-34 页。

一种分权政治，相较于传统君主专制政治是以王权为中心的一元化、整体性的权能结构，以及在这种结构（基础）上生长出来的专制集权政治，① 议会政治通过多元化的权能结构来限制权力的集中和滥用，从而保障公民的权利和自由。

从日本明治维新后立法机构的演变以及帝国议会最终建立的过程我们可以看出以议会为标志的近代立法体系在日本建成。根据明治宪法的规定，帝国议会作为立法机关具有立法、审议预算和监督内阁的权力是无疑的。对于议会最具象征意义的立法权而言，在帝国议会成立的初期，它在立法方面的作用主要在于对全部法案的审议。② 对于政府所提出的一些重要法案，帝国议会有行使否决的权力，也有对重要法案加以修正的权力，并可以促使很多重要法案得以通过并最终成为法律。就议会对内阁政府的监督权而言，其最有效的控制手段就是议会对财政的审议权，后被人称为“掌握钱袋的权力”。其他的手段如不信任案、质询、国政调查、请求罢免或罢免等，都可以起到对政府的监督作用。③ 显而易见，帝国议会作为三权分立中的立法机关，其权力和实际作用比元老院时期大大增强，不仅在立法方面，在监督和控制内阁方面也起到相当大的作用。这种从一定程度上代表资产阶级利益的议会政治，从根本上颠覆君主专制政体下王权独大与有司专制体制下政府权力独大的权力集中状况，它将最重要的立法权赋予议会，亦即部分赋予民选的议员，这种权力的分立和下移将会从本质上促进政治现代化的发展。

---

① 施雪华：《论传统君主专制政治向现代代议民主政治转变的过程、机理和动因》，《武汉大学学报》（哲学社会科学版），2005 年第 7 期，第 506 页。

② 张经建：《日本权力制衡机制的演进》，南京：南京大学出版社，2010 年版，第 139 页。

③ 在日本政府制度近代化的过程中，此时虽然已经还政于天皇，但是实际掌握国家权力的是萨长藩阀政府。所以立法权的独立，就是从对萨长藩阀政府的制约和监督开始的。

二、从习俗型信任到契约型信任

近代社会的发展是在市场经济中获得了驱动力，市场经济以其特有的人与人的交换关系创造出无限的生产力，推动社会的进步。市场经济是近代整个社会发展的动力源，社会结构、生产与生活方式、科技文化等所有方面的演进和发展，都应归结为来自市场经济的推动力量。在人类社会从前近代向近代转型的过程中，正是市场经济的出现，使个人的利益意识觉醒，使人的行为理性化，使管理的行为非人格化，使人与人之间关系在平等交换的基轴上展开，从而使等级制条件下对权力的顺从失去基础。① 在这种由农业小生产向商品经济转型过程中，人与人之间的信任类型也从习俗型信任向契约型信任转移。这是一种由传统人格信任向现代的系统信任，从特殊信任向普遍信任的转变。信任是发生和存在于人际关系之中的，人际关系的形态决定信任的状况。② 因此考察信任的类型需要从了解不同社会人际关系的状况开始。费孝通先生在《乡土中国》一书中根据人们之间的关系将社会划分为熟人的社会和陌生人的社会，为我们分析社会形态从农业社会向工业社会转型提供了很好的视角。他所说的熟人的社会就是前近代农业社会的人际关系状况，陌生社会就是近代工业社会中人与人之间的交往状况。

前近代社会是自给自足的小农经济占优势的农业社会，这种传统生活方式决定了人们生活的相对封闭性和局部性，使人们世世代代都居住于一个地方，这就为熟人社会的形成提供了地域上的便利条件和血缘上的相互维持。正是这种地缘与血缘关系造就了熟人社会最重要特征——人们之间关系的直接性。人们之间的交往是因为熟识，长久的交往是基于熟识，正是人与人之间这种熟识的关系，使信誉的重要性大大增加，因为通过共同

---

① 张康之：《论伦理精神》，南京：江苏人民出版社，2010 年版，第 127 页。

② 张康之：《在历史坐标中看信任——论信任的三种历史类型》，《社会科学研究》，2005 年第 1 期，第 11 页。

的朋友和熟人之间的间接联系使行为更加的公开化。① 对于信誉的重视是源于建立信任的需要，因为熟人社会中信任是基于熟悉和习俗的信任，它并不依靠契约的束缚，而是因为极度熟知而产生的不假思索的信任。因而是一种直觉的、感性的和习俗性的信任。在这种习俗型的信任中，人们遵循的是非正式制度，即习俗、传统所形成的“潜规则”，是一种倚仗血缘和人情的传统规则，它有自己发挥作用的空间和条件，一旦这些条件不够具备之时，这种信任就不会发生。

与农业社会相比，工业社会是由陌生人组成的社会，因为社会工业化的发展和城市化的推进，造成人们迁徙机会的增加，原来基于地缘和血缘形成的熟人社会被打破，人与人之间不再是亲情或人情关系，而是由社会化生产关系带来的利益关系。人们之间交往可以不必面对面，不必相互熟知，而是通过某些中介环节联系起来。这就使得原来那种熟人社会发生断裂，形成“间断式的陌生人社会”。② 血缘和地缘的关系因为经济、利益以及制度、法律的介入而变得陌生。在陌生人之间的交往中，尽管也存在着因为交往而熟识起来的人，但这种熟识与熟人社会中熟识关系是不同的，它是一种不连续的和暂时性的熟识。它不是基于人们的生活需求而天然地结合，没有血缘和地缘关系来保持这种熟络的关系，此时的熟识可能在彼时就会变得陌生。人与人之间的距离感淡漠了对彼此的需求和责任，这就使得熟人社会人们看重的信誉所具有的约束感在陌生人社会中无法发挥作用，因为人们交往的范围越大，对于信息量的共享就越小，这就使人与人之间不再有以前熟人社会中的安全感和信任感，因此就会导致人们对彼此的猜忌，造成信任缺失。也就是说，陌生感所带来的人际关系间的断裂导

---

① ［美］罗德里克·M·克雷默，汤姆·R·泰勒：《组织中的信任》，管兵译，北京：中国城市出版社，2003年版，第92页。

② 张康之：《在历史坐标中看信任——论信任的三种历史类型》，《社会科学研究》，2005年第1期，第13页。

致陌生人的社会缺乏人们之间出于本能的信任，但是生产和生活的压力又迫使人们不得不相互交往。而且也正是缺乏安全感的陌生人之间的交往，使得人们对信任的需要更加迫切。工业社会人际关系之间的陌生特征，带来一种完全不同于农业社会习俗型的信任类型——契约型信任。

契约本身所具有的二重性满足了陌生人社会既不具备信任又需要信任的特点。一方面，契约本身是不信任的标志，也是不信任的结果，因为如果人们之间互相信任的话，就不需要订立契约。当人们初次与陌生人打交道时，凭借表面的熟识去信任对方是带有风险的和不明智的，所以就需要用契约来对双方的行为进行约束，这就是契约的另一方面，即通过人们对契约的信任可以实现人们之间的信任。所以我们把工业社会这种基于陌生人之间的信任方式称为契约型信任。契约型信任具有非人格化与普遍性的特征。这种信任的维持抽象掉了人的非理性存在，并防范了人的非理性需要对社会的理性规则所产生的冲击作用。同时，由于契约型的信任可以使不同个体之间达成信任，而不论他们是否认识对方，知道对方的长相、性格、喜好、品德等等，甚至连姓名都只是一种签订契约所需的标记，所以说这种信任关系是一种普遍化的信任，它不会由于当事人所具有的一些个性特征而被改变或被打破，这不仅有利于维护订约人的利益，也能够促进建立一个普遍信任的社会。正所谓经济基础决定上层建筑，近代工业社会市场经济的发展使传统国家的政治统治功能向社会管理功能进化，并瓦解了传统的社会等级结构及相应的传统观念，将契约的精神深深植入近代社会与人们的心中。所以，我们可以说建立在市场经济之上的近代社会是一个契约社会，契约催生了平等、自由、法制、权利等现代社会观念，同时又通过对契约的制度化保障来确证这些观念。“在这个契约的社会里，一切权威……其合理性都要通过契约关系来得到说明和解释”。①

① 马峻峰，白春阳：《社会信任模式的历史变迁》，《社会科学辑刊》，2005 年第 2 期，第 42 页。

三、法制化保障契约刚性

市场的发展是近代资本主义经济增长与前进的重要推手，商品在超越族域范围内自由流动是保持经济健康有序发展的基础，而商品的社会化生产和自由流动要求对个人权利与等价交换进行保护，这就需要用法律来限制国家权力，从而实现保障契约的刚性化以实现对个人自由、平等与权利的保护。现代政府建立的社会基础是商品经济及其自由平等的契约原则。这个基础和原则要求政府在扩大权力的同时，增加社会和公民的权利以达成政府权力与公民权利的平衡。[①] 近代中国和日本建立立宪政体的尝试就是试图打破原来的君主（幕府）专制，建立一种现代的政府制度，实现政治的法制化。从组织结构上来看，实现近代法制有两个必要的条件，一是有一个代表新兴资产阶级利益的立法机构——议会，二是有由议会制定出完备的法律体系。尽管这两项指标是实现法制不可或缺的条件，但是有一个代表人民权力的议会是首要的和最基本的条件，因为一旦拥有较为成型和完善的立法机构，由立法机构来制定法律就是其应有之义。

从中日两国建立议会的过程来看，在清朝灭亡之前，中国始终未曾建立起一个真正的议会，尽管它建立起略带议会性质的谘议局和资政院，当然这也是我们说晚清预备立宪未能建立起近代政府制度的关键所在。日本最终建立起包括贵族院和众议院的帝国议会，尽管众议院要受到贵族特权的制约，在选举资格上还有很多限制，但是它的建立首先是一种形式上的胜利，它实现一种结构上的相互制约，在原来立法权由行政权独揽的体制上划开了一道裂口，使前近代社会的“无限政府”向近代“有限政府”开始迈进，尽管此时的脚步仍然蹒跚，但是议会形式的建立以及有限功能的发挥，预示着这种分权和制衡制度已经开始生根发芽。从实质来看，议会

---

① 姜大谦：《政府理论概要》，银川：宁夏人民出版社，2005 年版，第 24 页。

建立的过程是一个统治权分离的过程，相较于行政权和司法权与统治权的分离，立法权即议会的建立是最关键也是最困难的过程。因为议会中下议院是由民选产生的，这些选举产生的议员将在国家未来的法律建设中起着相当的作用，贵族甚至君主的权力都将受到议会所通过的法律的限制。也就是说议会的建立本身就是公民权利对对专制权力的胜利，这一体现民意的立法机构的建立，将使政府权力受到法律的制约和监督。一个有限政府与无限政府的区别在于政府的权力和职能受到来自法律的明文限制，实现政治的法制化，而不再像过去专制制度下皇权至上的权制模式那样，君主有着超越一切的权力。

从理论上讲，法律是公民社会公共意志的集中表现，守法就是服从公民的公共意志。因此，与公民一样受法律约束、依法治国的政府，是适合公民社会自由平等契约原则的民主政府，否则就是专制的政府。① 人类社会的各种规则形式，特别是法律，多数时候只是对于已然生成的秩序或制度的确认与规范（今日西方的那一套“私法”制度，实为源自对于长期自然形成的商事规范的确认），而从保守的一极，提供可预见性的行为轨道，从而为各项社会生活的运作提供必要的具预见性与形式化的程序，在此框架内，各人尽可以去表演，随着“依数目字管理”（黄仁宇语）程度的提高，表演的内容和形式自然有变化。变化积累到一定程度，必要的规则跟上确认并规范化，立法不过是最为正式而具规范性的确认形式。② 法制的价值在于它提供了一套规则，一套可以涵盖政府和人民活动准则的规范，用来约束和惩戒市场经济中可能出现的权力带来的商业垄断以及人与人之间不守信用等行为。尽管法律依靠其强制性制裁来维护社会秩序，但是因为法的精神一开始就是作为权力意志的替代物出现的，所以这种强制性权

① 姜大谦：《政府理论概要》，银川：宁夏人民出版社，2005 年版，第 24 页。
② 许章润：《说法、活法、立法——关于法律之为一种人世生活方式及其意义》，北京：清华大学出版社，2004 年版，第 6 页。

力的实施应该是越少越好的。正如药物发挥效用的最佳状态乃是人体不再需要它便能维持自身的健康，相似的，法律的最大成功则在于将国家权力对公民的生命、自由、财产所进行的干涉降到最低限度。所以，法律虽然也经常需要通过惩罚与压制来展示自我，但在根本上应是反对惩罚与压制，尤其是反对由权力做出的惩罚与压制。① 近代历史上，法律的确立和实施必然带来政治的法制化，因为法律在本质上是对专制权力行使的一种限制，② 它使国家治理方式由权制迈向法制。

在法制与契约的关系上，法制的实质精神就是契约，它将人类社会中的一切关系都以契约的形式固定下来。如果说商品经济打破了传统小农经济的封闭性使信任类型开始从习俗型向契约型转变，那么市场经济的兴起和发展是促使这种转变的根本动力。作为商品经济的高级阶段，市场经济仍然是以商品生产和流通为基础。商品本质上是相互交换的产品，其生产从一开始就是为了交换。当原来农业社会小农经济被工业社会商品经济取代时，与商品社会化生产相联系的全面依赖交换的生活方式也同时代替传统自给自足生活方式。社会生产方式以及人们生活方式的变迁也从根本上改变了人们的交往方式、思维方式与价值观念。人们的日常活动再也不局限于家庭族域之间，生产社会化和市场扩散将他们连成一体，在整个国家层面甚至世界层面进行商品的生产、流通、交换和消费。在陌生人之间初次交往中，人们可能会通过面对面交谈和侧面询问的方式对对方有一个初步了解，进而凭本能和直觉给予对方基本的信任，并订立口头的或私下同意的临时性契约。逐渐的，随着双方交往次数的增加，原来那种临时性的契约被固定下来，久而久之成为一种习俗、文化甚至规则、制度乃至法

① 张康之，张乾友：《论法治国家中的权治——从福柯的研究谈起》，《天津社会科学》，2010年第6期，第57页。

② 埃德加·博登海默：《法理学——法哲学及其方法》，邓正来，姬敬武译，北京：华夏出版社，1987年版，第224页。

律。法制对信任的保护也就体现在把信任关系契约化。工业社会中陌生人对于彼此的信任是对于固定化了的契约的信任。

人类社会从统治型的社会治理模式发展到管理型的社会治理模式之后，以理性官僚制为基础的公共行政体系贯穿了法制的原则，保证了政府权力的有限性以及行政管理的有序性。在近代社会中，实现政治法制化的重要意义在于，它保护各种契约的有效确立和执行，并用国家法律所具有的强制力对违反契约的行为进行惩罚。如果说，货币作为一般等价物的出现解决了商品交换过程中物物交换带来的个人劳动与社会劳动之间矛盾的话，那么契约的出现以及基于此的信任解决了陌生人之间不敢信任但又必须信任的矛盾。通过法制对契约的保护，使得契约刚性化。在实际的商品流通中，只要进行交易的双方签订契约，并在其中详细规定彼此的权利义务，明确规定如果出现违约将受到什么样的处罚，那就不怕出现一方失信违约的情形，而不论签订契约的双方是否熟悉，也不论对方的身份、地位和品质的高低。

法制对于契约的这种刚性保护，使人与人之间偶然的、非常态的交换慢慢发展成必然的、常态的贸易合作关系，使一个封闭区域范围内人们之间有限的交往扩展为全国甚至世界范围内更加开放和流动的无限交往，它使市场经济扩散化，从一个封闭的、同质的、静止的、权制的社会发展成一个开放的、异质的、流动的、法制的社会。以前农业社会权制统治模式和习俗型信任所带来的模式化和习惯化的治理方式，在相当程度上遮蔽了制度建设的重要意义，而当时既存的人治原则又强化和扩展了其所具有的各种弊端。因为皇权专制之下一切都是惟上级长官的意志而不重视制度性的规则和保障，各种管理职责缺乏明确的分工和相应的责任追究机制，这就必然带来同级机构之间，组织与个人之间以及上下级之间普遍缺乏合作与配合精神，而是相互猜忌和防备，遇事互相推诿，遇利争相投机，造成极大地资源浪费与行政效率的低下，阻碍着社会发展和进步。“实际上，传统社会的严重腐败、周期性的动乱和停滞不前，都与这些矛盾直接关联”。① 到了近代工业社会，法制的刚性条款能够较好保证违约的一方受到惩罚，受害的一方获得补偿。一个社会一旦拥有比较完善的法制，就会在个人经济权利上有所体现，因为它排除国家权力或权力个人对经济的干涉，当然，这是契约及法制诞生的使命所在。在保障个人经济权益的基础上，法制对于包括统治者在内的整个社会约束还能使人们其他方面的个人权利与合法权益得到保护。当公民权利受到行政官员侵害时，公民能够通过法律制止侵害并讨回公道，当个人利益被国家权力损害时，公民个人就可以诉诸法律要求赔偿。这种法制对政府的约束保证了一个国家政治运作的法制化，强权不再能够为所欲为，个体与个体之间亦在法律的规范下从事生产和活动。只有这样，人们的财产权才能得到保障，在追求经济利益的资本主义精神的鼓舞下，才会不断扩大其交往的范围，从分享与合作中增加自己的利益，推进整个社会经济和技术的发展和进步。

第四节　保护公民权利

一、建立近代司法体系

司法独立最早作为一种观念被新兴资产阶级用来对抗封建君主的专制统治，特别是反对专制国王掌控司法大权，随意逮捕、审讯甚至处死臣民。后来这一观念在近代法律规范中得以体现，并依据宪法的规定，在国家政治制度和权力结构上实现了完整的建构。② 司法独立的程度与一个社会的制度化水平有很大关系，因为如果司法不独立，制度的程式化运行就

① 马峻峰，白春阳：《社会信任模式的历史变迁》，《社会科学辑刊》，2005 年第 2 期，第 41 页。

② 韩秀桃：《司法独立与近代中国》，北京：清华大学出版社，2003 年版，第 10 页。

容易遭到破坏，社会的制度化程度必然会受到影响。古典经济学家亚当·斯密在对君主或国家的费用进行研究时，就曾详细分析国“司法经费”的来源及用途，得出司法必须独立的结论，认为如果司法权不与行政权相脱离，“要想公道不为世俗所谓政治势力所牺牲”，① 简直是难上加难的事。

司法独立从最初作为观念到后来发展成一种制度，要求司法权由法院统一行使，不受行政、立法机关的干预；司法系统内部彼此独立，上级司法机关不能干预下级司法机关的司法活动，平行级别的司法机关也不能干预彼此的司法活动；法官除依照法律进行独立审判之外，不服从任何别的权威；法官的身份、社会地位以及收入等都受到法律的保障，使其可以无所顾虑的捍卫法律。而其中最能够体现司法独立原则核心的是，“法官审判争执案件时，只受抽象的、一般的法律规范约束，不受具体指令的约束，即法官进行审判时是独立进行的。”通过前述对日本明治维新时期司法机构的建立以及审判独立过程的描述，可以看出，明治宪法颁布以后，日本的确实现了有限的司法独立。因为从江藤新平改革开始，司法省的建立开启了司法行政与审判相分离的过程，明治宪法体制下大审院逐渐摆脱立法权及行政权的控制开始独自行使司法权，《裁判所构成法》的颁布为各级法院组织建设提供依据和规则，并从根本上保障法官的地位和身份。尽管此时司法权的独立还不完全，仍要受到司法行政或是国家行政权的监督和控制，但是这终究打开了制度缺口，原来那种将军独揽天下大权的时代已经完全过去，随着维新的展开以及资本主义经济的扩展，一种代表着新阶级利益的新制度在与传统的斗争中逐渐确立下来，它颠覆专制、集权的可能，从最初的形式上到后来的内容上以及最终的实质上，以法律形式确立了对绝对权力的制约以及对公民权利的认可和保护，并通过独立司法

① ［英］亚当·斯密：《国民财富的性质和原因的研究》下册，郭大力，王亚南译，北京：商务印书馆，1974 年版，第 284 页。

体系框架的确立予以保障。

二、保护个人财富

英国是近代西方历史上最早实现司法独立的国家，所以通过考察近代英国司法独立的“原发性”过程，可以揭示司法独立制度对近代英国市场经济发展与法治秩序构建的重要意义。

（一）财富货币化使财富从属于个人

中世纪英国实施着国王的统治权与财产权不分、政治与经济不分的政治治理形式。国王既是君主也是地主，领土范围的狭小和岛国特征使英国王室能够实现中央集权化的统治，并主要从政治和经济方面全面控制他的人民。国王通过向臣民施予他的特许权、专卖权、租地权来赋予臣民以各项自由，并可以随意管理臣民的经济行为。[①] 所以，权利、自由以及社会存在的每一种形式都表现为一种特权，都来自国王的赐予。当时的普通法院作为延伸国王人身化权威而起到的主要作用，就是依附于国王，有效实施国王对财富的分配。促使早期普通法院走上司法独立之路的是英国货币经济的发展，社会财富存在形式由实物发展到货币，对于任何人来说，财富都体现在对金银的占有上，资本的发生也是“以货币形式存在的财富为起点的”。[②] 财富存在形式以及资本的发生必然要引起社会权力结构的深刻变革。

随着商品流通的扩大，货币作为财富的绝对形式，权力日益增大，由于货币本身也是一种商品，可以成为个人拥有的私有物，那么这种由货币带来的权力就变成了私有权力。韦伯认为，从演进的观点来看，“货币是私有财产之父”，它对不动产以及不可分割的财产起了瓦解作用，它“分

---

① 康芒斯：《资本主义的法律基础》，北京：商务印书馆，2003 年版，第 131 页。

② 中共中央马克思恩格斯列宁斯大林著作编译局编：《马克思恩格斯全集》（第 46 卷上），北京：人民出版社，1979 年版，第 507 页。

割了财富，分化了利益，并导致个人利益的形成”。① 正是这种财富货币化的存在形式，将国王所拥有的“天下”这种共有财产打碎，成为个人私有财产。而个人私人财产的积累和扩大也正是通过财富货币化的存在形式实现的。正如米勒所说的，“自由的途径是物质的进步”，财富脱离实物形态而以货币方式存在，使财富脱离了国王的控制而被个人支配，使财富不再完全掌握在国王手中而开始从属于社会所有，进而使财富获得方式向着市场调节的方式发生转变，财产所有者之间的关系模式也不再完全听从国王指令，而是根据市场需要。

（二）财富的个人占有催生个体本位社会价值

货币经济的发展，使得社会开始显著的利益分化，从传统共同体下分化出来的个体开始积极地追求自身的个人利益，这样一来，诉讼自然而然的增多，人们通过诉讼来保护自己的权利，并崇尚普通法以及法治的社会。诉讼的增多以及对法治的崇尚，是传统社会秩序转向现代社会秩序的表现，因为货币经济的出现带来资本主义私有制的确立，随之出现的“个体本位社会价值已经与传统宗法伦理秩序不能相容”。② 乡村道德伦理与经济利益裂缝的扩大使传统社会伦理秩序失效，由于诉讼的公开性、公平性和程序性能够有效化解社会矛盾，于是人们逐渐习惯于通过法律来解决个人利益之间的冲突，法治开始成为维护社会秩序的主导模式。这种基于非个人意志的法治统治顺应了近代早期英国财富货币化（动产化）的要求，“由此引起财富获取方式从权力到市场的转换。法治在堵塞旧有权力获取财富方式的同时，又为新的通过市场获取财富的方式提供制度保障”。③

---

① 魏建国：《司法独立：近代英国法治秩序与市场经济建构的制度之基》，《学习与探索》，2006 年第 2 期，第 145 页。

② 徐煜，高志平：《论英国斯图亚特王朝早期争取司法独立的斗争》，《湖北大学学报》（哲学社会科学版），2010 年第 9 期，第 116 页。

③ 魏建国：《近代早期英国普通法院司法独立的特点及其意义》，《广西社会科学》，2004 年第 3 期，第 127 页。

伴随着近代早期货币经济的发展，前近代英国统治权与财产权不分、政治统治与经济管理不分、行政与司法混为一谈的治理模式成为引发权贵勾结利用特权，专权腐败的根源。在都铎王朝末期与斯图亚特王朝初期，君主们兜售专卖权和官职，强行征税，肆意逮捕，中止法律的实施等专横行径，直接危害到国家和民众的个人利益，人民对此极端不满，下议院还爆发了对专利权的强烈指责。这说明当时的社会经济结构，已经开始与国王实施的全面统治相背离。代表着资本主义生产方式的中等阶级日益不满传统专制统治对新兴经济的束缚和压迫，渴望一种能够促进和保护其经济活动的政治环境，并用一种新的、更有效率的方式管理他们的财产。在17世纪早期的英国，“财产是自由的本质”这一观点已经深入人心，人们所追求的法治秩序主要是用来维护和保障个人的私有财产和契约自由。此时的英国不仅经济上发生巨大的变化，个人的社会流动性亦大大增加，而且进入了一个类别发生变化的时期。① 贵族的衰落与中等阶层的崛起是这个社会的主要特征。一个充满活力的新兴资产阶级群体在经济上摆脱封建制度束缚之后，就开始要求在政治上享有相应的地位，他们相互联合，利用议会和普通法院进行反对王权和封建专制制度的斗争。后来经过弑君、复辟和“光荣革命”之后，神性的自然法开始转换成市场的自然法。“自然”经济是一种不受官方干预、与其自身内在动力相一致而运作的经济，它需要将国王和贵族特权限制并排除，使之避免官方介入而无法有效运转，所以国王的特权法院必须被废除。它的废除为普通法院保持独立性，防止专权的入侵提供了可能。

在从历史演进角度考察英国近代司法独立制度建立的深层次原因之后，下面将从一个更加宏观的角度，即整个法律制度构建与运行的视角考

---

① ［美］伊曼纽尔·沃勒斯坦：《现代世界体系》（第 1 卷），尤来寅等译，北京：高等教育出版社，1998 年版，第 303 页。

察在从前近代向近代社会转型的过程中，为什么要建立独立的司法机构及制度。在一个宪政政权中，制度所发挥的最显而易见的作用是赋能，以使得各种行动和结果可能发生。对于许多东西来说，哪怕是最低限度的完成，也需要专业化和组织化结构的配合。例如，如果希望建立与维持法律和秩序，就需要拥有各种各样的制度结构，包括警察和司法职权。① 从法律运行机制来看，将法律广泛而抽象的规定与普遍要求转化为社会成员的具体单个的行为，并形成一定的法律秩序，必须经过司法这一中介环节。它借助国家权力力量，通过正当的程序、法官的审判、专业律师的辩护、公正的裁判等司法活动来展现法律这种外在的、他律性的社会规范方式及作用，从而使法律在现实社会中得到实现。也就是说，司法机构是法律制度良好运行于其社会制度之中的支点。②

制度通过制度结构，即专业化组织才能在现实中发挥规范作用。制度结构的构建与制度的构建一样是一个渐进的而非一蹴而就的过程。当一个相对完善的制度结构建立起来以后，它就能通过一系列逐渐确立起来的规范来确保程序正义。法制作为一种不同于传统权制的制度模式，它的实现要靠司法机构的建立及具体运作来提供一种程序公正的保障。正如在日本明治宪法框架下所形成的帝国议会、责任内阁与大审院分权制衡的政府制度，随着《裁判所构成法》《民事诉讼法》《刑事诉讼法》《行政审判法》等一系列法律的颁布，所确定下来的审判独立、民刑分审、审检分立、四级三审、律师辩护等制度形式就从根本上为国家公权力运作规定范围以及程序，打破传统司法实践中“结果好就什么都好”的实体正义原则，使近代司法机构的运作更加具有合理性、规则性和可操作性。程序因对其所涉及到的各种相互冲突的利益进行合理的平衡，所以正当程序内在的优秀品质即是对个人权利、

① ［美］罗素·哈丁：《自由主义、宪政主义和民主》，北京：商务印书馆，2009 年版，第 90-91 页。

② 韩秀桃：《司法独立与近代中国》，北京：清华大学出版社，2003 年版，第 17 页。

尊严与自由的尊重。只有在具备程序正义的前提下，才有可能导致法律结果的正义。司法机构以及司法独立制度的建立，成为保障法制发挥作用的组织机构，它使权利受到侵害的个体能够依法申诉，获得权利救济。

三、建构法治市场

从英国近代早期历史来看，随着财富以货币形式存在及财富动产化的发展，个人权利这种市场交换的主体成为普通法院的价值标的。正如庞德所指出："司法活动必定被有意无意地引向某种终极目的"，这个终极目的在不同的时期有着不同的表现。在法律肇始之际，它仅仅是为了维持和平秩序；在罗马时代和中世纪是为了维护社会现状，但到 17 世纪它成为"促进一种最大限度的个人自我权利（的）主张"，[①] 而这就必然从对国家权力的制约开始。

18 世纪的启蒙思想家们把对权力的制约作为构建社会治理体系的基本原则，因为他们要解决的是农业社会权力的单一性而不受制约的问题。[②] 由于权力制约的前提是权力的多样化，而权力多样化的存在和相互制约需要有一定的规则对其予以保障，这种对规则的需要使法律成为必要，所以对于权力制约问题的解决不可避免地归结于法制文明的建构。如果说立法机构的建立与立法权的独立是法制建设的基础，那么司法独立与司法系统的完善则是维护法制的重要防线。与立法权和行政权的主动性相比，司法权是一种被动的判断权力，而且这种判断权的行使在很大程度上要借助行政权的力量。司法机关既不像议会那样掌有立法权和对财政的控制权，也不能像政府那样支配社会力量与财富。[③] 这一特点决定司法机关的任务相对简单和单纯，只需要搞清案件的真相和正确适用法律，因而司

① ［美］罗斯科·庞德：《普通法的精神》，唐前宏，廖湘文，高雪原译，北京：法律出版社，2001 年版，第 137 页。

② 张康之：《论伦理精神》，南京：江苏人民出版社，2010 年版，第 76 页。

③ ［美］汉密尔顿：《联邦党人文集》，程逢如译，北京：商务印书馆，1982 年版，第 392 页。

法机关对社会的危害性最少。[①] 但是不能因此而低估司法独立的重要意义，因为它是一种救济性权力，是维护社会正义和保障人民权利的最后屏障和防线，所以必须拥有独立的地位。对于近代政府制度的建立而言，司法独立不仅是国家权力结构现代化的开端和迈向民主体制的重要环节，而且最为关键的是它通过制度化、程序化的诉讼和公正的审判环节对公民个人权利与自由进行实际保护。就司法权的实质而言，司法权是一种救济权，它没有立法权在构建法制过程中的前置性，也不像行政权那样无时无刻地介入各项事务的管理，而是在公民政治权利和个人权利受到不公正的对待和侵害时，无论这种侵害来自个人、集体还是政府、国家，给他们一个公道的答复。对于一个法制国家来说，拥有一个真正能够体现人民利益和意志的法律是前提，一个能够维护法律尊严的独立公正的司法机关是保障，也只有这样，经济市场化所带来对个人权利与产权的要求，对自由、平等交换的要求，对保护竞争和创新的要求才可以得到根本保证。

相对于立法权和行政权来说，司法权是一种救济性和被动性权力，它通过司法独立来实现对于立法和行政权的约束，并借助法律的规范作用为人类的协作以及满足某些基本的需要提供制度安排。司法独立体系的建立除保障公民个人权利不受到来自其他个人或团体的侵害，更重要的是保障其不受到来自国家公权力的侵害。从司法权所具有的传统形态来看，前一种是美国早期司法史上最富有创见的法官之一 C. J. 吉布森所言的“市民性司法权”,[②] “这种市民性司法权应是司法权的一种传统的、或曰原生态的形态”。[③] 适用国家

① 李步云，柳志伟：《司法独立的几个问题》，《法学研究》，2002 年第 3 期，第 6 页。

② C. J. 吉布森将孟德斯鸠提出的司法权分为政治性的司法权和纯粹市民性的司法权。这种市民性的司法权是司法权的本质部分，它无需以来宪法上的任何假定的授权而存在，但在普通法上被定义为与所有政府部门的权力一样，必要地起因于它的直接失误，即实施国内法。

③ 林来梵，刘练军：《论宪法政制中的司法权——从孟德斯鸠的一个古典论断说开去》，《福建师范大学学报》，2007 年第 2 期，第 65 页。

的法律，惩罚犯罪或裁决私人诉讼是其最基本的职责和功能。这种功能在司法权尚未从国家立法权和行政权中分离出来的时候，就已然存在，它具有前国家性的市民性。时过境迁，但是市民性司法权的这种职能依然存在，惟司法权本身因顺应宪政要求权力制衡，权利保障的要求而发生嬗变，一种“政治性司法权”在国家与社会分离后而获得普遍的支持。它基本的职责和功能是保护公民的政治权利和个人权利不受到来自国家权力的侵害，而这也是三权分立的最初设想和奋斗目标。尽管市民性司法权至今依然发挥着作用，但是由于宪政理念下政治性司法权的发展，司法独立包含两层含义：一是公民的正当权利受到法律的保护，而无论其侵害来自何方；二是违法公民的审判只遵从于法律权威而不是其他。因为只有这样，个人的生命、自由和财产权才能得到保护。

有效而公正的司法系统是一个法律体系最后的仲裁者，是监督、控制和惩治政府及其分支机构违法行为的最后一道屏障，因而对法律体系发挥着特别重要的作用。司法系统的独立使原来那种依靠王权对国家进行治理的方式完全被按照法律规定来治理社会的方式所取代，传统权治秩序也被新的法治秩序所取代。“法治”的概念源生于16世纪末从意大利引进的、意指“法律平等适用于各种人等”的术语——isonomia，后来被英语形式isonomy代替，意指法律对包括行政官员在内的所有人都平等适用，此一意义上的“法治”后来得到普遍使用，被更加简单明了的“法律面前人人平等”、“法律之治”或“法治”等术语取而代之。① 司法独立是构建法治的必要制度前提，因为法治就是按照法律来治理社会，它区别于以前人治的随意性和人格化，体现为一种程序化的和非人格化的治理模式。如果司法机关及工作人员不具有独立的地位，被统治权或者行政权控制，法律就

① ［英］弗里德利希·冯·哈耶克：《自由秩序原理》（上），邓正来译，北京：生活·读书·新知三联书店，1997年版，第206页。

会沦为其他权力的奴隶，就仍然会受到个人权力意志的影响而缺乏公正性。法制的实现必须依靠司法的独立，因为只有司法独立而非附庸于行政，才能树立起法律的终极权威。即司法是对法律的适用，如果司法没有权威，那么法律就不会有权威。设置一个独立的司法机构负责在案件中适用法律，并且完全按照法律的规定对案件中的是非曲直做出判定，这是实现法治的关键所在，因为作为践行法律的最重要主体，司法机构是否只依赖法律权威而不借助于或被迫于其他权威是能否实现法治的根本。

从历史和现实的实践来看，维护法治原则的主要手段是司法独立。司法独立的核心要义是“法官除了法律就没有别的上司”。[①] 只有独立的法官依照法律原则适用于各个案件，才能排除行政对审判的干涉，确保法治的实现。反之，如果司法过程存在缺陷，就必然会损害到法律体系，从而对经济和社会的发展产生消极影响。世界银行副总裁施哈塔曾经列举过 8 种司法机制不健全给经济造成的消极影响，包括对合同、产权、企业、银行系统、技术转让、交易成本、立法和规制以及经济犯罪的影响。[②] 在对商业的影响上，司法实施机制为经济主体追求正当利益提供保障，从而实现陌生人之间基于契约的交往。试想如果没有国家法律来保障对契约的信任，企业的规模就不容易扩大，业务也很难扩展，很多公司将不得不采取封闭的形式来确保其经济活动的安全。在对技术转让的影响上，司法所发挥的作用也是巨大的。科学技术对经济所起到的巨大作用自不待言，新技术的发明和采用之所以能够实现是基于司法制度对开发者经济利益的保证。投资商与开发者们无不希望从自己的经济活动中获利，如果这些在法律规定范围内的利益得不到国家的保护，那么不管是国内还是国外，直接

① 魏建国：《司法独立：近代英国法治秩序与市场经济建构的制度之基》，《学习与探索》，2006 年第 2 期，第 147 页。

② 张千帆：《让‘危险最小’的分支发挥最大的作用——论司法独立对市场经济的意义》，《浙江学刊》，2004 年第 6 期，第 102 页。

投资的速度将减缓，对知识产权保护的不力也将影响到技术创新。在对交易成本的影响上，如果法律不能为经济交易提供规范化的环境，企业将有意回避公开的竞争性投标而倾向于通过个人的或非公开的手段，并更有可能通过寻求非法手段从政府官员那里获利，导致交易成本过大，企业利润减少。因此，司法独立是实现法治的基石和最基本的制度保障，而法治又从根本上使市场经济体制得以确立。

资源的相对稀缺使人类一直致力于寻找一种“更有效率”的生产方式，经过漫长岁月的摸索，人们终于发现“分工劳动”对提高劳动效率的重大意义，并同时发现“分工劳动”与“产品交换”的密切关系。市场交换的自由赋予人们通过相互讨价还价的过程来实现更有价值的交换。而这种对双方都有利的“市场契约交换”方式反过来促进交易双方的进一步交易。因此，一个由劳动分工带来的市场过程通过契约交换产品，将个体生产转化为社会化大生产，至此，“一个经济学上‘有效率’的‘市场经济’的生产方式也得以确立起来”。① 但在实际生活中，由于理性经济人都在追求自我利益的最大化，这就使得市场交换主体有着背弃“契约”的行为可能，以损害另一方的利益作为自己获取暴利的前提。而这显然不符合市场经济平等互利的交换原则。这就使得在必要时候借助法治的强制和暴力手段纠正背弃“契约”的行为成为必须。因为市场自身并没有能力来解决这些问题，只能依靠外在手段——法治来对市场原则进行维护。法治旨在通过制定相应的法制框架创造一种稳定的、可预测的环境，以维护市场交易主体的财产权利，即财产的所有权、收益权及转让权之基本权利能够独占的、排他的不被侵犯，确保市场信息透明并公开流动，保障对涉及市场交易主体利益仲裁的公正性。因此，法治对于市场经济的健康发展来说是极

① 王海：《市场经济是怎样与法治发生联系的》，《岭南学刊》，1999 年第 5 期，第 55 页。

其重要的，它保障市场经济秩序的建立和法治市场的形成。

与此同时，法治能够有效地约束政府行为，提高法律可信度并进而树立法律的最高权威，从而降低交易成本并扩大获得资金的机会。早在18世纪中叶，亚当·斯密就已经看到法治对经济的促进作用。他指出，建立在司法独立基础之上的英国法律“让每个人都有享受其劳动果实的安全，仅这种安全感就足以使任何国家繁荣兴旺”，而无须借助其他荒谬的贸易规则。要想实现“最大程度的富裕”，所需的基本政治条件只是“和平、薄税和可以忍受的司法管理”。① 如果社会能够给个人提供一个自由、安全的环境使之可以只关注改善自身的条件而不是其他，那它就能给社会带来财富和繁荣。

① ［英］哈耶克：《自由宪章》，杨玉生译，北京：中国社会科学出版社，1999年版，第92页。

结　语

一个近代的、理性的、相互制约的政府制度是一个近代国家的立国之本，它不仅是保障权力理性化、权利稳固化的利器，更是国家今后发展的制度之基。在现代社会发展中，政府制度所发挥的约束机制不仅可以作用于政府本身，也可以为个人提供有效的激励制度。在西方学者看来，政治不过是经济交易过程的延伸。国家（政府）作为制度的供给者，其机构和官员的行为会对制度这一公共产品的供给及其效率状况产生重大的影响。[①] 西方经济学者认为，政府机构与政府官员的行为动机是追求权力的最大化。为了使其行为合理化，就必须借助政府制度所具有的激励和监督功能来指导和规范这些行为。诺斯从国家保护个人利益的角度指出了政府制度的重要性。在他的国家理论中，诺斯指出，制度因素是经济增长的关键。为了保障经济的持续增长，国家就必须提供一种能够有效激励个人的制度。在众多的激励因素中，产权关系是最为重要的一种，而产权一般是由国家来界定的，因此国家在界定产权时总要满足两个目的，即租金的最大化和社会产出的最大化。由于这两者总是相冲突的，所以要同时满足这两个目的就不得不依靠政府所提供外在约束机制——政府制度来发挥作用。近代政府制度及法律制度通过规范和限制机制对政府行为的塑造，对一个国家的现代化发展的各个方面都有着重要的推动作用。近代政府制度

① 王健、伊泽鸿：《经济全球化背景下制度变迁与中国政府制度改革》，《理论月刊》，2006 年第 4 期。

的建成为经济的现代化提供了独立的市场经济，为政治的现代化奠定了宪政民主发展的基石，为文化的近代化引入了法治、平等、责任等价值理念，为社会的现代化确保了个人权利的发展。

参考文献

一、译著

[1] [英]安德鲁·海伍德. 政治学(第二版)[M]. 张立鹏译，北京：中国人民大学出版社，2006.

[2] [美]阿尔蒙德. 比较政治学——体系、过程和政策[M]. 曹沛霖译，北京：东方出版社，2007.

[3] [美]阿尔蒙德. 发展中的政治经济. 现代化理论和历史经验的再探讨[A]. 上海：上海译文出版社，1993.

[4] [美]阿伦·德雷泽. 宏观经济学中的政治经济学[M]. 杜两省，史永东等译，北京：经济科学出版社，2003.

[5] [美]赖肖尔. 近代日本新观[M]. 卞崇道译，北京：生活·读书·新知三联书店出版社，1992.

[6] [美]安德鲁·戈登. 日本的起起落落[M]. 李朝津译，桂林：广西师范大学出版社，2008.

[7] [日]安冈昭男. 日本近代史[M]. 北京：中国社会科学出版社，1996.

[8] [美]埃德加·博登海默. 法理学——法哲学及其方法[M]. 邓正来，姬敬武译，北京：华夏出版社，1987.

[9] [俄]鲍·斯拉文. 尚未结束的历史——戈尔巴乔夫访谈录[M]. 孙凌齐，李京洲译，北京：中央编译出版社，2006.

[10] [法]布罗代尔. 资本主义的动力[M]. 杨起译，北京：生活·读书·新知三联书店，1997.

[11] [美]C. E. 布莱克. 日本和俄国的现代化——一份进行比较的研究报告[M]. 周师铭等译，北京：商务印书馆，1984.

[12] [美]C. E. 布莱克. 现代化的动力[M]. 段小光译，成都：四川人民出版社，1988.

[13] [美]道格拉斯·诺斯，罗伯斯·托马斯. 西方世界的兴起[M]. 北京：华夏出版社，1999.

[14] [美]费正清，刘广京编. 剑桥中国晚清史 1800—1911 年(下卷)[M]. 北京：中国社会科学出版社，1985.

[15] [美]费正清. 伟大的中国革命[M]. 刘尊棋译，北京：世界知识出版社，1999.

[16] [德]斐迪南·滕尼斯. 共同体与社会[M]. 林荣远译，北京：商务印书馆，1999.

[17] [日]福泽谕吉. 文明论概略[M]. 北京：商务印书馆，1994.

[18] [美]弗朗西斯·福山. 大分裂——人类本性与社会秩序的重建[M]. 刘榜离等译，北京：中国社会科学出版社，2002.

[19] [英]弗里德利希·冯·哈耶克. 自由秩序原理(上)[M]. 北京：生活·读书·新知三联书店，1997.

[20] [英]弗里德利希·奥古斯特·冯·哈耶克. 自由宪章[M]. 北京：中国社会科学出版社，1999.

[21] [美]哈罗德·J·伯尔曼. 法律与革命——西方法律传统的形成[M]. 北京：中国大百科全书出版社，1993.

[22] [美]汉密尔顿等. 联邦党人文集[M]. 程逢如、在汉、舒逊译，北京：商务印书馆，1982.

[23] [美]吉尔伯特·罗兹曼. 中国的现代化[M]. 国家社会科学基金"比较现代化"课题组译，南京：江苏人民出版社，2010.

[24] [美]贾恩弗朗哥·波齐. 国家：本质、发展与前景[M]. 上海人民出版社，2007.

[25] [日]吉田茂. 激荡百年史——我们的果断措施和奇迹般的转变[M]. 西安：陕西师范大学出版社，2005.

[26] [日]井上清. 日本历史[M]. 闫伯纬译，西安：陕西人民出版社，2011.

[27] [日]吉田茂. 激荡的百年史[M]. 孔凡，张文译，北京：世界知识出版社，1980.

[28] [英]肯尼斯·韩歇尔. 日本小史[M]. 北京：世界图书出版公司，2007.

[29] [美]康芒斯. 资本主义的法律基础[M]. 北京：商务印书馆，2003.

[30] [美]孔飞力.封建、郡县、自治、立宪——晚清学者对中国政体的理解与倡议.国外中国近代史研究(第27辑)[A].北京:中国社会科学院出版社,1995.

[31] [美]罗伯特·贝拉.德川宗教:现代日本的文化渊源[M].王晓山,戴茸译,北京:生活·读书·新知三联书店,1998.

[32] [英]洛克.政府论(下篇)[M].叶启芳、瞿菊农译,北京:商务印书馆,1964.

[33] [美]罗德里克·M·克雷默,汤姆·R·泰勒.组织中的信任[M].北京:中国城市出版社,2003.

[34] [美]罗素·哈丁.自由主义、宪政主义和民主[M].北京:商务印书馆,2009.

[35] [美]罗斯科·庞德.普通法的精神[M].北京:法律出版社,2001.

[36] [美]赖肖尔.日本人[M].上海:上海译文出版社,1980.

[37] [德]马克斯·韦伯.儒教与道教[M].王容芬译,商务印书馆,1997.

[38] [法]孟德斯鸠.论法的精神(上册)[M].北京:商务印书馆,1988.

[39] [德]马克斯·韦伯.新教伦理与资本主义精神[M].北京:三联书店,1987.

[40] [德]马克斯·韦伯.经济与社会(下卷)[M].林荣远译,北京:商务印书馆,1997.

[41] [德]马克思.资本论(第3卷)[M].北京:人民出版社,1971.

[42] [德]马克思,恩格斯著;中共中央马克思恩格斯列宁斯大林著作编译局编.马克思恩格斯选集(第1卷)[M].北京:人民出版社,1972.

[43] [德]马克思,恩格斯著;中共中央马克思恩格斯列宁斯大林著作编译局编.马克思恩格斯选集(第3卷)[M].北京:人民出版社,1972.

[44] [德]马克思,恩格斯著;中共中央马克思恩格斯列宁斯大林著作编译局编.马克思恩格斯全集(第46卷上)[M].北京:人民出版社,1979.

[45] [美]诺内特,塞尔兹尼克.转变中的法律与社会——迈向回应型法[M].张志铭译,北京:中国政法大学出版社,1994.

[46] [美]R.科斯,A.阿尔钦,D.诺斯等.财产权利与制度变迁[M].上海:上海三联书店,上海人民出版社,1994.

[47] [美]斯蒂芬·埃尔金,卡罗尔·爱德华·索乌坦编.新宪政论——为美好的社会设计政治制度[M].周叶谦译,北京:生活·读书·新知三联书店,1997.

[48] [美]塞缪尔·亨廷顿.变革社会中的政治秩序[M].李盛平,杨玉生译,北京:华夏出版社,1988.

[49] [日]升味准之辅.日本政治史(第三册)[M].北京:商务印书馆,1997.

[50] [日]辻清明.日本官僚制研究[M].北京:商务印书馆,2008.

[51] [日]升味准之辅.日本政治史(第一册)[M].北京:商务印书馆,1997.

[52] [日]升味准之辅.日本政治史(第二册)[M].北京:商务印书馆,1997.

[53] [日]山本祐司.最高裁物语[M].孙占坤,祁玫译,北京:北京大学出版社,2005.

[54] [以]S.N.艾森斯塔特.现代化:抗拒与变迁[M].张旅平,沈原等译,北京:中国人民大学出版社,1988.

[55] [以]S.N.艾森斯塔特.日本文明——一个比较的视角[M].王晓山,戴茸译,北京:商务印书馆,2008.

[56] [美]V.奥斯特罗姆,D.菲尼,H.皮希特.制度分析与发展的反思[M].王诚等译,北京:商务印书馆,1992.

[57] [英]维尔.宪政与分权[M].苏力译,北京:生活·读书·新知三联书店,1997.

[58] [日]信夫清三郎.日本政治史(第二卷)[M].周启乾,吕万和,熊达云译,上海:上海译文出版社,1988.

[59] [日]信夫清三郎.日本政治史(第三卷)[M].周启乾,吕万和,熊达云译,上海:上海译文出版社,1988.

[60] [美]西蒙·库兹涅茨.现代经济增长:速度、结构与扩展[M].北京:北京经济学院出版社,1989.

[61] [日]新村出编.广辞苑(第五版)[M].上海:上海外语教育出版社,2005.

[62] [日]依田熹家.日本的近代化——与中国的比较[M].北京:中国国家广播出版社,1991.

[63] [日]伊藤博文.日本帝国宪法义解[M].北京:中国法制出版社,2011.

[64] [英]亚当·斯密.国民财富的性质和原因的研究(下册)[M].郭大力,王亚南译,北京:商务印书馆,1974.

[65] [美]伊曼纽尔·沃勒斯坦.现代世界体系(第一卷)[M].尤来寅等译,北京:高等教育出版社,1998.

[66] [美]詹姆斯·L.麦克莱恩.日本史 1600—2000[M].王翔,朱慧颖译,海口:海南出版社,2009.

二、中文著作

[1] 北京大学日本研究中心编.日本学(第 6 辑)[M].北京:北京大学出版社,1996.

[2] 白钢.中国皇帝[M].天津:天津人民出版社,1993.

[3] 陈丹.清末考察政治大臣出洋研究[M].北京:社会科学文献出版社,2011.

[4] 伧父.辛亥革命(4)[M].上海:上海人民出版社,1957.

[5] 陈旭麓.近代中国社会的新陈代谢[M].上海:上海人民出版社,1992.

[6] 陈旭麓主编.辛亥革命前后[M].上海:上海人民出版社,1979.

[7] 陈旭麓.近代中国社会的新陈代谢[M].上海:上海人民出版社,1992.

[8] 陈尧.当代中国政府体制[M].上海:上海交通大学出版社,2005.

[9] 崔林林等.外国法制史[M].北京:北京大学出版社,2004.

[10] 大清法规大全·法律部第 7 卷《审判》[M].高雄:考证出版社,1972.

[11] 故宫博物院明清档案部编.清末筹备立宪档案史料(上)[M].北京:中华书局,1979.

[12] 故宫博物院明清档案部编.清末筹备立宪档案史料(下)[M].北京:中华书局,1979.

[13] 郭宝平,朱国斌.探寻宪政之路——从现代化的视角检讨中国 20 世纪上半叶的宪政试验[M].济南:山东人民出版社,2005.

[14] 高旺.晚清中国的政治转型——以清末宪政改革为中心[M].北京:中国社会科学出版社,2003.

[15] 顾平安.政府发展论[M].北京:中国社会科学出版社,2005.

[16] 龚刃韧.现代日本司法透视[M].北京:世界知识出版社,1993.

[17] 侯宜杰.二十世纪初中国政治改革风潮[M].北京:人民出版社,1993.

[18] 贺嘉.清末制宪[M].西安:陕西人民出版社,2011.

[19] 黄小勇.现代化进程中的官僚制——韦伯官僚制理论研究[M].哈尔滨:黑龙江人民出版社,2003.

[20] 韩秀桃.司法独立与近代中国[M].北京:清华大学出版社,2003.

[21] 华夏,赵立新,真田芳宪.日本的法律继受与法律文化变迁[M].北京:中国政法大学

出版社,2005.

[22] 何勤华等.法律发达史[M].上海:上海人民出版社,1999.

[23] 姜大谦.政府理论概要[M].银川:宁夏人民出版社,2005.

[24] 金耀基.从传统到现代[M].北京:中国人民大学出版社,1999.

[25] 荆知仁.中国立宪史[M].台北:联经出版事业公司,1984.

[26] 江德兴.马克思社会化理论与政治权力的演变[M].北京:社会科学文献出版社,2005.

[27] 姜大谦.政府理论概要[M].银川:宁夏人民出版社,2005.

[28] 康有为.变法以致升平——康有为文选[M].上海:上海远东出版社,1997.

[29] 李卓.日本近现代社会史[M].北京:世界知识出版社,2010.

[30] 李海英.日本国会选举[M].北京:世界知识出版社,2009.

[31] 刘泽华,张分田.政治学说简明读本(中国古代部分)[M].天津:南开大学出版社,2001.

[32] 罗荣渠.现代化新论——世界与中国的现代化进程[M].北京:北京大学出版社,1993.

[33] 罗荣渠.现代化新论——世界与中国的现代化进程(增订本)[M].北京:商务印书馆,2004.

[34] 李剑农.中国近百年政治史(1840—1926)[M].上海:复旦大学出版社,2002.

[35] 梁启超.国性与民德:梁启超文选[M].上海:远东出版社,1995.

[36] 梁启超.戊戌政变记[M].北京:中华书局,1954.

[37] 闾小波.中国近代政治发展史[M].北京:高等教育出版社,2003.

[38] 雷颐.面对现代性挑战:清王朝的应付[M].北京:社会科学文献出版社,2012.

[39] 李刚.辛亥前夜:大清帝国最后十年[M].合肥:时代出版传媒股份有限公司,2011.

[40] 李斌.顿挫与嬗变[M].成都:四川大学出版社,2006.

[41] 刘文英.日本官吏与公务员制度史:1868—2005[M].北京:北京图书馆出版社,2008.

[42] 李贵连.沈家本传[M].北京:法律出版社,2000.

[43] 冷罗生. 日本现代审判制度[M]. 北京:中国政法大学出版社,2003.

[44] 李文. 武士阶级与日本的近代化[M]. 石家庄:河北人民出版社,2003.

[45] 马勇. 1911 年中国大革命[M]. 北京:社会科学文献出版社,2011.

[46] 马勇. 晚清二十年[M]. 北京:人民文学出版社,2011.

[47] 钱穆. 中国历代政治得失[M]. 北京:生活·读书·新知三联书店,2001.

[48] 清实录[M]. 北京:中华书局,1957.

[49] 屈永华. 中国法律现代化的路径分析[M]. 北京:北京大学出版社,2011.

[50] 宋成有. 新编日本近代史[M]. 北京:北京大学出版社,2006.

[51] 宋晓梧主编. 中国社会体制改革 30 年回顾与展望[M]. 北京:人民出版社,2008.

[52] 唐天伟. 政府效率测度[M]. 北京:经济管理出版社,2009.

[53] 谭索. 戈尔巴乔夫的改革与苏联的毁灭[M]. 北京:社会科学文献出版社,2006.

[54] 武寅. 日本近代政治体制研究[M]. 北京:中国社会科学出版社,1997.

[55] 汪习根主编. 权力的法治规约——政治文明法治化研究[M]. 武汉:武汉大学出版社,2009.

[56] 王振锁. 日本政治民主化进程研究[M]. 上海:上海三联书店,2011.

[57] 魏晓阳. 制度突破与文化变迁[M]. 北京:北京大学出版社,2006.

[58] 韦庆远,高放,刘文源. 清末宪政史[M]. 北京:中国人民大学出版社,1993.

[59] 吴宗国. 中国古代官僚政治制度研究[M]. 北京:北京大学出版社,2004.

[60] 王振锁,徐万胜. 日本近现代政治史[M]. 北京:世界知识出版社,2010.

[61] 王金林. 日本天皇制及其精神结构[M]. 天津:天津人民出版社,2001.

[62] 吴廷璆主编. 日本史[M]. 天津:南开大学出版社,1994.

[63] 吴廷璆主编. 日本近代化研究[M]. 北京:商务印书馆,1997.

[64] 王德昭. 清代科举制度研究[M]. 北京:中华书局,1984.

[65] 王人博. 中国法制现代化的历史[M]. 北京:知识产权出版社,2010.

[66] 王健主编. 西学东渐——外国人与中国法的近代变革[M]. 北京:中国政法大学出版社,2001.

[67] 王家俭. 清末民初我国警察制度现代化的历程(1901—1928)[M]. 台北:台湾商务印

书馆，1984.

[68] 徐泰来. 中国近代史记[M]. 长沙：湖南人民出版社，1989.

[69] 谢鹏程. 基本法律价值[M]. 济南：山东人民出版社，2000.

[70] 许章润. 说法、活法、立法——关于法律之为一种人世生活方式及其意义[M]. 北京：清华大学出版社，2004.

[71] 徐爽. 旧王朝与新制度[M]. 北京：法律出版社，2010.

[72] 谢庆奎，燕继荣，赵成根. 中国政府体制分析[M]. 北京：中国广播电视出版社，1995.

[73] 徐丰臻. 现代化：历史的困窘与困窘的思考[M]. 哈尔滨：哈尔滨工业大学出版社，2009.

[74] 谢鹏程. 基本法律价值[M]. 济南：山东人民出版社，2000.

[75] 肖传国. 近代西方文化与日本明治宪法[M]. 北京：社会科学文献出版社，2007.

[76] 殷燕军. 近代日本政治体制[M]. 北京：社会科学文献出版社，2006.

[77] 伊文成，马家骏主编. 明治维新史[M]. 沈阳：辽宁教育出版社，1987.

[78] 杨孝臣. 日本政治现代化[M]. 长春：东北师范大学出版社，1998.

[79] 杨光斌. 制度变迁与国家治理[M]. 北京：人民出版社，2006.

[80] 杨建顺. 日本国会[M]. 北京：华夏出版社，2002.

[81] 阎照祥. 英国政治制度史[M]. 北京：人民出版社，1999.

[82] 张睿丽. 议会政治与近代中国政治变迁[M]. 北京：中国社会科学出版社，2009年版.

[83] 张千帆. 宪法性导论——原理与应用[M]. 北京：法律出版社，2004.

[84] 张经建. 日本权力制衡机制的演进[M]. 南京：南京大学出版社，2010.

[85] 周叶中，江国华主编. 博弈与妥协——晚清预备立宪评论[M]. 武汉：武汉大学出版社，2010.

[86] 朱俊瑞，牟言波，丁贤勇. 中国近现代政治思想史[M]. 杭州：浙江人民出版社，2008.

[87] 张康之. 论伦理精神[M]. 南京：江苏人民出版社，2010.

[88] 张康之，张乾友. 公共生活的发生[M]. 北京：高等教育出版社，2010.

[89] 张鸣. 再说戊戌变法[M]. 西安：陕西人民出版社，2008.

[90] 朱寿朋. 光绪朝东华录(第5册)[M]. 张静庐校点,中华书局,1958.

[91] 周叶中,江国华. 博弈与妥协——晚清预备立宪评论[M]. 武汉:武汉大学出版社,2010.

[92] 张朋园. 立宪派与辛亥革命[M]. 长春:吉林出版集团有限责任公司,2007.

[93] 张朋园. 中国民主政治的困境——1909—1949[M]. 成春:吉林出版集团有限责任公司,2008.

[94] 翟新. 日本天皇[M]. 上海:复旦大学出版社,1992.

[95] 中国史学会编. 戊戌变法(第一册)[M]. 上海:上海人民出版社,1961.

[96] 中国史学会编. 戊戌变法(第二册)[M]. 上海:上海人民出版社,1961.

[97] 中国史学会编. 戊戌变法(第三册)[M]. 上海:上海人民出版社,1961.

[98] 中国史学会编. 戊戌变法(第四册)[M]. 上海:上海人民出版社,1961.

[99] 中国社会科学院近代史研究所政治史研究室、苏州大学社会学院编. 晚清国家与社会[M]. 北京:社会科学文献出版社,2007.

[100] 张枬,王忍之编. 辛亥革命前十年间时论选集(卷3)[M]. 北京:生活·读书·新知三联书店,1977.

[101] 章开沅. 张謇传[M]. 北京:中华工商联合出版社,2000.

[102] 赵鼎新. 社会与政治运动讲义[M]. 北京:社会科学文献出版社,2006.

[103] 张中秋. 中国法律形象的一面——外国人眼中的中国法[M]. 北京:法律出版社,2002.

[104] 朱勇主编. 中国法制史[M]. 北京:法律出版社,1999.

[105] 朱寿朋. 光绪朝东华录[M]. 北京:中华书局,1958.

三、中文论文

[1] 安日成,李渤. 日本近代内阁制与战后内阁制[J]. 日本问题研究,1998,(2):56.

[2] 白永秀,吴振磊. 我国30年经济体制改革的历史回顾与经验总结[J]. 改革与战略,2008,(11):2-3.

[3] 崔世广. 日本近代天皇制立宪主义成立的历史轨迹[J]. 日本问题研究,1995,(4):56.

[4] 程同顺,杨文彬.传统等级观念与当代中国政治发展[J].云南行政学院学报,2002,(3):9.

[5] 迟云飞.晚清预备立宪与司法“独立”[J].首都师范大学学报(社会科学版),2007,(3):4.

[6] 春杨.论清末中国司法体制的转型及其历史启示[J].政法论丛,2005,(2):24.

[7] 陈鹏生,何勤华.中日法律文化近代化之若干比较[J].中国法学,1992,(2):103.

[8] 陈文新.从”现代化”到“制度变迁”[J].云南行政学院学报,2005,(1):5.

[9] 杜飞进.论法治政府与现代化[J].求索,2006,(8):55.

[10] [日]富永健一.马克斯·韦伯论中国和日本的现代化[J].社会学研究,1988,(2):50.

[11] 方行.不要否定中国资本主义萌芽[J].中国经济史研究,2008,(4):157.

[12] 郭绍敏.清季十年的国家创建和社会运动[J].社会科学评论,2009,(2):67.

[13] 高放,韦庆远,刘文源.西方代议制度在中国的最早实验———试论清末的资政院和谘议局[J].天津师院学报,1981,(5):38.

[14] 高智华.日本司法制度的历史、现状和特点[J].法制现代化研究,2009,(00):226.

[15] 郭小聪.政府制度演变理论:引人性思考[J].武汉大学学报,2003,(5):625.

[16] 韩大元.传统文化与亚洲立宪主义的产生——以明治宪法制定过程的文化分析为中心[J].比较法研究,1997,(1):73.

[17] 韩大元.论日本明治宪法对《钦定宪法大纲》的影响[J].政法论坛,2009,(3):36.

[18] 胡建华.戊戌维新中的官制改革[J].中国党政干部论坛,1998,(6):41.

[19] 黄江华.论维新派戊戌变法前的官制改革[J].贵州民族学院学报(哲学社会科学版),2003,(6):43.

[20] 黄江华.论维新派戊戌变法前的官制改革[J].贵州民族学院学报(哲学社会科学版),2003,(6):45.

[21] 侯宜杰.评清末官制改革中赵炳麟与袁世凯的争论[J].天津社会科学,1993,(1):68.

[22] 韩秀桃.近代中国对司法独立的价值追求与现实依归[J].中国法学,2003,(4):165.

[23] 贾永梅,胡其柱.乡土社会:以费孝通先生《乡土中国》为参照的解读[J].中国社会科学院研究生院报,2010,(6):97.

[24] 解晓东.论明治宪法的二重性[J].世界历史,1995,(1):39.

[25] 吉家友.日本明治维新后太政官制度的变化[J].信阳师范学院学报,1989,(1):39.

[26] 蒋昌建.制度发展与政府现代化[J].探索与争鸣,1998,(7):30.

[27] 季卫东.法律职业的定位——日本改造权力结构的实践[J].中国社会科学,1994,(2):71.

[28] 姜良芹.总理衙门与中国现代化的启动[J].学习与探索,1999,(2):132.

[29] 谢雪屏.重温邓小平关于机构改革是一场革命的思想[J].福建理论学习,1999,(4):10.

[30] 罗华庆.载泽奏闻清廷立宪"三利"平议[J].近代史研究,1991,(2):292-293.

[31] 罗华庆.论清末五大臣出洋考政的社会影响[J].中国社会科学院研究生院学报,1992,(4):29.

[32] 罗华庆.论清末资政院第二届常年会[J].河北学刊,1991,(4):78.

[33] 吕美颐.戊戌变法与官制改革[J].河南师大学报,1984,(1):65.

[34] 梁严冰.袁世凯与清末官制改革[J].河南师范大学学报(哲学社会科学版),2004,(2):85.

[35] 李娟.中国古代"官本位"思想文化解析[J].求索,2004,(10):240.

[36] 李向国,吴永.从"官本位"政治文化的本质特征看中国传统政治文化的缺陷及其现代转换[J].理论导刊,2006,(5):29.

[37] 李振武.清末督抚与谘议局的设立[J].广东社会科学,2012,(2):143.

[38] 刘敏.司法独立:法制现代化的一个重要标志[J].南京师范大学学报(社会科学版),1997,(2):40.

[39] 李鼎楚."变法"与"斗法":解读清末地方司法独立制度构建中的权力争斗[J].湘潭大学学报(哲学社会科学版),2010,(6):126.

[40] 李启成.领事裁判权制度与晚清司法改革之肇端[J].比较法研究,2003,(4):27.

[41] 李俊.试析清末部院司法权限之争[J].江汉论坛,2001,(8).

[42] 李步云,柳志伟. 司法独立的几个问题[J]. 法学研究,2002,(3):6.

[43] 林来梵,刘练军. 论宪法政制中的司法权——从孟德斯鸠的一个古典论断说开去[J]. 福建师范大学学报,2007,(2):65.

[44] 李宏图. 从农业文明到工业文明——西方近代社会转型的历史经验及启示[J]. 探索与争鸣,2000,(1):44.

[45] 李秀石. 略论日本资本主义思想萌芽[J]. 历史教学,1986,(3):22.

[46] 马峻峰,白春阳. 社会信任模式的历史变迁[J]. 社会科学辑刊,2005,(2):42.

[47] 潘俊峰. 日本军事思想史的考察(下)[J]. 日本问题,1989,(4):27.

[48] 庞绍堂. 公共物品论——概念的解析延拓[J]. 公共管理高层论坛,2007,(1):232.

[49] 庞绍堂. 抵御、自觉、融合——晚清中西文化观演化之我见[J]. 南京大学学报,2009,(6):93.

[50] 秦晖. 权力、责任与宪政——关于政府“大小”问题的理论与历史考查[J]. 社会科学论坛,2005,(2):16.

[51] 饶旭鹏. 中国农村社会结构演变的历程——从“乡土社会”到“新乡土社会”[J]. 开发研究,2012,(5):134.

[52] 史成虎,张晓红. 清末新政失败原因新解——以路径依赖为视角[J]. 石河子大学学报(哲学社会科学版),2012,(5):122.

[53] 施雪华. 论传统君主专制政治向现代代议民主政治转变的过程、机理和动因[J]. 武汉大学学报(哲学社会科学版),2005,(7):506.

[54] 石晶,庞绍堂. 中国近代变革失败原因探析——从中日近代化制度变革成本比较谈起[J]. 江苏社会科学,2014,(06):49.

[55] 石晶. 近代中国政治结构脆弱性分析[J]. 福建行政学院学报,2012,(5):62.

[56] 滕祥志. 韦伯论中国社会与宗教[J]. 北京行政学院学报,1999,(3):67.

[57] 唐吉安. 传统官僚制与理性官僚制的比较及对中国行政改革的启示[J]. 广西大学学报,2007,(5):207.

[58] 吴宝晓. 张之洞与清末新政的起源[J]. 历史档案,2004,(2):100.

[59] 武寅. 论明治宪法体制的形成背景[J]. 日本问题研究,1995,(1):31.

[60] 王德志.以保障法官独立为核心推进司法改革[J].法商研究,1999,(1):113-114.

[61] 王金林.日本明治维新时期的太政官制和内阁制的确立[J].天津社会科学,1999,(2):45.

[62] 王开玺.资政院第一次常年会中立宪派政治主张述论[J].清史研究,1998,(3):71.

[63] 吴敬琏.路径依赖与中国改革——对诺斯教授演讲的评论[J].改革,1995,(3):58.

[64] 武寅.论明治初期日本立法机构[J].世界历史,1994,(5):91.

[65] 魏晓阳.明治宪法对近代日本法律意识的突破及其局限[J].华东政法大学学报,2012,(4):67.

[66] 魏晓阳.宪政文化与制度建构刍议[J].华东政法大学学报,2008,(5):17.

[67] 魏建国.司法独立:近代英国法治秩序与市场经济建构的制度之基[J].学习与探索,2006,(2):145.

[68] 魏建国.近代早期英国普通法院司法独立的特点及其意义[J].广西社会科学,2004,(3):127.

[69] 王建平.中日两国近代法律改革比较研究[J].湖南社会科学,2003,(1):52.

[70] 王海.市场经济是怎样与法治发生联系的[J].岭南学刊,1999,(5):55.

[71] 王健,伊泽鸿.经济全球化背景下制度变迁与中国政府体制改革[J].理论月刊,2006,(4):48.

[72] 谢朝晖.日本明治维新时期的军事改革[J].军事历史,1888,(4):19.

[73] 萧功秦.专制帝国的改革为何难以成功[J].炎黄春秋,2010,(11):41.

[74] 萧功秦.专制帝国的改革为何难以成功[J].炎黄春秋,2010,(11):41.

[75] 肖光辉.清末民初关于责任内阁制的理解、运用与争论[J].江苏社会科学,2005,(2):148-149.

[76] 肖军.晚清司法改革的困境及启示[J].社科纵横,2008,(3):90.

[77] 肖健.文化体制改革回顾与前瞻[J].思想政治工作研究,2009,(11):22.

[78] 项焱.论明治宪法宪政模式选择的内在原因[J].法学评论,2001,(6):144.

[79] 阳晓天.中国近代社会变革的系统分析[J].湖南师大社会科学学报,1986,(3):29.

[80] 姚琦.近代中日两国法制现代化之比较[J].广西社会科学,2007,(1):71.

[81] 姚琦.近代中日两国法制现代化之比较[J].广西社会科学,2007,(1):74.

[82] 俞飞.决定日本司法独立的刺杀案[J].文史博览,2012,(2):15.

[83] 徐煜,高志平.论英国斯图亚特王朝早期争取司法独立的斗争[J].湖北大学学报(哲学社会科学版),2010,(9):116.

[84] 阳晓天.中国近代社会变革的系统分析[J].湖南师大社会科学学报,1986,(3):29.

[85] 燕继荣.政府创新与政府改革——关于中国政治发展目标与路径的思考[J].中国行政管理,2006,(11):43.

[86] 张文政."西学东渐":日本近代内阁制的构想和论争[J].求是学刊,1995,(1):110.

[87] 朱仁显.论清末立宪派的议会思想[J].学术月刊,2002,(6):93.

[88] 张福成,党秀云.中国公共行政的现代化——发展与变革[J].行政论坛,1995,(4):3.

[89] 张从容.晚清官员的司法独立观[J].比较法研究,2003,(4):3-4.

[90] 张从容.晚清官员的司法独立观[J].比较法研究,2003,(4):11.

[91] 张从容.晚清中央司法机关的近代转型[J].政法论坛,2004,(1):59.

[92] 张康之.在历史坐标中看信任——论信任的三种历史类型[J].社会科学研究,2005,(1):11.

[93] 张康之,张乾友.论法治国家中的权治——从福柯的研究谈起[J].天津社会科学,2010,(6):57.

[94] 张继格、刘大武.试析清末化除满汉畛域原因[J].江苏科技大学学报,2007,(2):62.

[95] 张千帆.让"危险最小"的分支发挥最大的作用——论司法独立对市场经济的意义[J] 浙江学刊,2004,(6):102.

[96] 张玉瑜.论中日近代社会变革中的若干特点[J].上海大学学报,2000,(6):63.

四、外文著作

[1] Hall, J. W. (ed.), The Cambridge History of Japan (Vol. 4)[M], New York: Cambridge University Press 1911.

[2] Ronald Inglehart, Modernization and Postmodernization: Culture, Economy and Political Change in 43 Societies[M], Princeton University Press 1997.

[3] Sommerville, J. P. Politics and Ideology in England, 1603—1640 [M], London: Longman 1986.

[4] 东京大学史料编撰所. 维新史(第五卷)[M]. 东京:吉川弘文馆,1981.

[5] [日]大津淳一郎. 大日本宪政史(第1卷)[M]. 东京:原书房,1969.

[6] [日]宫泽俊义. 日本宪政史の研究[M]. 东京:岩波书店,1984.

[7] [日]林茂,辻清明. 日本内阁史录(第一卷)[M]. 东京:第一法规出版株式会社,1981.

[8] [日]鸟海靖. 日本近代史讲义[M]. 东京:东京大学出版会,1988.

[9] [日]秦郁彦. 战前时期日本官僚制的制度·组织·人事[M]. 东京:东京大学出版社,1981.

[10] [日]日本公务员制度史研究会编著. 官吏、公务员制度之变迁[M]. 东京:第一法规出版株式会社,1989.

[11] [日]原口清. 日本近代国家的形成[M]. 东京:岩波书店,1968.

[12] [日]中村政则等编. 大系日本国家史[M]. 东京:东京大学出版社,1980.